德性之源

儒家心性论德育价值研究

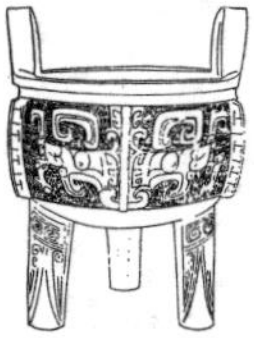

主编◎张艳清

副主编◎张俊义 杜长林

北京高校中国特色社会主义理论研究协同创新中心（北京大学）支持计划成果

中国出版集团

研究出版社

图书在版编目 (CIP) 数据

德性之源：儒家心性论德育价值研究 / 张艳清主编
. -- 北京：研究出版社，2021.3
ISBN 978-7-5199-0696-2

Ⅰ. ①德… Ⅱ. ①张… Ⅲ. ①儒家 – 哲学思想 – 研究
Ⅳ. ① B222.05

中国版本图书馆 CIP 数据核字 (2021) 第 010999 号

出 品 人：赵卜慧
责任编辑：刘春雨

德性之源：儒家心性论德育价值研究
DEXING ZHI YUAN:RUJIA XINXING LUN DEYU JIAZHI YANJIU

张艳清　主编

研究出版社 出版发行
（100011　北京市朝阳区安华里 504 号 A 座）
河北赛文印刷有限公司　新华书店经销
2021 年 3 月第 1 版　2021 年 3 月北京第 1 次印刷
开本：787 毫米 ×1092 毫米　1/16　印张：8
字数：188 千字
ISBN 978 – 7 – 5199 – 0696 – 2　定价：36.00 元
邮购地址 100011　北京市朝阳区安华里 504 号 A 座
电话（010）64217619　64217612（发行中心）

导　言

人类自从有了教育，也就同时开始了道德教育。亚里士多德说过："人类不同于动物的特性就在于他对善恶和是否合乎正义以及其他类似观念的辨认。"[①] 可见，教人做人的道德教育是人之为人的重要特征。中华民族拥有丰富的道德教育资源，这些思想在历史上深深地影响了国人的精神面貌和价值追求，对激发全民族的浩然正气，陶冶人们的高尚情操，培育国民的美好品行，追求高远务实的人格境界，具有重要的意义。直至今天，在经济全球化的不断推进、科学技术的快速发展、社会生活的急速变化的新的历史时期，尤其是在协调推进"四个全面"战略布局，为实现中华民族伟大复兴中国梦"固本铸魂"、凝心聚力的大背景下，道德作为一种精神力量，其引领和支撑作用更加凸显。因此，充分发掘传统德育资源，传承优秀道德基因，既是道德教育和道德建设的任务，也是实现中华民族优秀传统文化的创造性转化和创新性发展的一项基础性工程。将优秀传统道德资源与当代社会实践进行充分的有机衔接，反思

① [古希腊]亚里士多德：《政治学》（第一卷），吴潜涛译，商务印书馆1997年版，第8页。

当代道德教育理念和实践中存在的问题和不足，以更好地实现社会主义核心价值观“内化于心”和“外化于行”，更好地提升“立德树人”的实效，不仅具有重要的学术价值，也具有重要的现实意义。

改革开放和现代化建设四十多年来，我国社会的道德价值取向在呈现出与转型期社会发展相适应的变化的同时，也显现出不相适应的一面，主要表现在道德价值、伦理观念对社会、心理、人生的塑造与教化作用呈弱化趋势。究其根源，与道德价值的贬抑不无关系。《人民日报》曾刊发文章《如何正确认识我国社会主义现阶段道德现状》(2012-4-10)，对转型期我国社会失德现象有这样的表述：“在对各种失德现象的谴责声中，我们听到的是对加强道德建设、改善道德环境的强烈呼唤。”道德建设成为新时期“固本铸魂”工程的重要组成部分。

鲁洁曾指出：“当我们深究当前这场道德危机形成的根源后发现……学校教育在所面临的道德危机中并非是无辜的受害者。在社会泛起唯经济主义、唯科学主义等浪潮中……学校教育已经完全失去了它应有的批判和反思功能，反而在相与同流、推波助澜中，与社会其他方面共同酿成了当前的道德危机。”她认为教育尤其是道德教育迷失了自己的终极目标，成为一种“失真”的教育，即失去其本真意义的教育。[①]可以说，知识的膨胀与“人”及相应的人文精神、人文关怀的遗落，形成我们这个时代道德教育的某种弱化现状。

何谓本真的教育，鲁洁认为：“人们不论如何定义教育，教育有其不言自明的意义：那就是教育要使人成为人，教育要促进人的发展。”[②]这是从人的角度定义教育，是教育最为根本的含义所在。而今天教育的偏离，

① 鲁洁、朱小蔓：《道德教育论丛》(第二卷)，南京师范大学出版社 2002 年版，第 49—50 页。

② 鲁洁：《教育的返本归真》，载《华东师范大学学报》2001 年第 12 期。

表现为教育在发展中形成一种工具理性思维定式下的功利主义趋向，如道德教育在与经济发展、社会发展的适应过程中，逐渐丧失其价值引领和现实超越的根本作用。

有学者进一步从教育深陷其中的矛盾来展开分析，他们认为，中国教育正处于深刻的文化矛盾乃至文化危机之中，“教育与经济过度亲密，缺乏必要的距离；与社会过度亲和，缺乏必要的紧张；与文化过度异化，缺乏必要的生命关联”[①]。与经济过度亲密，就是教育的知识化、功利化；与社会过度亲密，就是教育失却了应有的批判与反思功能；与文化过度异化，就是教育在提升境界、净化心灵、建构安身立命的意义世界等方面显得苍白无力。缺失了内在生活的建构，教育成为追逐知识的工具，又怎能引导人的整体性和内在性的发展呢？

现代德育的困境从一定意义上说就是知性德育的困境。知性德育，遵循科学认知的理性，专注道德知识的教与学，把道德看作与科学知识一样外在于人、外在于生活的东西，使德育成为对象化的与主体割裂的教育形式。“知性德育割裂了德性的内容结构与形式结构，割裂了认知和情感、知德与行德，进而割裂了德育与生活的血肉联系。它使现代德育走向抽象、虚假的困境而不能自拔，德育研究、德育实践表面上轰轰烈烈，实际上却收效甚微，甚至适得其反。”[②]知性德育的问题就是不是将受教育者看作“完整的人”，而是将受教育者当成理性的存在，忽视非理性因素在其德性养成中的作用，将德性养成与社会生活割裂开来。联合国发展计划署顾问德怀特·艾伦曾严肃地说：“20世纪，高等教育自发地把如何使学生变得聪明当作了主要目的，当今，知识量已经翻了好几

---

① 樊浩：《现代教育的文化矛盾》，载《北京师范大学学报（社会科学版）》2005年第4期。

② 高德胜：《知性德育及其超越》，教育科学出版社2003年版，第2页。

倍，高等教育忙于应付令人头晕目眩的新知识，无暇顾及价值观和道德教育。”他警告说：“教育有两个目的：一个是要使学生变得聪明，一个是要使学生做有道德的人。如果我们使学生变得聪明而未使他们具有道德，那么，我们就为社会创造了危害。”[①]知识是生命获得完满不可或缺的条件，但不是唯一的条件，只有让知识与价值、认知与情感、智慧与道德同步发展，才能对学生德性生命完整、和谐、自主、可持续性的发展，对学生品德、心理综合素质的培养有真正的助益。

现代德育的困境促使人们反思教育的责任与使命。德国哲学家雅斯贝尔斯认为，教育过程首先是精神成长的过程，然后才成为科学获知过程的一部分。[②]教育应当被理解为“帮助人获得新的生命的活动，或者说是能使人更像人的活动”[③]。在现代社会中，物化意识已经渗入人的生活方式之中，人的存在的外在化、表面化、物化状态，使人失去了自我存在的本真意义，这与德育或者教育的本真意义的遗失密切关联。回归本真意义的德育，必须明确的德育定位是，道德教育的目的在于受教育者德性的养成，而德性的培养不仅是道德知识的获得与掌握，更重要的是对道德智慧的体认与感悟。

随着近代科学的诞生，人们观察世界和认识世界的方式无不受其影响，其结果便是科学主义在现代社会的盛行。德国著名社会学家马克斯·韦伯曾经把理性区分为工具理性和价值理性。所谓工具理性，就是通过实践的途径确认工具（或手段、科技）的有用性，从而追求所从事活动

---

① [美]德怀特·艾伦：《高等教育的新基石》，载《求是学刊》2005年第3期。

② 转引自《生命是教育之本——一种面对生命的教育感知》，载《人民教育》2003年第8期。

③ 王文章、侯样祥：《中国学者心中的科学·人文》(人文卷)，云南教育出版社2002年版，第450页。

的最大功效，为人的某种功利的实现服务，行动者纯粹从效果最大化的角度考虑，而漠视人的情感和精神价值。价值理性强调的是动机的纯正和选择正确的手段去实现自己想达到的目的。对于单纯追求工具理性的倾向，不少思想家提出了批判，如法国思想家卢梭就敏锐地觉察到了资本主义社会的内在矛盾，他指出："我们的灵魂正是随着我们的科学和我们的艺术之臻于完美而越发腐败的"，"我们可以看到，随着科学和艺术的光芒在我们的地平线上升起，德行也就消失了"。①

价值理性与工具理性的关系具体化为道德领域的问题时，实质就是麦金太尔关于德性与外在利益和内在利益的矛盾关系问题。麦金太尔认为："德性与外在利益和内在利益有一种不同的关系。拥有德性就必然可获得内在利益，也完全有可能使我们在获得外在利益时受挫。在这个意义上，我需要强调的是，外在利益是真正的利益，它们在本质上是人类欲求的客体，它们的社会分配使正义和慷慨的德性有了意义，除了某些伪善者外，无人完全藐视它们。但声誉扫地的是，养成真诚、正义和勇敢的品格，常常使我们远离于富裕、声望或权势，虽然世俗中人有很大的偶然性。因而，虽然我们也许希望，我们因拥有德性，不仅可以达到卓越的水准和获得某种实践的内在利益，而且成为富有的、有声望的和有权势的人，可德性总是实现这种周全抱负的潜在绊脚石。"②

20世纪90年代以来，我国伦理学界、教育学界的很多学者围绕当代中国道德危机和道德重建等问题，在肯定规范（制度）伦理及其价值的基础上，对德性伦理进行了深入的探讨。大家普遍认为，当代中国道德危机根源于规范伦理的过度扩张，这种扩张导致了道德的形式化和表面

① [法]卢梭：《论科学与艺术》，何兆武译，商务印书馆1963年版，第11页。

② [美]A.麦金太尔：《德性之后》，龚群、戴扬毅译，中国社会科学出版社1997年版，第248页。

化，最终导致道德教育及其对于人的行为调节的无效性，因此必须从德性伦理的重建入手，恢复道德的本真意义，真正提升个人的主体性道德人格。一些学者认为："相对于规范伦理的现实主义性质而言，德性伦理是实质主义的，它在本质上是要成就人的，它是一种道德情感，也是一种道德理性，体现了伦理道德的本真意义。"①

这种反思和探讨对厘清德育的功能和定位是有积极意义的。本真的德育，应使人真正懂得如何在有限的个体生命中去追求无限的人生意义，确立和把握人的主体地位和历史使命，建构既符合人类社会发展需要，又能够充分满足个体生存与发展需要的人生观、价值观和生活方式。它使人们能够在精神领域、心灵境地，获得来自人生信仰、人生终极关怀等一类形而上资源的有力支持，获得生存发展价值和方向性的意义确定性和满足感，从而使人生的境界得以不断提升。

怎样描述当代中国人的精神世界，是研究当代中国社会变迁必须面对的问题。其中一种具有代表性的观点是：人的善良情感的淡漠与退化、以形而上学为本质特征的创造性思维的贫乏甚至空缺、大众生活秩序的功利化和情绪化、扭曲的教育带来了人的发展的畸形。②大众生活的功利化成为现代社会的基本特征，而这种功利化特征又与教育的扭曲密切相关，功利主义教育更多地关注学生的生存意识，专业成才在一般的大众社会意识中仍然高于精神成人，其结果是，在生存手段日益丰富的同时，人们不得不承受前所未有的生存重负而往往陷入了"存在性危机"，这就是因失去了对生命现象的思考和对生命意义的追问而出现的意义危机。

现代社会分工的加剧与现代生活节奏的加快，使现代生活难以成为

① 寇东亮：《"德性伦理"研究评述》，载《哲学动态》2003年第6期。

② 王坤庆：《精神与教育——一种教育哲学视角的当代反思与建构》，上海教育出版社2002年版，第11页。

一个统一的整体。人们在不同角色中履行不同的责任、完成不同的任务、遵循不同的准则，“现代把每个人的生活分隔成多种片段，每个片段都有它自己的准则和行为模式”[①]。与此同时，现代德育并没有表现出对个人整体生活与内含于整体生活的整体德性的关注，过分地强调角色道德与职业道德，更准确地说是角色规范与职业规范。也就是说，它强调的是角色行为和职业行为本身所必须遵循的基本准则，而非关乎个人整体生活的德性。就其实质来说，道德教育是要塑造人的健全道德人格，并给个体乃至人类生活带来和谐与幸福，但和谐与幸福绝不等同于当前功利和物欲的满足。“道德是超越功利的，我们不把为求得报偿的行为称为道德行为，原因就在这里。道德是超越现实的，它是人类理想世界的表达；道德是发自个人的良心，是自觉自愿的，正如马克思所指出的，道德的基础是人类精神的自律。”[②]

当代教育围绕“何以为生”这一为谋取生存适应的有限目的而展开，却遗落了“为何而生”这一根本性目的，即围绕生存的技能与手段而遗落了生命的感悟和情感的升华。而本真的教育是“直面人的生命、通过人的生命，为了人的生命质量的提高而进行的社会活动”[③]。对生命理解的表浅化、实用化和功利化，导致生命的丰富内涵被现实利益和物欲追求所遮蔽，从而出现道德的模糊性，以及多元的差异、多样的自由、边缘的行动、歧义的思想等伦理生活现实。旨在给人类及个体带来和谐与幸福的道德教育，应该是哲学意义上的教育。这种哲学意义上的教育，凭借对大全、人生最高智慧乃至德性与幸福的本源性追求，不断开启个体

---

① ［美］麦金太尔：《德性之后》，龚群译，中国社会科学出版社 1995 年版，第 257 页。

② 杜时忠：《道德追求什么》，载《湖北教育报》1994 年 8 月 15 日第 3 版。

③ 冯建军：《论生命化教育的要义》，载《教育研究与实验》2006 年第 5 期。

人生通向德性和幸福的心灵之窗，不断追求人性的优越，实现对日常生活的超越。约翰·杜威认为："教育的意义本身就在于改变人性以形成那些异于质朴的人性的思维、情感、欲望和信仰的新方式。"[①]道德教育通过有目的的精神引领与教化，使个体完成从自然的生物性存在向文化性存在的转化，赋予个体以文化生命，实现真善美的统一。

德育思想是中国传统文化尤其是儒家教育文化的核心。儒家之教，重在教人成德，所以称为"成德之教"。在儒学中，道德善恶的标准、道德实践的根据在于人们内心的良知良能，这一本心本性不是事实经验层面的，而是以超越的天道为源头或理据。但与宗教不同，儒家不把道德基础安放于具有外在超越性的精神性实体上，而是植根于人的内在心性之上，因而它十分重视人自身的心性修养功夫。牟宗三等新儒家代表人物认为，"中国由孔孟至宋明儒之心性之学，则是人之道德实践的基础，同时是随人之实践生活之深度，而加深此学之深度的……此心性之学中，自包括一形上学。然此形上学，乃近乎康德所谓的形上学，是为道德实践之基础，亦由道德实践而证实的形上学"[②]。唐君毅认为，"中国圣贤之教，则以反求于心，知性之端，而明伦察物，为入德之门"[③]。儒家道德伦理以人性为根基和始点，张岱年分析指出，"自来论'性'者，并非专为研究'性'而研究'性'，而是为讨论修养、教育、政治，不得不讨论性，应如何施教，应如何为政，须先看人之本来状态如何，于是便提起性的问题；而亦由此，乃特别注重人本来是好或不好，即性与善恶之关

① [美]约翰·杜威：《人的问题》，傅统先译，上海人民出版社1965年版，第155页。

② 牟宗三、徐复观、张君劢、唐君毅：《为中国文化敬告世界人士宣言——我们对中国学术研究及中国文化与世界文化前途之共同认识》，《新儒家思想史（附）》，中国人民大学出版社2006年版，第569页。

③ 唐君毅：《人文精神之重建》，广西师范大学出版社2005年版，第72页。

系”。他认为，“中国‘性’论所以特重性善或恶的问题，实因为根本上所注意者，原在善与性之关系”[1]。

儒家德育思想的成果丰硕，内容丰富：在个体层面上，倡导“立身做人”“修身正心”“建功立业”；在社会层面上，强调“修己治人”“化民成俗”“道之以德、齐之以礼”；在国家层面上，主张“治国平天下”的道德价值导向乃至系统化的具体行为规范。儒家道德教育思想已经积淀成为中华民族代代相传的宝贵精神财富。在这个内容丰富的思想体系中，儒家心性论是其核心思想，其德育价值就是在肯定道德主体意识的基础上引导个体建立起由道德理想、道德信念所构成的意义世界。建构德育的本体价值，为个体道德自觉和境界提升提供了源头活水。儒家思想把人性提高到与天道相通的高度展开叙述，就是以促进德性修养和人格形成为目的，为人的德性修养寻求终极的依据，为道德教育创造本体的价值根源，基于对道德主体意识的重视，建构了“德”与“心”紧密结合的理论，关注受教育者的心理特点和需要，注重培养良好的心理状态，为道德教育过程的推动形成稳定的激发因素和内在依据，在道德人格的培养上提出了立志、为学、内省、克己、改过等一整套自我修养方法。儒家心性论建立了道德本源的内在根据，这种追求在历史上曾为人们的道德践履提供某种崇高感和使命感，对人们形成稳定的价值体系支撑及其道德实践信念起到了积极的推动作用。

在中华文化绵延不绝的历史创造中，蕴含着诸多文明成就，儒家心性论对道德生活的追求和对内在秩序的建构为其中一大亮点。马克思指出：“人们创造自己的历史，但是他们不是随心所欲地创造，并不是在他们选定的条件下创造，而是在自己直接碰到的既定的、从过去继承下

① 《张岱年全集》（第二卷），河北人民出版社1996年版，第279页。

来的条件下创造。”[①] 列宁也曾明确提出：“只有正确地了解人类全部发展过程所创造的文化，只有对这种文化进行改造，才能建设无产阶级的文化。”[②] 认真对待和研究中华文化成果，并与当代中国实际相结合进行新的创造，不仅是我党的优良传统，也是我国现代化建设事业的重要思想资源。

在中国现代化建设事业探索、发展的历程中，中国共产党的历代领导人坚持和发展马克思主义文化观，在不同的历史时期，从不同的历史条件出发，对中华优秀传统文化进行创造性的转化，使之成为马克思主义中国化和大众化的文化心理依托与创新发展的思想源泉，也为中国特色社会主义道德建设提供了基本遵循。早在民主革命时期，毛泽东同志就强调从孔夫子到孙中山，都要认真总结。他说：“今天的中国是历史的中国的一个发展，我们是马克思主义的历史主义者，我们不应该割断历史。从孔夫子到孙中山，我们应当给以总结，继承这一份珍贵的遗产。”[③] “对于中国的文化遗产，应当充分地利用”“凡属我们今天用得着的东西都应该吸收。”[④] 他还提出了“取其精华，去其糟粕”以及“去粗取精，去伪存真，由此及彼，由表及里”等对传统文化批判继承的重要方法、原则。改革开放以后，邓小平同志号召人们“大胆吸收和借鉴人类社会创造的一切文明成果”，以推进社会主义精神文明建设。江泽民同志也明确指出：“中华民族是有着悠久历史和优秀传统的伟大民族。我们的文化建设不能割裂历史。对民族传统文化要取其精华，去其糟粕，并结合时代的特点加以发展，推陈出新，使它不断发扬光大。”

---

①《马克思恩格斯全集》(第四卷)，人民出版社 1987 年版，第 109 页。

②《列宁选集》(第三卷)，人民出版社 1995 年版，第 48 页。

③《毛泽东选集》(第二卷)，人民出版社 1991 年版，第 707 页。

④《毛泽东文艺论集》，中央文献出版社 2002 年版，第 41 页。

《中共中央关于进一步加强和改进学校德育工作的若干意见》(1994年)指出："新形势对学校德育工作提出了更高的要求，在经济体制发生重大变化，以公有制和按劳分配为主体，其他多种经济成分和分配方式并存的条件下，如何坚持社会主义意识形态的主导地位，用马克思列宁主义、毛泽东思想和邓小平同志建设有中国特色社会主义理论教育青少年；在进一步扩大对外开放，学习国外先进科学技术和管理经验的条件下，如何教育青少年正确认识我国国情，继承和发扬中华民族优秀文化传统和中国共产党领导下的革命斗争传统，树立民族自尊、自信、自强、自立的精神；在新旧体制转换过程中还存在各种矛盾，社会生活中还有需要克服的消极现象的情况下，如何引导学生逐步树立正确的世界观、人生观和价值观，培养良好道德品质；在人民生活水平有了较大改善和提高的情况下，如何培养学生具有自力更生、艰苦奋斗的精神和坚强的意志品质；在科学技术迅速发展，社会主义市场经济体制逐步建立的情况下，如何指导学生在观念、知识、能力、心理素质方面尽快适应新的要求。这些都是学校德育工作需要研究和解决的新课题。加快改革开放和现代化建设步伐，以及教育改革和发展的新形势、新任务，迫切地要求德育工作更好地发挥对青少年学生健康成长和对学校工作的导向、动力保证作用。"这一文件精神，系统说明了新形势下学校德育工作的要求，以及德育工作的具体内容和目标，强调了中华民族优秀文化传统和中国共产党领导下的革命斗争传统的重要性。1996年，党的十四届六中全会通过的《中共中央关于加强社会主义精神文明建设若干重要问题的决议》，提出了"弘扬祖国传统文化精华"、"要继承和发扬民族的优秀文化传统和党的优良传统，吸收和借鉴人类社会创造的一切文明成果，反对封建主义残余影响"、精神文明建设要"继承发扬优良传统而又充分体现时代精神"、要把"中华民族优秀传统和革命传统"作为新时期爱国主义教育的主要内容等要求。这些要求，突出了新时期继承和发扬优秀传统文化，并充分体现时代精神的重要性。1997 年党的十五大报告指出，中国特色社会主义文化，渊源于中华民族五千年文明史，又植根于中国特色社会主义的实践，具有鲜明的时代特点。这充分肯定了中华民族优秀传统道德是中国特色社会主义道德的来源之一，中国特色社会主义道德是中华民族优良道德与建设中国特色社会主义时代精神相结合的产物。

在中国特色社会主义道德建设的进程中，学术界关于对待传统文化或传统德育资源的科学态度和方法，也在不断进行探讨，在对中国传统道德资源的继承和创新的问题上，形成了比较一致的认识，提出了批判继承、弃糟取精、综合创新、古为今用等方法。“批判继承是一个总的原则。说明我们的继承是有批判、有选择、有目的的，是要按照马克思主义的理论原则和无产阶级的利益来进行的。弃糟取精是继承传统文化遗产，特别是继承传统伦理道德的一个重要要求。综合创新是强调在汲取中国传统伦理道德思想的精华时，还要注意汲取全人类一切优秀的道德成果，并加以比较和鉴别，作为自己的伦理道德的食粮和原料，并在此基础上，进行新的创造。古为今用就是说，我们之所以要批判地继承中华民族的优良道德传统，主要目的就是适应建设有中国特色的社会主义的需要，为了对我们的现实生活能够发挥积极的作用。”①

进入 21 世纪，随着中国特色社会主义事业的向前推进，我国社会也呈现出一些新的阶段性特征，出现了一些新问题。如城乡之间、区域之间的不平衡，经济发展与社会发展的不平衡，就业、社会保障、收入分配、教育、医疗、住房等关涉群众切身利益的问题比较突出，加上社会上存在的一些诚信缺失、道德失范主体行为，一些领导干部素质、能力

① 罗国杰：《传统与选择》，中国人民大学出版社 1996 年版，第 22 页。

和作风等与新形势的要求还不适应，一些领域里的腐败现象还比较严重，敌对势力的渗透破坏活动危及国家安全和社会稳定，等等。这些问题，是中国特色社会主义发展过程中的阶段性问题，但这些社会建设方面的问题，也影响到社会的和谐稳定。在党的十六届四中全会上，胡锦涛同志提出我们党要不断提高构建社会主义和谐社会的能力，把它同驾驭社会主义市场经济的能力、发展社会主义民主政治的能力、建设社会主义先进文化的能力并列提出来，体现了我党对中国特色社会主义总体布局的新思考。党的十六届六中全会进一步提出“社会和谐是中国特色社会主义的本质属性”，“社会和谐是我们党不懈奋斗的目标”，将社会主义现代化国家建设目标的内涵扩充为“富强民主文明和谐”，首次正式发出了“为把我国建设成为富强民主文明和谐的社会主义现代化国家而奋斗”的号召。这种发展理念，是从社会主义现代化建设总体布局的高度认识社会主义道德建设的战略地位。

2001 年中央颁发的《公民道德建设实施纲要》提出，要“坚持继承优良传统与弘扬时代精神相结合。要继承中华民族几千年形成的传统美德，发扬我们党领导人民在长期革命斗争与建设实践中形成的优良传统道德”，“使公民道德建设既体现优良传统，又反映时代特点，始终充满生机与活力”。[①] 在这个文件里，我们党进一步明确了继承传统道德的内容，也就是，继承传统美德和我们党的优良传统道德，明确了继承传统要与弘扬时代精神相结合。党的十六届六中全会通过的《中共中央关于构建社会主义和谐社会若干重大问题的决定》提出，构建社会主义和谐社会的目标是“民主法治、公平正义、诚信友爱、充满活力、安定有序、人与自然和谐相处”，其中的“诚信友爱”就是道德建设的内容，具体来

① 《公民道德建设实施纲要学习导读》，人民日报出版社 2001 年版，第 3 页。

说就是“全社会互帮互助、诚实守信，全体人民平等友爱、融洽相处”。[①]党的十六大报告强调社会主义思想道德建设与中华民族优秀传统美德“相承接”，号召“弘扬与培育中华民族精神”。胡锦涛同志也十分关注道德建设，重视对传统道德优秀成果的继承与弘扬。他在“全国加强和改进未成年人思想道德建设工作会议”上的讲话中，明确提出要“弘扬和培育以爱国主义为核心的团结统一、爱好和平、勤劳勇敢、自强不息的伟大民族精神”。

这个时期我们党对继承传统和时代创新的定位，主要体现为“要全面认识祖国传统文化，取其精华，去其糟粕，使之与当代社会相适应、与现代文明相协调，保持民族性体现时代性”[②]。把继承和弘扬中国传统道德作为建设中国特色社会主义伟大实践的基点。因此需要“立足于改革开放和现代化建设的实践，着眼于世界文化发展的前沿，发扬民族文化的优秀传统，汲取世界各民族的长处，不断增强中国特色社会主义文化的吸引力和感召力”[③]。我们党强调批判继承中华民族传统道德的主要目的是适应中国特色社会主义建设的需要，解决现实生活中的有关伦理道德和社会风尚问题，保证我国市场经济沿着社会主义道德持续健康地向前发展。同时，我们党还特别强调继承和弘扬中国传统道德要以社会主义核心价值体系为主导。我们党基于当代中国实际所确立的社会主义核心价值体系，是与当代中国特色社会主义经济、政治、文化和社会制度相适应的，是社会主义意识形态的本质体现，明确了社会发展的价值目标，具有很强的感召力，具有对多元价值观念、多样社会思潮和社会道德规

① 《十六大以来重要文献选编》（中），中央文献出版社 2006 年版，第 706 页。
② 胡锦涛：《高举中国特色社会主义伟大旗帜，为夺取全面建设小康社会胜利而奋斗》，人民出版社 2007 年版，第 35 页。
③ 《十六大以来重要文献选编》（上），中央文献出版社 2005 年版，第 29—30 页。

范的引领作用。中国特色社会主义道德建设、道德教育，必须以社会主义核心价值体系为指导，这是必须明确的。

党的十八大以来，以习近平同志为核心的党中央站在凝聚中华民族伟大复兴中国梦的精神力量和提升中华文化软实力的时代高度，面对“具有许多新的历史特点的伟大斗争”新形势，为“四个全面”战略布局和治国理政伟大实践谋篇布局，固本铸魂，推进新时代中国特色社会主义道德建设的创新。表现为以“兴国立人”彰显道德价值，以社会主义核心价值观丰富道德内涵，以中华传统美德的文化基因构建道德资源，以全面从严治党推进党员干部的党性修养和道德修养，强化“关键少数”的表率作用。这些新思想和新举措，既是道德建设持续推进的实践要求，也为提振全民族的“精气神”指明了方向。

中国特色社会主义进入新时代，党中央站在战略的高度来思考和筹划道德建设问题，强调道德是社会关系的基石，是人际和谐的基础，要始终把弘扬中华民族传统美德、加强社会主义思想道德建设作为极为重要的战略任务来抓，为实现中华民族伟大复兴的中国梦提供强大精神力量和有力道德支撑。这是把道德提高到国家、民族和个人生存和发展的本体价值的高度。习近平总书记明确指出：国无德不兴，人无德不立。道德建设要激发人们形成善良的道德意愿、道德情感，培育正确的道德判断和道德责任，提高道德实践能力尤其是自觉践行能力，引导人们向往和追求讲道德、尊道德、守道德的生活，形成向上、向善的力量。同时党还特别强调要认真汲取中华优秀传统文化的思想精华和道德精髓，使中华优秀传统文化成为涵养社会主义核心价值观的重要源泉。这些思想，都是新时代中国特色社会主义道德教育的指导思想。习近平总书记还指出，“中华文化积淀着中华民族最深沉的精神追求，是中华民族生生不息、发展壮大的丰厚滋养”，“中华文明源远流长，孕育了中华民族的宝贵精神品格，培育了中国人民的崇高价值追求。在会见第四届全国道德模范的讲话中，习近平总书记强调，“要始终把弘扬中华民族传统美德……作为极为重要的战略任务来抓，为实现中华民族伟大复兴的中国梦提供强大精神力量和有力道德支撑”。把弘扬中华优秀传统文化提高到“极为重要的战略任务”的高度来认识，这在我党历史上还是第一次，他还进一步把弘扬中华优秀传统文化作为建设社会主义核心价值观的重要思想资源，要求“深入挖掘和阐发中华优秀传统文化讲仁爱、重民本、守诚信、崇正义、尚和合、求大同的时代价值，使中华优秀传统文化成为涵养社会主义核心价值观的重要源泉”。

以传统美德凝聚道德资源，强化文化基因，这是新时代中国特色社会主义道德建设的重要举措。习近平总书记在会见全国道德模范时指出：“自强不息、厚德载物的思想，支撑着中华民族生生不息、薪火相传，今天依然是我们推进改革开放和社会主义现代化建设的强大精神力量。”在布鲁日欧洲学院演讲时，习近平主席提炼出传统美德的精华——“孝悌忠信、礼义廉耻、仁者爱人、与人为善、天人合一、道法自然、自强不息等”，并指出这些理念至今深深影响着中国人的生活。弘扬中华优秀传统文化，是当前道德建设极其重要的内容。习近平总书记在会见第四届全国道德模范时提出了以社会主义核心价值观为指导加强道德建设的具体内容，“按照党的十八大提出的培育和践行社会主义核心价值观的要求，高度重视和切实加强道德建设，推进社会公德、职业道德、家庭美德、个人品德教育，倡导爱国、敬业、诚信、友善等基本道德规范，培育知荣辱、讲正气、作奉献、促和谐的良好风尚”。

2019年10月，中共中央、国务院印发实施的《新时代公民道德建设实施纲要》指出，“中华传统美德是中华文化精髓，是道德建设的不竭源泉。要以礼敬自豪的态度对待中华优秀传统文化，充分发掘文化经典、历史遗存、文物古迹承载的丰厚道德资源，弘扬古圣先贤、民族英雄、志士仁人的嘉言懿行，让中华文化基因更好植根于人们的思想意识和道德观念。深入阐发中华优秀传统文化蕴含的讲仁爱、重民本、守诚信、崇正义、尚和合、求大同等思想理念，深入挖掘自强不息、敬业乐群、扶正扬善、扶危济困、见义勇为、孝老爱亲等传统美德，并结合新的时代条件和实践要求继承创新，充分彰显其时代价值和永恒魅力，使之与现代文化、现实生活相融相通，成为全体人民精神生活、道德实践的鲜明标识”。

关于怎样挖掘优秀传统文化的当代价值，实现优秀传统文化的创造性转化和创新性发展，习近平总书记提出“四个讲清楚”的要求：“要讲清楚每个国家和民族的历史传统、文化积淀、基本国情不同，其发展道路必然有着自己的特色；讲清楚中华文化积淀着中华民族最深沉的精神追求，是中华民族生生不息、发展壮大的丰厚滋养；讲清楚中华优秀传统文化是中华民族的突出优势，是我们最深厚的文化软实力；讲清楚中国特色社会主义植根于中华文化沃土、反映中国人民意愿、适应中国和时代发展进步要求，有着深厚历史渊源和广泛现实基础。中华民族创造了源远流长的中华文化，中华民族也一定能够创造出中华文化新的辉煌。”①以心性论为根基的儒家德育思想，强调每个人都可以以心性修养为起点，去造就并发扬自强不息的积极进取精神，厚德载物的包容精神，仁者爱人的博爱精神，见利思义的道义精神，天下为公的奉献精神等。这就是中华民族最深沉的精神追求，是中华民族发展壮大的丰厚滋养。今天，在加强文化建设和道德建设、坚定文化自信的大背景下，深入挖掘儒家心性论的德育价值，促进“社会主义核心价值观”的培育和践行，

①《习近平谈治国理政》，外文出版社 2014 年版，第 155—156 页。

是统筹推进“四个全面”战略布局，凝聚全民族的精神意志，汇聚广大人民群众的智慧力量，从而实现中华民族伟大复兴中国梦的重要支撑。

目　录 | CONTENTS

第一章 儒家心性论的历史演变

儒家学说是中华传统文化的重要组成部分，其典籍汗牛充栋，思想博大精深。今人若要对其内涵作最精练概括，则非“圣人之学”莫属。人人修身立德，成人成圣，则百姓安乐，天下大治，这便是儒家“内圣外王”的理想追求。而作为人之“成圣”过程中必做之功夫，就是“修心养性”。何者为“心”，何者为“性”，如何修养之，这些都是儒家心性论的理论旨趣。可以说，儒家心性论是整个儒家学说的内在引擎。对儒家心性论的历史考察，是系统把握这一理论乃至整个儒家思想体系的必由之路。

一、儒家心、性的内涵

心、性作为儒家心性论的核心概念，蕴含着深刻、丰富的思想内涵。明代学者罗钦顺曾经有言：“六经之中，言心自帝舜始，言性自成汤始。”（《困知记》）这就是说，儒家六经之中，就已经提到了“性”和“心”这两个概念。[①]《书·西伯戡黎》言：“惟王淫戏用自绝。故天弃我。不虞天性，不迪率典。”意思是说，纣王极尽骄奢淫逸而违背天性，自取亡国之道。《尚书·大禹谟》又言：“人心惟危，道心惟微。惟精惟一，允执厥中。”人心变幻莫测，道心中正入微，二者无论贤愚，人皆有之，唯以道心为主，执中而行。《左传·襄公十四年》又言：“天生民而立之君，使司牧之，勿使失性。”上天为民选立

---

① 胡治洪:《〈尚书〉真伪问题之由来与重辨》，载《江苏师范大学学报（哲学社会科学版）》2014 年第 1 期。

君王，君王负责管理教化百姓，使其保持天性。《左传·昭公二十五年》又言："则天之明，因地之性……淫则昏乱，民失其性……哀乐不失，乃能协于天地之性。"不做荒淫昏乱之事，过适度节制的生活，人才能符合天地之性。可见，早在殷周时期，人们就有了"心""性"概念，而且从中我们也能看出"心""性"概念在当时人们生活中的极端重要性，即"心""性"已融入了人们的生活世界和思想世界中，并且内在地统一于人的德性和宇宙天道相合一的关系格局里，从而成为构建儒家"心性论"的重要思想要素和理论渊源。

（一）儒家对心、性的诠释

儒家学说以"人"为主要研究对象，"人何以为人"是其探讨和论证的核心问题，在此基础上阐释了人与人以及人与社会的相互关系。人性问题既是儒家思想的核心问题，也是其最主要的特色。由于儒家思想长期以来占据着中国传统文化的主流，因此儒家人性论渗透到了中国传统社会的方方面面，其中既包括宗教、文学、艺术，也包括风俗习惯、礼仪规范、大众生活方式及态度等。只有深入地了解和领悟儒家人性思想的丰富内涵，才能深刻把握中华传统文化的精髓。

"心"字最早见于金文，作为象形文字，其本义是指心脏及其心思之功能。孟子最早对"心"的功能做明确的区分，即"自然心"和"道德心"。"自然心"就是指人的主观活动即人的主体意识，是心的机能。孟子认为，心的特点是思，"耳目之官不思，而蔽于物。物交物，则引之而已矣。心之官则思，思则得之，不思则不得也。此天之所与我者。先立乎其大者，则其小者不能夺也。此为大人而已矣"（《孟子·告子上》）。"耳目之官"与"心之官"的区别在于"思"与"不思"。思是天赋予人的特殊能力，因此，"心之官"对人来说最重要，必须以"心"统摄"耳目"，这样人的善性才能牢固树立起来。

儒家不会关注纯粹自然的“心”，“自然心”与“道德心”是一体的。在此，我们隐约看到宋明理学中“理欲之辨”的源头。“道德心”是指人的内在本性。孟子认为，人人都有恻隐、羞恶、恭敬、是非“四心”。“恻隐之心，人皆有之；羞恶之心，人皆有之；恭敬之心，人皆有之；是非之心，人皆有之。恻隐之心，仁也；羞恶之心，义也；恭敬之心，礼也；是非之心，智也。仁义礼智，非由外铄我也，我固有之也，弗思耳矣。”（《孟子·告子上》）这里的“心”即道德本心，“尽其心者，知其性也。知其性，则知天矣。存其心，养其性，所以事天也”（《孟子·尽心上》）。人只有充分地扩张自己的道德本心，才能够认识到人的内在本性，然后达到“事天”的境界。这四个方面，就是孟子所说的道德本心的体现。

宋代理学时期，理学家对于“心”的探讨主要区分了“道心”和“人心”两种不同功能和状态。朱熹认为，“道心”与“人心”具有形而上与形而下的区别。“人之一身，知觉运用，莫非心之所为，则心者固所以主于身，而无动静语默之间者也。”（《答张钦夫》，《文集》卷三十二）这是不同于形体的能“知觉运用”的“心”，它与形而下的“心”的区别在于：“如肺肝五脏之心，却是实有一物。若今学者所论操舍存亡之心，则自是神明不测。”（《朱子语类》卷五）可以看出，朱熹是把精神性的神明不测的“心”看作本体意义上的“心”，而把形体性的“心”看作形而下的“心”。前者是后者的主宰。朱熹认为，人本来只有一“心”，“道心”与“人心”只是知觉不同。“道心”知觉天理，指的是人的道德意识，“人心”知觉声色臭味，指的是人的感性欲求。之所以会形成两者的不同，是因为人之所受的气禀不同。朱熹说：“心之虚灵知觉，一而已矣。而以为有人心、道心之异者，则以其或生于形气之私，或原于性命之正，而所以为知觉者不同，是以或危殆而不安，或微妙而难见耳。然人莫不有是形，故虽上智不能无人心，亦莫不有是性，故虽下愚不能无道心。”（《中庸章句集注序》卷七十六）这就是说，来源于“性命之正”的，为“道心”；来源于“形气之私”的，则为“人心”。“道心”与“人心”的区别根源于“义理”与“私欲”的区别。其实，“道心”与“人心”同在人的心之中，“人心”不是可有可无，不可能完全去除的，只不过不受约制而肆意泛滥的“人心”就会变为私念贪欲，最终将“道心”遮蔽。因此，二者的关系应该是，道心为主，人心听命。朱熹说：“若说道心天理，人心私欲，却是有两个心。人只有一个心，但知觉得道理底是道心，知觉得声色臭味底是人心，陆子静亦以此语人非有两个心。道心人心本只是一个物事，但所知觉不同。”（《语类》卷七十八）这段话明确告诉人们，“道心”“人心”不是指人有两个主体，而是同一思维主体的不同思想内容。[1]之所以要作这样的区分，目的是让人们通过修心养性，使“人心”服从“道心”的导引，从而让“道心”由隐而显。

对于什么是“性”，儒家认为，“性”的本义是指人生来而具有的性情、脾气、欲望及本能等。“性”必定是从心而发。因为，相比较而言，心字出现甚早。古人大多是从知觉、感觉来说心，而人的欲望、能力，又大多通过知觉、感觉而始见。“性”乃人生而既有，根源于人的生命之中。人性问题，是自先秦以来颇受思想家重视，且争论最激烈的问题。孟子提倡性善论，但他没有从理论上说明恶的来源；荀子主张性恶论，但他同样未能说明善从何来。于是，又有了扬雄的性“善恶混”论，目的是要调和孟子和荀子之争。唐代有韩

① 陈来：《朱子哲学研究》，生活·读书·新知三联书店 2010 年版，第 269 页。

愈的“性三品”论，他把人性分为上、中、下三等。宋代思想家在批判吸收以往诸家思想的基础上，辩证地提出了“天命之性”与“气质之性”的概念，以期解决先秦以来的一系列论争以及善、恶的来源问题。首先提出这概念区分的是张载，他以此解释自然、社会现象，进而解释人性。他认为“合虚与气，有性之名”(《正蒙·太和篇》)。“虚”是气散而未有形的状态，“气”是指气聚而有形的状态，太虚之气形成人的道德本性，阴阳之气形成人的生理本能。“孟子之言性、情皆一也，亦观其文势如何。情未必为恶，哀乐喜怒发而皆中节谓之和，不中节则为恶。”(《张子语录·中》) 他认为，情有善恶，如果以性为善，则性情便本能一。告子以生为性，使人与物相等同了，对于这种妄说，必须加以批驳。“以生为性，既不通昼夜之道，且人与物等，故告子之妄，不可不诋。”(《张子正蒙·诚明篇》) 至于佛教所宣扬的佛性，他说：“释氏之说所以陷为小人者，以其待天下万物之性为一，犹告子生之谓性。今之言性者汗漫无所执守，所以临事不精。学者先须立本。”(《张子语录·中》) 因此，在张载看来，佛性与告子的生之谓性本质上是没有区别的。

张载从虚与气的区分的角度，进一步提出了“天地之性”与“气质之性”的思想。他说：“形而后有气质之性，善反之，则天地之性存焉。故气质之性，君子有弗性者焉。”人禀受聚合有形之气而得气质之性，君子善于反躬自省，而能保持源于太虚之气的天地之性，故君子不会将气质之性心安理得地据为自己的本性。张载对“天地之性”与“气质之性”的划分，在人性探索上具有创造性的贡献，成为宋代理学家“理欲之辨”的理论基础。在张载之前的中国古代思想家，往往从人性中寻找道德起源，并以此来论证善恶问题。比如孔子讲“性相近，习相远”，他认为人的天真本性很相近，但因为后天习染不同，而变得千差万别；孟子提倡人性本善，主张尽心知性知天，天与人相通；荀子主张人性本恶，而善是人为的；董仲舒讲性三品，上下两品分别是善与恶，都是天生的，后天无法改变，只有中民之性，是可以进行教化的；汉代扬雄讲性善恶混，强调后天作为的重要性，“修其善则为善人，修其恶则为恶人”(《法言·修身》)；唐代李翱讲性善情恶，认为圣人在于摆脱情欲的束缚；等等。他们都认为人具有源于先天的本性，但更侧重于后天的道德修为。到了张载，他尝试进一步探讨人性如何具体地源自先天，从而使其道德学说上升到本体论的高度。当然，其本体论只是众多可能路向之一。如果按照辜鸿铭的解释，将“习相远”的“习”理解为“实践”，[①] 孔子的“性相近，习相远”，也存在开出实践本体论的道德学说的可能性。

张载从世界观的角度，对人性起源、善恶归属作了缜密论述。他把人性区分为“天地之性”和“气质之性”，天地之性是善的，气质之性有善有恶。天地之性就是仁义礼智，是人的形体未形成之前就已存在的。气质之性是人的形体形成之后而有的，“形而后有气质之性，善反之，则天地之性存焉”(《张子正蒙·诚明篇》)。张载认为，性是由“太虚”和阴阳二气融合而成的，由此才有了“天命之性”和“气质之性”的分别。所谓“气质之性”，就是人形成以后，禀受阴阳二气，使得每个人的身体条件、特殊形体各不相同，这种个人的、具体的本性就叫作“气质之性”，它是恶的来源；所谓“天命之性”，就是“太虚”本性，它纯一无缺，是善的来源。由于人生来就具有这两种性，因此，人只要善于反省自己，便能使“气质之性”发生变化，“为学大益，在自求变化气质”(《经学理窟·义理》)，而复为善的

①《辜鸿铭讲论语》，北京理工大学出版社 2013 年版，第 313 页。

"天命之性"。

"天命之性"与"气质之性"是既差分而又融合的关系。就融合方面说："性者，万物之一源，非有我之得私也。"(《张子正蒙·诚明篇》) 所谓"一源"，就是两者都出于"太虚"，即统一于"太虚"。因此，人都具有"天命之性"，它是人与物成形之前的共同本性。"气质之性"是人出生后所具有的人的本性。二程（程颐、程颢）沿袭了张载"天命之性"和"气质之性"的提法，但内容有所差异。张载以"气"(太虚) 为形上本体，所以，"天地之性"出于"气"(太虚，具有物质性的特点)；二程以"理"(具有精神性的特点) 为形上本体，"理"在人性中的体现，便是"天命之性"。因此，二程提出了一个区别于张载的"性即理也"的命题，认为性有"天命之性"和"气质之性"之别，"天命之性"是形上本体"理"在"性"中的体现，是善的；"气质之性"是从"气"上来的，有善有恶。

对于所谓"天命之性"，二程说："性即是理，理则自尧、舜至于涂人，一也。"(《河南程氏遗书》卷第十八)"斯理也，成之在人则为性（成之者性也）。人心存乎此理之所存，乃'道义之门'也。"(《河南程氏经说》卷一) 理体现在人身上就是性，形上的理与具体现实的人相结合。在二程的哲学逻辑结构中，理与道、天是相同的范畴，因此，理成之在人为性，"性与天道，一也。天道降而在人，故谓之性。性者，生生之所固有也"(《河南程氏经说》卷八)，天道下降在人称为性。"性即理也，所谓理，性是也。天下之理，原其所自，未有不善。喜怒哀乐未发，何尝不善？发而中节，则无往而不善。"(《河南程氏遗书》卷第二十二) 这段话的意思就是说，来自"理"的"性"为善，而这里的善可以从两方面看：一是性的"未发"阶段，即喜怒哀乐情感未显现状态，为善；二是性的"已发"阶段，即喜怒哀乐已发，情感发动而“中节”，即符合节度，亦为善。“未发”与“已发”均可为善，即为中和。

已发的善与不善的标准，关键在于是否符合“中”。“理善莫过于中。中则无不正，而正未必得中也。”（《河南程氏粹言》卷一）“发而中节，亦是中也。”（《河南程氏粹言》卷一）由“未发”的寂然不动的情感状态，到“已发”的感而遂通的情感表现，均为“理”之使然。二程认为，善的内涵，主要表现为仁义礼智信五者。程颐说：“自性而行，皆善也。圣人因其善也，则为仁义礼智信以名之；以其施之不同也，故为五者以别之；合而言之皆道，别而言之亦皆道也。舍此而行，是悖其性也，是悖其道也。而世人皆言性也，道也，与五者异，其亦弗学欤！其亦未体其性也欤！其亦不知道之所存欤！”（《河南程氏遗书》卷第二十二）这就是说，仁义礼智信五者都是善，即“天命之性”的所显。“仁义礼智信五者，性也。仁者，全体；四者，四支。”（《河南程氏遗书》卷第二）也就是说，“仁”犹全体支配着“义”“礼”“智”“信”四支。

对于所谓“生之谓性”，二程说：“生之谓性，性即气，气即性，生之谓也。人生气禀，理有善恶，然不是性中元有此两物相对而生也。有自幼而善，有自幼而恶……是气禀有然也。善固性也，然恶亦不可不谓之性也。”（《河南程氏遗书》卷第一）众所周知，“生之谓性”是告子的话，它见于《孟子·告子上》，但孟子不同意告子的观点。然而，二程则借此说明“气质之性”。因此，二程既继承了孟子的性善论，又改造了告子的“生之谓性”说，并将其统摄起来，从而构成了“天命之性”和“气质之性”的人性学说。二程说：“告子言生之谓性，通人物而言之也。孟子道性善，极本原而语之也。生之谓性，其言是也。然人有人之性，物有物之性，牛有牛之性，马有马之性，而告子一之，则不可也。使孟子不申问，告子不嗣说，乌知告子之未知义，孟子为知言？”（《河南程氏粹言》卷二）二程肯定了告子“生之谓性”的说法是对的，但是不同意他将人、物、牛、马不加以区别的做法。二程认为，既然是由气而来的性，便有善有恶，有自幼生来就善，有生来就恶，善恶都具有先验的性质。它是由人生“气禀”决定的，但不管是善还是恶都是性，并非恶不是性。这种看法比以善为性，或以恶为性要更全面。尽管“气质之性”有善有恶，但“天命之性”则只有善而无恶。

“性即理”把人性提升为形上本体的“理”，将“天命之性”所具有的仁义礼智信等伦理道德当作人的本性；“性即气”说明了“恶”的来源和克服“恶”的途径，给人们以改过迁善，到达圣人境界的门径。

总体而言，先秦时期，儒家的代表人物孔子、孟子和荀子，以及《礼记》《中庸》等儒学经典，对于心、性内涵的探讨和阐释具有开创性作用，奠定了坚实的思想基础；汉唐儒家学者在继承前人思想的同时，进一步深化和拓展了心、性的内涵；宋明儒家学者则在深入发掘心、性内涵的基础上，使之走向理论化、系统化。

（二）儒释道对心、性的不同理解

综观中国传统文化，不难发现，对于心性问题的探讨不独儒学一家，道、佛两家也对之进行了深入的阐释。梁启超曾讲过，老子、庄子、佛学“都是教我们本钱的方法——操练心境的学问”[①]。儒家的心性思想与道、佛两家有显著区别。儒家是既讲“心性”又讲“事功”，既讲“内圣”又讲“外王”；而道、佛两家则只讲“心性”不讲“事

① 梁启超:《情趣人生》，安徽文艺出版社 2015 年版。

功”，只讲“内圣”不讲“外王”，难怪有人批评它们“只讲上达，不讲下学”“只有上半截，没有下半截”。[①] 因此，儒家对于心性问题的探讨，正是由于强调了二者的结合，而与道、佛两家相区别。众所周知，佛教禅宗对于心性问题予以了极大的关注，且有着很多精辟的论述，但是需要指出的是，禅宗探讨这一问题的目的主要在于出世。虽然儒学思想家们对于心性问题的阐释，在某种意义上与佛家所说的“明心见性”有一定的相似之处，但从根本意义上说，儒家探讨心性问题的目的主要是经世致用，追求崇高的理想境界。

儒家探讨心性问题的一个重要目的，就是要做到内圣修持，即通过修持，达到完美的道德人格——圣人。这也正是儒家思想的重要特征和精髓之所在。儒家这一建构于心性内涵发掘基础上的内圣修持学说，不仅是一门独特的学问，而且是指导人们进行道德实践的行动指南。长期以来，有些人将儒家的这一学说视为空谈心性，避实就虚，即只讲虚的不讲实的。实际上，这一看法是有失公允的。儒家探讨心性内涵的目的在于要人们注重心性修养，强调其内在良知的培养，并以此来引导人们的善行义举，这是符合人类道德发生发展的规律的。从道德修养和道德教育实践来看，如果只讲道德知识的灌输，抑或只讲道德规范的约束，而不注重切实地心性修养，不讲“诚意”“正心”，必将难以达到“知行统一”的实际效果。在现代社会生活中，拜金主义、享乐主义、极端个人主义思想泛滥，价值理性与工具理性相割裂，道德的功利化、技能化、谋略化倾向日益严重，在这一背景下，若要避免道德失范、诚信缺失等消极现象的发生，就必须引导人们重视心性修养，在诚意、正心上下功夫。因此，在一定意义上说，

① 温克勤：《略论儒家心性论》，载《道德与文明》2012 年第 5 期。

儒家对心性内涵的发掘和阐释，为当今思想道德教育提供了丰厚的可供借鉴的文化资源。

二、先秦时期心性论

心性论思想是早期儒家思想发展的核心内容和中心线索。探讨先秦时期儒家心性论发展的不同流向和发展路径，可以为我们提供一种较为宽广的对早期儒家心性论发展的诠释视角。

（一）孔子的心性理论

孔子（前551—前479年），名丘，春秋时期鲁国人。孔子作为先秦时期儒学思想的代表人物，创立了以仁为核心的儒家学说，仁是孔子思想中最有特色和最有代表性的范畴之一。在对于仁的阐释中，孔子提出了“性相近，习相远”的观点。这句话的意思是说，人的心性相近，而习俗不同，因此而相去甚远。虽然在孔子所处的时代，人们对人性善恶问题还没有展开深入而系统的探讨，但孔子作为儒学思想的开创者，他提出的“性近习远”思想，为儒家心性论的形成奠定了思想基础。

根据《论语》中的资料，我们可以发现，孔子很少直接谈及人性问题。虽然孔子曾说了“性相近，习相远”这句话，但是他并没有进一步阐释什么是人性，以及其为什么会“相近”。在此需要特别加以强调的是，即便孔子不谈论，也并不意味着他对人性的问题没有任何主张，事实上恰好相反，他对人性的观察是十分深刻的。例如，孔子说：“吾未见好德如好色者也。”（《论语·子罕》）一般而言，爱好美色是人类生物性的本能，那么爱好美德是否也如同好色一样，是人的本能呢？显然，孔子的回答是否定的，至少没有像爱好美色那么根本。这其实就是孔子对人性的省察。顺着这一思路，孔子提醒人们，在人生的每一个阶段都要保持警惕："君子有三戒：少之时，血气未定，戒之在色；及其壮也，血气方刚，戒之在斗；及其老也，血气既衰，戒之在得。"(《论语·季氏》) 这段话体现了孔子在对人性进行了深刻的观察之后，对世人的劝诫和提醒。

孔子虽然未对人性善恶的问题加以讨论，但他提出了人心有"安"与"不安"、"忍"与"不忍"的问题。这是儒家心性论最朴素和原始的探索。关于这一点，可以在孔子与其弟子宰我关于三年之丧的对话中看得出来。宰我质疑孔子提出的"三年之丧"，认为守丧三年时间太长了。既然自然界以一年为循环周期，那么人们守丧何不以一年为期呢？孔子听了后，只是问宰我：如果守丧一年，就恢复平日的生活享受，吃好的穿好的，"于汝安乎？"(《论语·阳货》) 也就是说，你心里安不安呢？其实这就是直指人心。孔子在这里并没有与宰我讨论守丧三年的合理性，却把问题的焦点直接指向人心。在宰我回答"安"之后，孔子重复两次地斥责他说："汝安，则为之！"(《论语·阳货》) 孔子以君子守孝，必食旨不甘，闻乐不乐，居处不安，来反衬宰我的真不仁。实际上，孔子在这里是从人心的"安"与"不安"来理解人性的。那么孔子为何认为只有守丧三年，人心才会"安"呢？孔子在宰我离去后，谈了他的理由："子生三年，然后免于父母之怀。"(《论语·阳货》) 在孔子看来，人心对父母的深情是由具体的成长经验所孕育和升华的。小孩子自生下来至三岁，始终离不开父母的怀抱。这一时期，孩子不仅在生理上长期受到父母的照顾，而且在心理上也形成了依恋父母的情感。所以当父母过世后，守丧三年是为了感念父母的养育之恩，这是理所应当的。这里的"理"有着多重意涵，"子生三年"表示的是生理，"于汝安乎"表示的是心理，"三年之丧"表示的是伦理。人性就是由生理、心理和伦理三者连贯而成。儒家心性论的焦点在于，揭示心的自觉及能力，它以生命为基础，以伦理为发用。孔子认为，人们在遇事须作是非判断之时，应直截了当地诉诸人心，明心见性地进行自我省察。可以说孔子的“言说”采取的是一种充满尺度感或韵律感的非观念化的“诗言”方式，而非表达凝固的观念对象的言说方式。①

诚然，儒学不是围绕某一个人建立起来的学派，而是众多人物思想的汇聚，而真正将不同人物的思想凝结在一起的，是儒学共同的观念信仰和道德理想，譬如仁义价值、礼乐秩序等，这也是孔子虽然已去世了两千多年，儒学仍然能够延续下来的根本缘由。因此，在孔子提出了“性相近，习相远”(《论语·阳货》)的人性预设之后，宋代儒学大家朱熹又对这句话进行了深入的阐释。他说：“此所谓性，兼气质而言者也。气质之性有美恶之不同矣，然以其初而言，则皆不甚远也，但习于善则善，习于恶则恶，于是始相远耳”(《论语集注》)。孔子的这一人性论命题，充分肯定了人性之可变，以及后天修习的重要意义。孔子所主张的“志于道，据于德，依于仁”(《论语·述而》)、“喻于义”(《论语·里仁》)以及学“礼”、学“诗”等思想，就是告诫人们要修养心性、发扬善性。在孔子看来，正是因为人们重视了心性修养，才能做到“克己复礼”“约之以礼”。他特别强调人在面临外界诱惑或境遇窘迫时，能够心“一于善”，恪守仁义道德。

孔子心性论，还体现在他对“三戒”“三畏”的倡导上。如前引述，孔子认为君子有三戒，少时血气未定要戒色（莫迷恋美色），壮时血气方刚要戒斗（莫逞强好斗），老时血气衰弱要戒得（莫贪得

① 张祥龙：《孔子的现象学阐释九讲——礼乐人生与哲理》，华东师范大学出版社2009年版，第101页。

无厌)。朱熹注曰:“范氏曰:圣人同于人者血气也,异于人者志气也。血气有时而衰,志气则无时而衰也……君子养其志气,故不为血气所动,是以年弥高而德弥邵也。”(《论语集注》)这里所谓“养其志气”,也就是修养心性。人若能始终恪守仁义道德,不为“血气所动”,就必须注重心性修养。孔子倡导“君子有三畏,畏天命,畏大人,畏圣人之言”(《论语·季氏》)。但人能否做得到,也看其是否注重心性修养。朱熹对此解释说:“尹氏曰:‘三畏者,修己之诚当然也;小人不务修身诚己,则何畏之有?’”(《论语集注》)在孔子及后世儒家看来,人能做到“三畏”,也是其注重修心养性所致。

孔子心性论强调要辨明义利关系。他认为君子和小人的区分即在于“喻于义”还是“喻于利”。君子以公义为行动指南,小人奉私利为人生圭臬。当然孔子不是简单地排斥“利”,如他讲“富与贵,是人之所欲也”(《论语·里仁》)。也就是说,他认可富与贵是人所欲求之利。但孔子反对的是“放于利而行”(《论语·里仁》),即见利忘义。“义以为上”(《论语·阳货》)、“义以为质”(《论语·卫灵公》)、“义然后取”(《论语·宪问》),是他所主张的价值取向和要求达到的道德水准。

以上是孔子心性论的基本内容,而这些内容又都建基于其深厚的仁学思想,这一思想基本包括以下几个方面:

1. 天人合一

“天”是儒家哲学的一个重要概念。谈及先秦时期人们对于人性的理解,必然涉及“天”这一概念。孔子奠定了儒学天人和谐、天人合一思想的基础。在孔子之前的商代和周代,天命论是当时社会比较盛行的一种观点。这一时期,人们把天看作有意志的人格神,这种观点在商代表现得尤为明显。孔子虽然也受到了这一观念的某些影响,但孔子思想中的天，首先是“自然之天”，把天看作自然的变化和自然的规律。孔子说：“天何言哉？四时行焉，百物生焉，天何言哉？”（《论语·阳货》）意思是说，天没有说话，而是以四时的运行和万物的生长作为其发生作用的表现。孔子这里所说的天，就是指大自然，反映了一种整体的有机的自然观，自然是充满生机和不断更新的。而人的生命不仅不是与自然相对立的，而恰恰是自然整体的一个部分，充满了整体的和谐和生机，人与天应该是和谐统一的关系。其次，孔子思想中的“天”还保留着某种意志性等精神方面的属性，如“天生德于予，桓魋其如予何？”（《论语·述而》）“子畏于匡，曰：文王既没，文不在兹乎？天之将丧斯文也，后死者不得与于斯文也；天之未丧斯文也，匡人其如予何？”（《论语·子罕》）这里的“天”既有意志和精神性内涵，又有不以人的意志为转移的必然性规律的意思，总之是对自然、社会和人生发展变化的规律及其根本原因的多维度思考的结果。

当然，还需要特别注意的是，虽然孔子说的天具有某种意志性和神秘性，但这种神秘性与西方的神权理论是不同的。因为，在孔子心目中，天并不是一个具有绝对主宰性的人格神。孔子所说的天的神圣性，是与天作为生命创造之源的属性联系在一起的。孔子提出要“畏天命”（《论语·季氏》），这种畏天命就是要尊重自然，尊重自然规律，要珍惜生命，爱护生命，绽放生命。孔子说：“获罪于天，无所祷也。”（《论语·八佾》）这是古人对天的敬畏与信仰，体现了那时人们朴素的天人关系的思想。这里的“天”，又代表了天地生生不已的变化过程，“天”以生养万物为最高的价值追求和道德目标，生生不息是天之大德，这是生命的创造和创新，这种创造形成了一切价值的源泉。也就是说，天以生为命，把万物生长，养育万物作为最高的目的。而人类作为万物之中最有灵性的存在物，应该遵循天道，珍惜生命，爱护生命，否则就是对天的不敬，会受到天的惩罚。孔子以生命创造来解释天，在那个时代是一种新的思想，开创了儒家天人合一思想的基础。这种天人关系本质上是一种人本主义，孔子及其后继者都是“从人来考虑天，而不是从天来考虑人”[①]。在此基础上生成的心性论与西方的道德理论有着根本的不同。

2. 仁者爱人

仁是孔子思想的核心概念，它主要有两个方面的内容，其一是“克己复礼为仁”，其二是“仁者爱人”。克己复礼为仁，主要是针对春秋时期礼坏乐崩的社会问题，孔子希望通过君臣父子等社会伦理规范之间的“正名”的方式，来使社会归于有序的轨道上。《论语·子路》有言：“名不正，则言不顺；言不顺，则事不成；事不成，则礼乐不兴；礼乐不兴，则刑罚不中；刑罚不中，则民无所措手足。”从这里可以看出，孔子提出的“克己复礼”思想虽然有其保守的一面，但也有着维护社会秩序的积极意义。希望人们从意志上做到自我控制和规范，从视、听、言、动的感性经验上做到符合“礼”的规范，要做到“非礼勿视，非礼勿言，非礼勿听，非礼勿动”(《论语·颜渊》)。而且，孔子的礼是以“仁”为基础的，礼的规范中包含了“仁”的内涵。孔子曾说：“人而不仁，如礼何？人而不仁，如乐何？”(《论语·八佾》)没有“仁”作为道德内核，就不可能做到礼的规范，仁是依据内在情感而形成的道德意识，礼是表达这种意识的外在形式。这就是仁与礼的结合。

仁的基本主张是“爱人”，在“仁者爱人”的基础之上，孔子把

---

① 汤一介：《在儒学中寻找智慧》，中国人民大学出版社 2016 年版，第 304 页。

仁的内涵进一步拓展为人与人之间的孝悌忠恕等道德行为要求。由此我们不难看出，孔子所讲的仁，既是一种道德情感，也是一种伦理规范。孔子认为，爱人的情感基础首先是从孝顺父母开始的，因此说孝悌就自然成了为仁之“本”。孔子的学生宰我提出，修行礼乐比报答父母的“三年之丧”更重要。孔子却认为，从父母赋予自己生命的血缘关系和养育之情上升到孝道的三年之丧，不仅是礼仪形式，更是从道德情感上，怀念父母的养育之恩，这才是仁。孔子认为，孝不仅是养活父母，更主要的还在于敬。他说：“生，事之以礼；死，葬之以礼，祭之以礼。”(《论语·为政》) 孔子从这种孝顺父母的道德行为，引申出尊君、爱民、守礼的道德品质。

孔子强调指出，仁者爱人的道德情感，还应包括忠恕之道。他说，“夫仁者，己欲立而立人，己欲达而达人，能近取譬，可谓仁之方也已”(《论语·雍也》)，“己所不欲，勿施于人”(《论语·卫灵公》)。在孔子看来，要想达到自己的目的，也要使别人达到，自己所不愿意的事，也不能强加于别人。也就是要做到由近及远，推己及人，这才是实行“仁”的方法。孔子还提出“吾日三省吾身”(《论语·学而》)，这是一种从内心反省来处理人与人之间关系的道德修养方法。

孔子所提倡的“仁者爱人”的道德情感是有差异的，比如对国家君王要强调“忠”，对父母长辈要强调“孝”，对哥哥姐姐要强调“悌”，对弟弟妹妹要强调“良”，对子孙后代要强调“慈”，对朋友同辈要强调“信”，还有夫妇间要强调“别”(即传统家庭内外分工，今天当然不必照搬)。孔子所提出的仁者爱人，既是建立在血缘基础上，也是按照贵族等级名分来决定的。因此不难看出，孔子的道德伦理思想，有维护等级礼制的初衷。孔子强调了君子、圣人的个人人格皆是以“仁”为核心，而“礼”则是规范人与人之间关系的行为标准，通过仁与礼，把个体和群体紧紧地联系在了一起，使人们内在的道德情感与外在的社会伦理规范有机地融为一体。

3. 知行学思的道德实践

孔子认为，要完成理想人格成为圣贤，就必须学习。孔子对学而知之，作了大量的论述，强调“学而不思则罔，思而不学则殆”(《论语·为政》)，“学而时习之，不亦说乎”(《论语·学而》)。孔子的一生“学而不厌，诲人不倦”“发愤忘食，乐以忘忧”(《论语·述而》)，“笃信好学，守死善道”(《论语·泰伯》)。通过温故知新，循序渐进地学习诗书礼乐，培养道德品质。孔子强调不仅要懂得仁义道德，而且要躬行、慎行，这样才能成为君子。孔子强调学习和实践的统一，强调知行学思的完美结合。孔子的仁学思想虽然没有明确地使用心性的范畴，但是他提出了“杀身成仁”(《论语·卫灵公》)的超越精神，把“仁者爱人”的道德情感与“克己复礼”的伦理规范有机地统一起来，从而使“仁”成为体现人的自我价值的重要范畴。孔子之后，孟子在其仁爱思想的基础上，提出了“舍生取义”的牺牲精神，并明确提出“人性之善也，犹水之就下也”(《孟子·告子上》)的观点，构建起了较为系统的儒家心性论和道德修养论。

4. 有教无类，志当仁人

在孔子以前，学在官府，受教育的权利为统治阶级所垄断。孔子在中国历史上首开私人讲学之风。他长期从事教育事业，广招弟子，被称为“至圣先师”。在孔子看来，每一个人都应该有接受教育的机会，即“有教无类”(《论语·卫灵公》)。孔子“仁学”的根本在于“成德之教”，主张通过孝悌忠信、诗书礼乐的学习来培养人的道德意识，成就君子人格。教育的根本目的就是把受教育者培养成有完美人格、崇高境界的君子，通过君子的影响和治理，使国家、社会进入和谐有序、文明富足的理想状态，君子承担着社会教化、社会治理等责任和担当，因此，孔子的教育既是对终极理想的追求，也具有一定的现实因素和功利导向。孔子还主张君子人格的整体性设计，君子应"志于道、据于德、依于仁、游于艺"（《论语·述而》），这是其教育思想的总纲。孔子说："朝闻道，夕死可矣！"（《论语·里仁》）他强调教育的目的是使受教育者以道作为自己的理想，提高精神境界，这个境界的实质就是仁。孔子所说的教育内容是"六艺"，即礼、乐、射、御、书、数，这是当时学习的具体科目，包括智育、体育、美育，但其中最重要的是德育。孔子的学生有很多，有从政、从商、从教，从事外交活动、从事宗教祭祀、从事文献管理等，但不管做什么职业，孔子都认为最重要的是提高人文修养，培养高尚品德。

孔子非常重视美育。他说："兴于诗，立于礼，成于乐。"（《论语·泰伯》）无诗之兴发，则无礼之建立。诗兴中散发出动人力量，礼便能使其德如风，如沐春风便是乐。① 学习诗可以感化人的精神，使人产生美感；学习礼可以使人的行为得到规范，成为一个文明的人；学习乐，可以使人的精神得到升华，感受人生的快乐。孔子提出，学习应该达到一种愉悦的境界，"知之者不如好之者，好之者不如乐之者"（《论语·雍也》）。一个人对崇高的道德目标，仅有理论上的认识是不够的，仅有追求的愿望也是不够的，要达到一种愉悦的状态，才是一种最美的状态、最高的境界。受孔子思想的影响，中国历代思想家都强调，学习者不仅要重视增加自己的知识和学问，更重

① 张祥龙：《孔子的现象学阐释九讲——礼乐人生与哲理》，华东师范大学出版社2009年版，第187页。

要的是要拓宽自己的胸襟，涵养自己的气象，提升自己的精神境界，也就是要不断地追求一种更有意义和更有价值的精神境界。

（二）孟子的心性理论

孟子（前372—前289年），名轲，战国中期儒家代表人物。与孔子生活的时代不同，战国时期关于人性问题的争论已经成为这个时代的一个重要问题，对人性问题的认识得到进一步深化。孔子在人性论问题上只是提出了“性相近，习相远”的观点，认为人一生下来所具有的自然本性是相近的，但人的后天活动和思想会受到环境因素的影响，从而使得每个人的道德意识和水平出现很大的差别。到了战国时期，在人性论问题上出现了“有性善，有性不善”“性无善无不善”等观点，其中影响较大的是孟子的性善论。孟子不仅明确提出人性善，而且首先提出心性思想。孟子以人性本善为基础，建立了心性合一的思想体系。孟子提出人性本善的论断，认为人有与生俱来的善良意识。所谓“恻隐之心，人皆有之；羞恶之心，人皆有之；恭敬之心，人皆有之；是非之心，人皆有之”（《孟子·告子上》），“恻隐之心，仁之端也；羞恶之心，义之端也；辞让之心，礼之端也；是非之心，智之端也”（《孟子·公孙丑上》）。孟子认为“恻隐之心”“羞恶之心”“辞让之心”“是非之心”是人之为人的根本属性，如果失去了这些根本属性，就不能成为一个真正意义上的人。“四心”和“四端”是孟子把人与动物区别开来的关键因素。“居仁由义”也就成为人的道德修养的必经之路。“仁，人之安宅也；义，人之正路也。旷安宅而弗居，舍正路而不由，哀哉！”（《孟子·离娄上》）人在生活实践中如果能够持守“四心”“四端”，以仁义礼智存心，就可以成为一个“居仁由义”的道德君子。也就是说，“四心”仅仅是人性善的开端和萌芽状态，更重要的任务是让这种端倪形态的善性长成一种成熟的德性即道德根基稳固的大树，这是需要后天扩充功夫的，孟子正是沿着这样的思路展开其心性修养论的阐释的。

孟子论证人性善，还以流水来比喻，水由高往低流，这是必然的趋势，人性善也具有类似的一种必然性。“人性之善也，犹水之就下也。人无有不善，水无有不下。今夫水，搏而跃之，可使过颡；激而行之，可使在山。是岂水之性哉？其势则然也。人之可使为不善，其性亦犹是也。”（《孟子·告子上》）孟子强调，顺应人的本性自然发展，就必然是善的结果，而如果人不为善，这不是本性的问题，只是外在条件的影响，如果外部因素充满了不良的甚至恶劣的影响，处在这种环境中的人，必然会受到不同程度的影响，其本来的人性善，也会被污染。孟子说，“富岁，子弟多赖，凶岁，子弟多暴”（《孟子·告子上》），一个社会的经济状况和发展水平，会对生活于其中的年轻人产生影响。所以，一个社会需要在经济发展、社会和谐、精神文化生活等方面，努力塑造一种自然的、正常的状态，让每一个人都能去自然地发展，这样人性向善就能够表现出来，就好像水向下流一样。以“水无有不下”来比喻“人无有不善”，“心有四端”就是人性向善的证明和力量。

孟子对人性还有一个很经典的比喻：“牛山之木尝美矣，以其郊于大国也，斧斤伐之，可以为美乎？是其日夜之所息，雨露之所润，非无萌蘖之生焉，牛羊又从而牧之，是以若彼濯濯也。人见其濯濯也，以为未尝有材焉，此岂山之性也哉？虽存乎人者，岂无仁义之心哉？其所以放其良心者，亦犹斧斤之于木也。旦旦而伐之，可以为美乎？其日夜之所息，平旦之气，其好恶与人相近也者几希，则其旦昼之所为，有梏亡之矣。梏之反复，则其夜气不足以存。夜气不足以存，则其违禽兽不远矣。人见其禽兽也，而以为未尝有才焉者，是岂人之情也哉？故苟得其养，无物不长；苟失其养，无物不消。”（《孟子·告子上》）这段比喻论证非常形象。孟子的意思是说，牛山上的树木长得非常茂盛，但不幸的是，它临近都城的郊外，有些人为了盖房子把树木砍光了，有些人放牧，牛羊把花草吃光了，结果好好的一座山变成了秃山。大家看见光秃秃的山，便以为山不曾有过茂密树林，这难道是山的本性吗？对于某些人，难道天生就没有仁义之心吗？实际上，他之所以丧失善良之心，就如山林屡遭刀斧砍伐一样，天天遭受砍伐，还能有绿水青山那样的美景吗？人每天每夜心中萌发的善念，如果在现实生活中反反复复地被实际所作所为扼杀，在贫瘠的心灵上，善念会越来越孱弱，直至最后连善念也不再闪现。只要有了阳光雨露，新芽就会长出来，山就会重新茂盛起来。如果新的芽被吃光，变成秃山，再给它机会，山又会长出新芽，变成花草树木。人也是这样，人的本性是善的，只要给予机会，涵养得当，其善性便能升华绽放。否则“旦旦而伐之”，久而久之，心灵也会麻木。孟子通过这样的比喻说明个人应该注重对自我的要求，这种要求由内而发，可以通过努力实现自我心灵善端的萌发。如果不去做自己应该做的事，或者去做了自己不该做的事，心里面就会产生一种压力，无法面对自己。

孟子认为，人性善的关键因素是“心”。“仁，人心也；义，人路也。”（《孟子·告子上》）孟子把人异于禽兽的社会属性看作每一个人先天固有的，不需要后天的训练和学习，所以，孟子又把这“四心”称为“良知”和“良能”。他举例说：“所以谓人皆有不忍人之心者，今人乍见孺子将入于井，皆有怵惕恻隐之心。非所以内交于孺子之父母也，非所以要誉于乡党朋友也，非恶其声而然也。”（《孟子·公孙丑上》）这段话的意思是说，看到孩子可能掉到井里，你会去救他。你的施救行为并不是因为要结交孩子的父母，也不是因为要在乡里显示自己，更不是因为厌恶听到小孩的哭声，而只是发自内心的怜悯，这就是内心良知良能的作用。孔子曾以心“安不安”来描述这种情况，孟子则是以“忍不忍”来描述对别人遭遇的内心感受，也就是同情之心或恻隐之心。正是因为肯定了恻隐之心的固有属性和先验属性，所以孟子把“四心”看作人之为人的根本。“由是观之，无恻隐之心，非人也；无羞恶之心，非人也；无辞让之心，非人也；无是非之心，非人也；恻隐之心，仁之端也；羞恶之心，义之端也；辞让之心，礼之端也；是非之心，智之端也。人之有是四端也，犹其有四体也。”（《孟子·公孙丑上》）在孟子看来，怜悯心是仁德的开端，羞耻心是义的开端，谦让心是礼的开端，是非心是明智的开端，人有这四种开端，就像有四肢一样。孟子说人心有四种开端，开端代表萌芽和开始。四种开端只有发展扩大，不断涵养，才可以成就仁义礼智四种善。“若火之始燃，泉之始达。”（《孟子·公孙丑上》）这就是说，看起来是一个小小的源头，最后可以成为伟大的善行，这其中就需要个人不断地努力。

孟子在此基础上提出了“求放心”和“寡欲养心”的心性修养论。“学问之道无他，求其放心而已矣。”（《孟子·告子上》）良知本心内在于人，故“求则得之，舍则失之。是求有益于得也，求在我者也”（《孟子·尽心上》）。而之所以能够内求，就在于人心所具有的特殊能力，也就是“思”。孟子还提出了一套具体的修养方法，如“养心善于寡欲”，“其为人也寡欲，虽有不存焉者，寡矣；其为人也多欲，虽有存焉者，寡矣”（《孟子·尽心下》）；“养浩然之气”，此气“至大至刚”“配义与道”（《孟子·公孙丑上》），实际上讲的是一种志气、骨气。朱熹讲，人养得此气，将有助于“敬守其志”（《孟子集注》)。思诚，孟子将“诚”提升到“天道”“人道”的本体论高度予以强调，“诚者，天之道也，思诚者，人之道也”(《孟子·离娄上》)。孟子认为，人在道德修养过程中，只有“思诚”，真实无欺地修养心性，才能达至“尽心、知性、知天”和“万物皆备于我”(《孟子·尽心上》)的“天人合一”的精神境界，也才能排除一切外界的诱惑干扰，实现“富贵不淫，贫贱不移，威武不屈”的“大丈夫”理想人格。通过寡欲和内省，存养浩然之气，提升自己的道德水平和精神境界，从而更好地把握宇宙和人生。

孟子的心性论还主张从性善论出发，不断向外扩充，从仁心走向仁政。他说：“人皆有不忍人之心，先王有不忍人之心，斯有不忍人之政矣。以不忍人之心，行不忍人之政，治天下可运之掌上。”(《孟子·公孙丑上》)而所谓仁政，就是强调为政者的道德，认为为政者有德是其施政合乎道德的前提。仁政的基本原则，就是为民众提供基本的温饱和教养。在这个意义上，孟子反对功利政治，主张辨明义利关系。孟子讲：“非其义也，非其道也，禄之以天下，弗顾也；系马千驷，弗视也。非其义也，非其道也，一介不以与人，一介不以取诸人。”(《孟子·万章上》)君子以义为行动指针，不合道义之事，纵使以天下财富作为回报，他都不回头望一下。这与“取为我”的杨朱形成鲜明对比，孟子批评他说，“拔一毛以利天下，不为也”(《孟子·告子上》)。在孟子看来，利天下的事就是大义，怎能吝惜一毛呢，在必要的时候，为了大义舍弃生命都在所不惜。“生亦我所欲也，义亦我所欲也，二者不可得兼，舍生而取义者也。”(《孟子·告子上》)在他看来，正是这种重道义、重精神生活的价值取向，成就着人们的善行义举，决定着人们的道德水准和人格品位。

（三）荀子的心性理论

荀子（前313—前238年），名况，战国后期赵国人。在心性论问题上，荀子与孟子有着截然相反的观点。孟子以人皆有仁义礼智四端之心推导出人性本善，主张性善论；荀子则在其《性恶》篇中，对孟子性善论加以否定，并进行了集中批判。他认为“人之性恶，其善者伪也”（《荀子·性恶》），由此主张性恶论。之所以有此两种截然相反的观点，主要源于孟、荀对“心”与“性”的理解存在差异。

孟、荀心性论的重大差异，首先源于两人对人所特有的“心”持有不同的看法。孟子所论之“心”，是一种先验的道德本心。在孟子看来，人皆有一种“不忍人之心”“恻隐之心”。孟子认为，人自然而然地都具有恻隐之心、羞恶之心、是非之心、辞让之心，此即仁义礼智四端之心。恻隐、辞让、是非、羞恶四者，是人在伦理道德层面上所表达的真实情感和最直接的价值判断。这种情感与价值判断是人心所发，是人的道德本心。故在孟子这里，“心”成为人内在的道德价值的源头，被赋予了先验的道德价值属性。这种先验的道德本心即是孟子性善论成立之基本依据。

荀子所诠释的“心”，则是一种经验的理智之心。所谓经验的理智之心，是指“心”对于客观世界和人自身所具有的认知能力，它能通过理性思维把握自然界的运行规律和人类社会的变化发展规律。关于这种认知能力，荀子说：“凡以知，人之性也；可以知，物之理也。”（《荀子·解蔽》）这里的意思是说，人生来就有认识的能力，客观事物作为认识对象，其存在和变化有着可被认知的法则。而荀子在《天论》篇中对天道运行的客观分析和对社会治乱原因的深切剖析，即充分地展现了这种经验的理智之心的穿透力，它能洞察出自然界的运行规律和人类社会的变化发展规律。荀子说：“心生而有知。”

（《荀子·解蔽》）又说：“人之所以为人者，何以也？曰：以其有辨也。”（《荀子·非相》）心有知且能辨，荀子认为人之为人就在于有此认知之心。“心有征知，征知，则缘耳而知声可也，缘目而知形可也，然而征知必将待天官之当簿其类，然后可也。”（《荀子·正名》）“天官”即人体所具有的感觉器官，它们能接受与其相应的感知对象并将其记录下来，即所谓“当簿其类”；而心即“天君”则能对记录下的各种感觉信息进行分析辨别，形成综合的认识。由此看来，荀子所论之心是经验层面上有思维认知功能的理智之心，而正是这种理智之心，使荀子“化性起伪说”成为可能。

孟、荀对于人性也有着不同的阐释。孟子直接从道德本心推出人性的道德性，进而明确主张性善论。在孟子看来，人之为人的内在普遍本性具有“恻隐”“羞恶”“辞让”“是非”四心，由此四心发显为“仁义礼智”四德，四德根植于本心，进而以此为根基得出人性本善。孟子是由本心开出本性，则这种善性即从本心中获得了先验性。孟子说：“人之所以不学而能者，其良能也，所不虑而知者，其良知也。孩提之童，无不知爱其亲者，及其长也，无不知敬其兄也。亲亲，仁也；敬长，义也。”（《孟子·尽心上》）这里的良知、良能是心所具有的，它们是“不学而能”“不虑而知”的，具有先验性，故而心之所发的本性也是生而有之，即先验的，这就使性之为善在道德层面上获得了绝对意义。荀子论人性则撇开了人心。他批评孟子的性善论，将人性还原为人的自然禀赋，即人的生存欲望和人对自己各种欲求的追求与满足。这种人性在人的现实生活中即表现为人总是趋利避害。荀子说：“人之性恶，其善者伪也，今人之性，生而有好利焉，顺是，故争夺生而辞让亡焉；生而有疾恶焉，顺是，故残贼生而忠信亡焉；生而有耳目之欲，有好声色焉，顺是，故淫乱生而礼义文理亡焉。"（《荀子·性恶》）人的本性是恶的，善行却是人为的。人生来就好利、疾恶、好声色，如果不经教化，任其顺着这种本性发展，就会导致巧取豪夺、残杀陷害、声色犬马等乱象丛生。从现代人的观点来看，人这种趋利避害的本能无所谓善恶，只有当这种趋利避害的行动超出了适当的限度，为了满足自己的欲求，而伤及他人乃至社会的合理利益时，才会被社会认定为恶的行为。但荀子直接认定这就是恶的本性，然后规范、约束人的趋利避害的本能行为就是人为的，即是善。

荀子论人性撇开人心，将人心和人性分离开来，正是这种相对人性而独立存在的经验理智之心，使得荀子化性起伪的"君师教化"说和"明分使群"的社会建构观成为可能。荀子讲化性起伪，即人性可以由恶转善。但这种善和孟子所言之善有着本质区别。孟子所言之善，是内在于人的一种先验的善；而荀子所言之善，则是一种由外部强加于人性之上的东西。在荀子看来，善是出于人类群体生活的需要，人可以群居而汇聚成群力，这在荀子看来是人得以胜物之枢要。荀子说："人生不能无群，群而无分则争，争则乱，乱则离，离则弱，弱则不能胜物。"（《荀子·王制》）为了不使争乱状态出现而导致整个族类发生生存危机，便需要有"义"这种道德规范来维持群体的秩序，这是"化性起伪"的客观必要性。

荀子所论之经验理智之心，是起伪向善的内在于人的主观动力。首先，这种经验理智之心能认知人性，能对顺性而为造成的后果加以计度衡量；其次，这种心具有理智，当它意识到争乱的严重后果时，就必然要对人性加以控制，把"辞让""忠信"等道德力量加诸人性之上，使人的各种欲望都有所节制。这样做虽会对个人造成小部分欲望的限制，却能使人这一群体族类的生存发展得以更好地维持，故人心是合乎理性的。在荀子看来，仁义道德可以是一种手段，一种能使人这一族类利益最大化的手段。

这种经验理智之心是如何使荀子“明分使群”的社会建构学说成为可能的呢？荀子说：“离居不相待则穷，群而无分则争。穷者患也，争者祸也。救患除祸，则莫若明分使群矣。”（《荀子·富国》）离群索居不能相互依赖，人们的生活就会穷困潦倒，群居但没有等级名分的区别就会纷争四起。明分则有秩序，使群则能让人们生活得更美好。那么，“明分使群”如何具体落实？荀子认为“分莫大于礼”，即必须以“礼”来“明分使群”，这个“礼”就是礼义制度。关于礼的作用，荀子说：“礼之于正国家也，如权衡之于轻重也，如绳墨之于曲直也，故人无礼不生，事无礼不成，国家无礼不宁。君臣不得不尊，父子不得不亲，兄弟不得不顺，夫妇不得不欢，少者以长，老者以养，故天地生之，圣人成之。”（《荀子·大略》）由此看来，荀子认为礼是治理国家维持社会秩序的基本方略。就礼的起源而论，荀子称：“礼起于何也？曰：人生而有欲，欲而不得，则不能无求；求而无度量分界，则不能不争；争则乱，乱则穷。先王恶其乱也，故制礼义以分之，以养人之欲，给人之求，使欲必不穷于物，物不必曲于欲，两者相持而长，是礼之所起也。故礼者，养也。”（《荀子·礼论》）这就是说，礼是从区分与调节社会中不同的利欲关系中产生的。荀子认为，礼为先王恶有乱而作。先王就是人类之中经验理智之心较为发达的人，他们心怀“天下之大虑也，将为天下生民之属，长虑顾后而保万世也”（《荀子·荣辱》）。一方面，他们的理智之心充分意识到争乱必然会给人带来巨大的危害；另一方面，理智之心具有理性的创造思维能力，能根据现实本着用最小的代价，以换取最大的最长久的利益的理性原则，创造性地设计出一系列社会规范体系并加以具体实施。这就是理智之心在明分使群的社会建构中所起的理性的创造作用。

虽然立论不同，但荀子的心性修养论在价值取向上同孔孟一样，强调辨明义利关系。他提出“先义而后利者荣，先利而后义者辱”（《荀子·荣辱》），以及主张“以理导欲”“节欲”（《荀子·正名》）等。但他又讲：“虽为守门，欲不可去。”（《荀子·正名》）“义与利者，人所两有也，虽尧舜不能去民之欲利，然而能使其欲利不克其好义也。虽桀纣亦不能去民之好义，然而能使其好义不胜其欲利也。”（《荀子·大略》）可见他不仅继承了孔孟的传统，同时也吸取了墨子学派和管子学派的功利主义合理因素，对人们基本物质生活需要的合理性给予了有力辩护。他说，“故田野荒而仓廪实，百姓虚而府库满，夫是之谓国蹶”（《荀子·富国》）。国库富足，而百姓贫乏，这样的国家是在自取败亡之道。

荀子将人性预设为恶，认为人有“好利”“疾恶”“好声色”等自然本能。这种自然本能如果任其发展就会造成相互争夺，以致“犯分乱理而归于暴”（《荀子·性恶》）。因此他主张必须要用礼义来加以约束、节制，即通过礼义的规范、教育，化恶为善，亦即所谓“化性起伪”。可见荀子和孟子在人性预设上尽管迥然不同，但在重视道德修养和道德教育上却是别无二致的。孟子主性善，通过“存心”“养心”“求放心”，以恢复其原初的道德心（“良知”“良能”）；荀子主性恶，通过“化性起伪”，使人性化于礼义道德，习惯于礼义道德，“长迁而不反其初”（《荀子·不苟》）。荀子也很注重心性修养，他讲：“仁人之用国，将修志意，正身行，伉隆高，致忠信，期文理。”（《荀子·富国》）“修志意”就是修养“一于善”的心性，它是“正身行”的心灵基础，这种“仁人治国”的理想与孔孟是完全一致的。他还提出“治气养心之术”，主张用“礼”调治人的险诈、猛戾、急躁、褊狭、卑下、怠慢等不正之心。所谓“治气养心之术”，讲的也就是心性修养。荀子也强调“诚”在心性修养中的重要作用，“君子养心莫善于诚，致诚则无它事矣，唯仁之为守，唯义之为行”(《荀子·不苟》)。人真诚无欺地“养心”，即能做到一心一意地“守仁”“行义”。值得重视的是，荀子对“乐”的养心化人功能已有较深入的认识。他讲，“夫声乐之入人也深，其化人也速”“乐中平则民和而不流，乐肃庄则民齐而不乱”“乐者，圣人之所乐也，而可以善民心，其感人深，其移风易俗”(《荀子·乐论》，下同)。又讲：“君子以钟鼓道志，以琴瑟乐心。”在他看来，“乐”和“礼”的社会功能不同，“乐行而志清，礼修而行成，耳聪目明，血气和平，移风易俗，天下皆宁，美善相乐”。乐熏陶人心灵使人美，礼引导行为使人善。“乐和同，礼别异”，但二者都是“管乎人心”的，礼乐都关乎人的心性修养。

荀子认为，人的所知、所好如果偏于一隅，那么在认识好恶上便会发生“遮蔽”，即片面性。他举例说，人如果用功利的观点看问题，那么天下之道就无复仁义，都是功利了，“故由用谓之道，尽利矣”(《荀子·解蔽》，下同)。如果用欲望的眼光看问题，那么天下之道就没有别的，都是快意享乐了，“由欲谓之道，尽嗛矣”。他认为“用”“欲”等，“皆道之一隅也”，而道者“体常而尽变，一隅不足以举之”。在他看来，要解除遮蔽，“心不可以不知道”。而心要知“道”，必须处于“虚壹而静”的状态。他说，“不以所已臧害所将受谓之虚……不以夫一害此一谓之壹……不以梦剧乱知谓之静”。不让先入之见损害新的见识就是虚空，不让对某物的认识妨害对另一物的认识就是专一，不让迷梦和杂念扰乱认识就是安静。一句话，我们要追求一种“虚空专一而安静”的状态。这样便可以做到“导之以理，养之以清”，便“足以定是非，决嫌疑”，而不会因“小物引之”“惑其心而乱其行”。

在心性修养理论基础之上，荀子也阐发了内圣外王的思想。他说：“天下者，至重也，非至强莫之能任；至大也，非至辨莫之能分；至众也，非志明莫之能和。此三至者，非圣人莫之能尽，故非圣人莫之能王。”（《荀子·正论》）天下是最沉重的担子，拥有最广大的疆域和最多的百姓，不是最强力、最睿智、最贤明的圣人，无法胜任这一重大任务，故非圣人则不可王天下。这与孔子认为君子应具备三达德即智、仁、勇品行的观点相通。

荀子关于“性恶善伪”“化性起伪”“明分使群”“治气养心”“虚壹而静”等理论的精彩论述，无疑拓展和深化了儒家对于心性修养的认识，是早期先秦儒学心性哲学的重要组成部分。

三、宋明时期心性论

先秦儒学的特点是建立一个礼乐教化的伦理秩序，而宋明理学则是要开拓一个至善的精神宇宙。在群体和自我中，前者倾向群体的提升，后者倾向自我修持。自孔孟以降，到宋明理学兴起，是儒家学说发展的重要阶段。宋明理学不仅研究形而上的安身立命的学问，而且依据儒家内圣外王的修养路径，也把济世之学作为研究对象，研究范围之广，可概括为“天、人、事、物”四大领域，被称为道学。后来，陆象山认为，道学所言的不过是天人事物之理，所以又开创理学之名。朱熹为集理学之大成者。明代王阳明以良知为要来研究心地功夫，故名心学。虽然宋明不同历史时期各家言论有所不同，但后来的学者把它们统称为宋明理学。说理学，侧重于程朱思想；说心学，侧重于陆王思想。宋明理学，确实是对先秦儒家思想的一次重大发展，各派虽有不同，但始终保持儒家思想一贯的特性，即以追求人生真理为目的，以解决人生问题为使命，以求诸己的体验为功夫。中国特有的心性理论自孟子发端以来，至理学与心学，达到精微与高深。

南宋时期是宋明理学心性论发展的重要阶段，儒家各派都提出了独具特色的心性理论，大大地提升了宋明理学心性论。心性之学很大程度上体现了中国哲学的特点，而南宋时期，是中国心性理论发展的高潮。这一时期的心性理论，主要体现在朱熹集以往心性之学发展之大成，建立起了逻辑严密、内涵丰富、博大精深、影响深远的心统性情思想体系；陆九渊继承并发展了孟子的思想，把道德理性主体化，建立起了与主张“性即理”的程朱理学相抗衡的倡导“心即理”“吾心即宇宙”的心学思想体系。

南宋理学心性论，由理学各派的心性学说所组成，各派围绕心性理论展开论述，体现了宋明理学心性论注重道德理性，突出主体思维，重视伦理价值，强调内省修养，培养理想人格，将本体论、人性论、修养论相互沟通的总体特征。南宋理学各派在心性二元与心性一元的问题上，提出了各自不同的观点，构成了理学心性理论的基本要素。在南宋理学、心学的发展演变过程中，各种理论观点迥然相异，相互融合、相互批判、相互启发。心性二元论，以朱熹为代表，认为心性有别，否定道德理性与主体同一。以性为心之体，以情为心之用，心则统帅性情。心性一元论则以陆九渊为代表，认为心性为一，不必区分。把道德理性主体化，强调儒家伦理就是本心，就是本性。把认识主体和伦理本体视为一物，只要内求于心，便可成圣，实现最高价值目标。心性一元理论发展的思想高峰是王阳明以“良知”论心性，提出“良知者心之本体”和“心即性”的思想，以彻底的心性主体论集宋明理学一元论之大成，建立起以心之良知为本，心性合一的心性论思想体系。

（一）周敦颐的心性学说

周敦颐（1017—1073年），“北宋五子”之一，是宋代理学思想的开山鼻祖，著有《周元公集》《爱莲说》《太极图说》《通书》（后人整编进《周元公集》）。他所提出的无极、太极、阴阳、五行、动静、主静、至诚、无欲、顺化等理学基本概念，为后世的理学家所反复讨论和阐发，构成了理学范畴体系中的重要内容。在当时儒、佛、道合流的形势下，周敦颐作为宋明理学的开创者，对于《老子》的“无极”、《易传》的“太极”、《中庸》的“诚”以及五行阴阳学说等思想资料进行熔铸改造，为宋以后的理学家提供“无极”“太极”等宇宙本体论的范畴和模式，从某种意义上说，周敦颐确有“发端之功”。二程的“扩大”，朱熹的“集大成”，从某种程度上说，都是在周敦颐原有的思想基础上使道学理论更加完善化、系统化。

宇宙本体论是宋明理学的理论基础，以儒学为主，融合释道两家思想的宋明理学，越来越多地关注人性及其来源的问题。理学家继承先秦儒学对这个问题的探索，同时又不断吸收借鉴玄学、道学、佛学的思想观点。先秦时期的孔孟，虽然大讲人心向善，但基本上都局限在天命观上强调道德的先天性，并没有深究道德的本体论意义。其后的魏晋玄学和佛学，都对本体论有一定的论述，形成了各自的心性本体理论。正如韩愈所说，道家玄学只是名教出于自然，不过是本体“无”的显现；而在佛教的超世俗的性空学说中，则几乎没有仁义道德的地位。此时摆在儒家学者面前的，就是如何把儒家的仁心善性提高到宇宙本体论的高度，以此克服佛道两家引人遁入虚无之境的危险。周敦颐的学说便是从解释这个问题开始的。他利用道士陈抟的《无极图》制定了《太极图》，并撰写了《太极图说》，从“无极而太极”的宇宙本体论和“立人极”的天人之道上，说明“人极”就是“太极”，二者是“天人合德”的诚信本体，从而使“诚”具有了宇宙本体论的意义。《太极图说》是宋明理学的宇宙本体论和心性本体论的基本纲领，深刻影响了之后的宋明理学思想家们。

周敦颐在《太极图说》中描绘了天人合德的宇宙本体论。他说：“无极而太极。太极动而生阳，动极而静，静而生阴。静极复动。一动一静，互为其根，分阴分阳，两仪立焉，阳变阴合而生水火木金土，五气顺布，四时行焉。五行一阴阳也，阴阳一太极也，太极本无极也。五行之生也，各一其性。无极之真，二五之精，妙合而凝。乾道成男，坤道成女。二气交感，化生万物。万物生生，而变化无穷焉。惟人也，得其秀最灵。形既生矣，神发知矣。五性感动，而善恶分，万事出矣。圣人定之以中正仁义而主静，立人极焉。故圣人与天地合其德，日月合其明，四时合其序，神鬼合其吉凶。君子修之吉，小人悖之凶。故曰：立天之道，曰阴与阳；立地之道，曰柔与刚；立人之道，曰仁与义。又曰：原始反终，故知死生之说。大哉《易》也，斯其至矣。”（《太极图说》）周敦颐在文中首先描绘了宇宙的生成过程：“太极—阴阳—五行—四时—万物”，然后又讲了人的形神生理基础和气质善恶来源于阴阳五行，提出了圣人定之以中正、仁义的“立人极”观点。这实际是从宇宙发生论说明人性的来源，又以“立人极”把道德提升至宇宙本体，实现天、地、人三道合一。

周敦颐在《通书》里进一步说明了“诚体神用”的道德本体论。他认为，诚是圣人之本，万物资始，性命之源，贯穿在万物化生的元亨利贞的各个阶段中。而同时诚又是儒家道德伦理仁义礼智信的五常之本，贯穿在人们的思维和道德修养中。周敦颐把“诚”的道德意志视为宇宙和人性的共同本体，一方面解释了乾道变化的元亨利贞，另一方面说明了道德的仁义礼智信和气质善恶来源，建立起了一个由天道到人道的他律道德系统。

“诚”是周敦颐关于天道、人道、天人合一之道的最高境界的表达。“诚”主要分为天道本体论和心性本体论两方面。在周敦颐看来，“诚”首先是宇宙存在的根据，是宇宙的本体，即天道本体论。在《太极图说》中，他认为人与万物同样都是二气交感所化生出来的，而其源都是太极，再由太极推及人极，也就是把人的道德、人性的来源及发展过程与宇宙生生不息、无极太极、阴阳五行的演化过程合二为一。这样，周敦颐便为他的“诚”的理论赋予了宇宙论的基础。“诚”所体现的心性本体论的一个突出的表现便是人的伦理道德。周敦颐如此推崇“诚”，就是坚信人类具有真诚善良的本性。他发挥了《中庸》关于“诚”的思想，从宇宙论进而推衍出人道观，建立了以“诚”为本的伦理道德学说。

周敦颐提出了“性五品说”，把人性分为“刚善”“刚恶”“柔善”“柔恶”“中”五种形式，认为适中是最好的状态，其余几种状态都有某些缺陷。

周敦颐还从道德论的角度阐述礼乐。他认为礼就是理（条理），阴阳有理而和，君君臣臣、父父子子、兄兄弟弟、夫夫妇妇，万物皆得其理而后和。乐就是和，阴阳理而后和，万物也有其理而后和。故要先讲礼，而后读乐。在圣王制礼法、修教化、三纲正、九畴（即治理天下之大法）叙、百姓大和之后，乃可作乐。乐的作用是平天下之情，故乐声应“淡而和”，使人不起贪念，心如止水。乐声淡，乐辞善，可移风易俗。妖声艳辞，则败坏风尚。故圣人作乐，以宣畅和心，使天地和，万物顺。

（二）二程的心性学说

二程是指程颢（1032—1085年）、程颐（1033—1107年）兄弟二人。在儒家心性论发展史上，二程的一项重要贡献就在于继承并发展了孟子的性善论思想。二程首先提出“理”或“天理”，认为“理”或“天理”是人们“善”的本性的体现。二程说：“理在天下只是一个理，故推至四海而准。须是质诸天地，考诸三王不易之理。”（《二程遗书》卷二上）二程在理气关系上，以理为体，以气为用。气之聚散体现为有形之物的成毁，而这一聚散成毁的过程始终受天理主宰。程颐说：“在天为命，在义为理，在人为性，主于身为心，其实一也。”（《二程遗书》卷十八）又说：“自性而行，皆善也。圣人因其善也，则为仁义礼智信以名之。”（《二程集》）这就是说，儒家所推崇的仁义礼智信，是本善之性的具体化，也是天理之外化。在这里，孟子的性善论就成为二程的天理论的理论来源。同时，二程还发挥了告子“生之谓性”的思想，认为孟子讲的“性”是本源之性，告子讲的“性”是气质之性，两者在内涵上有所区别。二程以孟子的本源之性为基础，引申出“理”或“天理”，作为性善之本，同时又根据告子“生之谓性”引申出“气质之性”，以此说明实际生活中人性有善有恶的现实。

“性即理”是二程心性论的重要内容，也是连通其“天理”论与心性论的重要命题。二程以天理论性，认为宇宙天理赋予人和物，天理在人和物上的体现即是性。二程还详尽阐述了性的善恶问题，天命之性与禀受之性，以及性气、性情关系问题，这些对后世理学心性论产生了重要影响。二程对孔孟以来各家性论的评价，是宋代理学开创者对以往人性论的深刻总结，同时充分展现了其自家性论的特点。程颐说：“性即理也，所谓理，性是也。”（《二程遗书》卷二十二上）又说："性即是理，理则自尧、舜至于涂人，一也。"（《二程遗书》卷十八）二程认为，天性真实无妄，是天下万物所固有。"无妄，天性也，万物各得其性，一毫不加损矣。"（《二程粹言》卷九）所以人们必须顺应它而不违逆，循性而行，即是道。

二程说："仁、义、礼、智、信五者，性也。仁者，全体；四者，四支。仁，体也；义，宜也；礼，别也；智，知也；信，实也。"（《二程遗书》卷二上）又说："学者须先识仁；仁者浑然与物同体，义礼智信皆仁也。"（《二程遗书》卷二上）天地万物与"我"为一体，天地为大仁，"我"为仁者，二者同频共振，浑然一体。在人性所具有的五种道德属性中，仁义礼智是性的四端，而"信"蕴含其中。他说："性中只有仁义礼智四者……性中只有四端，却无信。为有不信，故有信字。且如今东者自东，西者自西，何用信字？只为有不信，故有信字。"（《二程遗书》卷十八）这或许是二程在回答弟子提问时，在理论上将心之四端与人伦五常协调起来的一种尝试。仁义礼智信是性的重要内涵，正因为人具有此一仁义之性，才使人与禽兽相区别开来。程颐指出："君子所以异于禽兽者，以有仁义之性也。苟纵其心而不知反，则亦禽兽而已。"（《二程遗书》卷二十五）二程在这里所说的君子具有的仁义之性，也就是人与禽兽及万物相区别的本质属性和内在根据。这既是性的内涵，也是理的规定。在这个意义上，性即是理，性和理在"人"极中具体展现为仁义礼智信，是儒家伦理思想的基本脉络。二程把儒家伦理作为性的内涵，又把性上升到天理的高度，体现了当时社会要求复兴儒学，建构道德本体论，以抗衡佛、道宗教文化的泛滥对儒家文化主导地位的冲击的时代要求。

受张载思想的影响，二程尤其是程颐把性区分为天命之性与禀受之性。程颐在回答"生之谓性"与"天命之谓性"是否相同的问题时指出："性字不可一概论。'生之谓性'，止训所禀受也。'天命之谓性'，此言性之理也。今人言天性柔缓，天性刚急，俗言天成，皆生来如此，此训所禀受也。若性之理也则无不善，曰天者，自然之理也。"（《二程遗书》卷二十四）天命之性是指人所禀得的天地之理，此性无有不善；禀受之性则指人所禀受形气的性质，也称为"气质之性"。二程以性为天地万物的本体，万物受于天谓之性。在性与气的关系上，则是以性为本，以气为禀。所谓禀指禀受、禀承。二程认为，气作为构成万物的材料，以性本体为存在的根据。在万物形成过程中，产生了事物相互间的差异性，这个差异性便是气禀使然。由于气禀的不同，构成事物的种类及人的圣愚也不同。虽然气有精英（清明、正通、纯粹）与渣滓（昏浊、偏塞、驳杂）之分，人有圣愚之别，但人们通过后天的学习与践行，仍可以复其初，使本善之性得以解蔽重现。

在性情关系上，二程提出性情不离和性体情用的思想，主张"性其情"，使情符合性善的要求；反对"情其性"，批评背离性而纵其情的行为。程颐提出性情不离的思想，认为情出于性，有性便有情。他在回答"喜怒出于性否"的问题时指出："固是。才有生识，便有性，有性便有情。无性安得情？"（《二程遗书》卷十八）所谓情，指喜怒哀乐爱恶欲七情。人之所以有情，是因为有性，凡人生便有性，有性则必然有情，情是性的外在表现与具体显现。他说："仁义礼智信，于性上要言此五事，须要分别出。若仁则固一，一所以为仁。恻隐则属爱，乃情也，非性也。恕者入仁之门，而恕非仁也。因其恻隐之心，知其有仁。"（《二程遗书》卷九）程颐在此表明仁作为性的重要特点，是通过恻隐之情表现出来的，但恻隐属爱，乃情的一种。可见，性情不离，二者既有区别，又密切联系。

程颐区分性情，以性为体，以情为用，其目的是使情归于性。他说："情者性之动也，要归之正而已，亦何得以不善名之？"程颐的性情论是以性为善而无恶，情则有善与不善之分。情归于正则为善，情不正则害性而为恶。为此，程颐主张"性其情"，反对"情其性"。他指出："情既炽而益荡，其性凿矣。是故觉者约其情使合于中，正其心养其性，故曰性其情；愚者则不知制之，纵其情而至于邪僻，梏其性而亡之，故曰情其性。学之道，正其心，养其性而已。"（《二程遗书》卷二十二上）所谓"性其情"，指以道德理性约束情感，使情符合"中"，即性善的原则；所谓"情其性"，指放纵情感情欲不加以约束，致使流于邪僻以害性。程颐主张通过正心养性来处理好性情关系，这就把主体能动性的发挥与道德修养联系起来，体现了宋明理学心性论的特征。对待情感情欲，既不完全绝情，否定情的存在，又不放纵情欲以至于害性。由此，二程批评纵情而违性的行为，强调正心养性，以道德理性来调节和控制情感、情欲。

（三）朱熹的心性学说

朱熹（1130—1200年），南宋著名哲学家，是理学思想的集大成者，是二程（程颢、程颐）的三传弟子李侗的学生，与二程合称"程朱学派"。朱熹的理学思想对元、明、清三朝影响很大，成为三朝的官方哲学，是中国教育史上继孔子后的又一人。朱熹著述甚多，有《四书章句集注》《太极图说解》《通书解说》《周易读本》《楚辞集注》，后人辑有《朱子大全》《朱子集语象》等。其中《四书章句集注》成为钦定的教科书和科举考试的标准。在宋朝，朱熹是学术上造诣最深、影响最大的思想家。他梳理了以往的思想，尤其是宋代理学思想，建立了庞大的理学体系，集宋代理学之大成，其功绩为后世所称道，其思想被尊奉为官学，而其本身则与孔子孟子并提，称为"朱子”。朱熹撰《周易本义》，列河洛、先天图于卷首，又与弟子蔡氏父子（蔡元定、蔡沉）编撰《易学启蒙》，笃信和诠释河洛、先天之学，后世皆以此立言，阐发朱子的河洛先天思想。

在元朝、明朝、清朝三代，朱熹理学一直是封建统治阶级的官方哲学，使封建社会意识形态更趋完备。元朝皇庆二年（1313 年）复科举，诏定以朱熹《四书章句集注》为标准取士，朱学定为科场程式。明洪武二年（1369 年），科举以朱熹等“传注为宗”。朱学遂成为巩固封建社会统治秩序的精神支柱。它强化了“三纲五常”，对后期封建社会的变革起到了一定的阻碍作用。朱熹的学说，也对后来明朝王阳明的心学有深刻的影响。王阳明的知行合一思想正是在朱熹哲学基础上的突破。

宋明时期，以周敦颐、邵雍、张载、程颢、程颐、朱熹、陆九渊、王阳明等为代表的儒家学者继承和发展了传统儒家思想，其中就包括一个重要理论——心性论。北宋哲学家张载关于人性论的重要命题，确定了心、性、情三者的关系，即“心统性情”。张载说：“性者，理也。性是体，情是用，性情皆出于心，故心能统之。”（《张子语录・后录下》）又说：“心统性情者也。有形则有体，有性则有情。发于性则见于情，发于情则见于色，以类而应也。”（《性理大全》卷三十三）在中国哲学史上，孟子首先论及心与性情的关系问题，他说：“尽其心者，知其性也，知其性则知天矣。”（《孟子・尽心上》）他认为，仁义礼智之性根于心，尽心则能知性，性、情都是心所固有的。张载则明确提出了“心统性情”的命题。他认为，心是总括性情与知觉而言的，“合性与知觉，有心之名”；性是根本的，“天授于人则为命，亦可谓性。人受于天则为性，亦可谓命”（《张载集》）；有性再加知觉，便成为心；性之发为情，情亦是心的内容。

朱熹发挥了张载“心统性情”的思想，使之成为理学人性论的重要组成部分。朱熹说：“‘心统性情’，此说极好。”他解释说：“统，犹兼也。心统性情，性情皆因心而后见，心是体，发于外谓之用。”“心是神明之舍，为一身之主宰。性便是许多道理，得之于天而具于心者，发于智识念虑处皆是情，故曰心统性情。”（《朱子语类》卷九十八）他认为心为体用合一，心之体是性，心之用是情，性情皆由心中发出。他比喻说，心如水，性如水之静，情如水之流。

“心统性情”说是朱熹心之体用说的核心内容，也是其心性论的实质所在。“心统性情”说虽然来自张载，但真正将其发展为系统学说的则是朱熹。朱熹曾说过，程颐的“性即理也”，张载的“心统性情”，这两句话“颠扑不破”。朱熹之所以高度评价这两句话，是由于前者从心体上说性（理），表现了理性主义特征；后者从心之体用关系上说性情，表现其情感特征。这一综合形成了朱熹心性说带有情感色彩的理性主义特征。朱熹认为理是自善的，即天命之性无不善，气质之性则有善有恶。他说：“天之生此人，无不与之仁义礼智之理，亦何尝有不善？但欲生此物，必须有气，然后此物有以聚而成质。而气之为物，有清浊昏明之不同。禀其清明之气而无物欲之累，则为圣；禀其清明而未纯全，则未免微有物欲之累而能克以去之，则为贤；禀其昏浊之气，又为物欲之所蔽而不能去，则为愚，为不肖。是皆气禀物欲之所为，而性之善未尝不同也。”（《玉山讲义》，《朱熹集》卷七十四）天命之性或天地之性是每个人所禀之理，无有不善；气质之性则是人所禀之气，气之质不同而导致人有或圣或贤或愚之别。

在“心统性情”思想的基础上，程朱理学派提出“格物致知”“居敬穷理”的心性修养论，即通过形而下的事物体认形而上的“理”。在这一过程中，他们十分重视“敬”“居敬”的重要作用。程颐讲："涵养须用敬，进学则在致知。"（《二程遗书》卷十八）"学莫大于致知，养心莫大于礼义。"（《二程遗书》卷十六）在他看来，所谓"敬"，就是修行者要保持思想高度集中与专注，排除一切外界干扰，使内心保持绝对的中和状态。他说："敬只是主一也。至一则既不之东，也不之西，如是则只是中。既不之此，又不之彼，如是则只是内，存此，则自然天理明。"（《二程遗书》卷十五）此外，修行者还要在体能上保持"整齐严肃"，使"非僻之奸"无从而入。

朱熹发挥张载的"心统性情"说，他提出，"敬，只是此心作主宰"。他讲："'敬'之一字，真圣门之纲领，存养之要法。"（《朱子语类》卷十二）他强调"敬"为"入德之门""立脚去处""最要紧处""穷理之本"等。他讲的"敬"并非"块然兀坐，耳无所闻，目无所见，心无所思，而后谓之敬"。在他看来，敬"只是内无妄思，外无妄动"，"有所畏惧，不敢放纵"（《朱子语类》卷十二）。

朱熹高度重视"居敬"。"敬"是状态，"居敬"则是功夫。在朱熹看来，要做到"居敬"、涵养德性，就要发挥"心为主宰"的作用。程朱理学派主张"性即理"，认为"理"（"天理"）不仅是宇宙的本体，而且是道德的本原。在朱熹看来，内在的专一与外在的整齐严肃之所以重要，在于其能提高道德实践的自主性、自觉性，为"穷理致知"充分准备好了主体条件，从而可以涵养德性，体认天理。

理学家把《易·说卦》的"穷理尽性以至于命"与《大学》的"格物致知"结合起来，使穷理成为理学方法论的重要基础。张载提出"穷理尽性"之学，同格物致知说有内在联系，张载认为，"万物皆有理，若不能穷理，如梦过一生"（《张子正蒙·中正篇》）。穷事物之理，便可以尽人物之性。张载所说的穷理，主要是穷"庶物""人伦"之理，"明庶物，察人伦，皆穷理也"（《语录》下）。程颐认为格物就是穷至事物之理，格有二义，一是至，一是穷，都是穷至事物之理。“格犹穷也，物犹理也，犹曰穷其理而已也。穷其理然后足以致之，不穷则不能致也。”(《二程遗书》卷二十五）人的思想行为都要受到“理”的约束。所谓“居敬”就是自觉地接受“理”的约束。“视听言动，非理不为，礼即是理也。”(《二程遗书》卷十五）朱熹进一步完善了“穷理致知”的方法。他说，“一言一语，一动一作，一坐一立，一饭一食，都有是非，是底便是天理，非底便是人欲”(《朱子语类》卷三十八），“盖道德之实，在乎去人欲，存天理”(《朱子文集》卷三十七《与刘共父》之二）。不可否认的是，“存理去欲”的片面性、绝对化的讲法使封建道德纲常更加严酷化，以至被后人称作“以理杀人”，这也是我们应该充分认识到的。

（四）王阳明的心性学说

王阳明（1472—1529 年），名守仁，字伯安，浙江余姚人，是陆王心学的集大成者。他继承并发展了陆九渊的心性一元说，援用“良知”以论“心性”，提出“良知者心之本体”和“心即性”的思想；他建立起了“以心之良知为本”“心性合一”的心性论思想体系，主张充分发挥主体的能动作用，把主体意识与道德理性的结合推向极致，表现为彻底的心性主体论思想。王阳明以一性包罗宇宙，统一各个哲学范畴，反对程朱性气二分的观点，以良知把心性联系起来，合二为一，集宋明理学心性一元说之大成。其对孔、孟、荀等性论的综合，集中国儒学性论于一体，从心学的角度发展了中国哲学人性论。因此，王阳明的心性论在中国心性论发展史上占有十分重要的地位，是宋明理学思潮中心学派心性论发展的理论高峰。

王阳明在陆九渊“心即理”思想的基础上，提出致良知说，以良知作为心之本体，以最具主观能动性的良知作为最高原则，来挑战“天理论”一统思想理论界的局面。以心为宇宙本体，天地万物皆以心为存在的根据，这是王阳明对心作出的基本规定。他说：“心者，天地万物之主也。心即天，言心则天地万物皆举之矣。”(《王文成公全书》卷六《答季明德》) 他认为，心是天地之主宰，心即是天，心把天地万物皆包罗在内。王阳明在理学的范围内，强调心的宇宙本体地位，心即是天之理，心无天人之分，无古今之别，是永恒的宇宙本体。他说：“心也者，吾所得于天之理也，无间于天人，无分于古今。苟尽吾心以求焉，则不中不远矣。”(《王阳明全集》) 王阳明心学与朱熹道学之分，不在于是否以理为宇宙本体，而在于是以心还是以天为宇宙本体，即理是出自于心还是源自于天。王阳明继承了陆九渊的心学思想，其理与心等同，故其理为主体理；朱熹的理与心有别，其理为超越主、客体之上的绝对理。王阳明从主体理出发，得出“心外无物，心外无事，心外无理”的观点，整个宇宙皆与吾心为一体。他说：“夫人者，天地之心，天地万物本吾一体者也。”他主张天地万物即是吾心，吾心与天地万物无间，此心“通人物，达四海，塞天地，亘古今，无有乎弗具，无有乎弗同，无有乎或变者也，是常道也”(《王阳明全集》)。以心为常道，把心与道等同起来。

王阳明哲学的心不仅是形上宇宙本体，而且是“至善”道德本体，心先天就为善，道德良心是人人固有之本心，因此不可在心之外去寻求仁义道德。求心于内，这就加强了道德自律，而非他律。对此，王阳明说：“心一而已，以其全体恻怛而言谓之仁；以其得宜而言谓之义；以其条理而言谓之理。不可外心以求仁，不可外心以求义，独可外心以求理乎？外心以求理，此知行之所以二也。求理于吾心，此圣门知行合一之教，吾子又何疑乎？”(《王阳明全集》) 心以仁义为其内涵，仁义即是人心，所以不可在心之外去求仁义，同理，不可在心之外去求理。王阳明认为，儒家伦理存在于主体之中，是普遍的，是人心所固有的。他说：“仁义礼智也是表德。性一而已……主于身也谓之心。心之发也，遇父便谓之孝，遇君便谓之忠。”（《王阳明全集》）他主张心先验地具有仁义礼智之德，遇父便知孝，遇君便知忠，这是心之德自然而然的表现，故心体至善，心先验为善。他说：“然至善者心之本体也。心之本体那有不善？”（《王阳明全集》）以心为善，这与陆九渊“其本心无有不善”的思想一致。朱熹认为，天命之性无有不善，而气质之性有善有恶；王阳明则认为道心无有不善，而人心有善有恶。王阳明从心本体至善出发，把恶排除在心本体之外。他说：“恶人之心，失其本体。”（《王阳明全集》）认为人之有恶，是因为违背了本心，心本体是善的。

由此，陆九渊提出“发明本心”，而王阳明提出“致良知”的心性修养论。陆九渊讲：“苟此心之存，则此理自明。”（《陆九渊集》卷三十四《语录上》）“只存一字，自可使人明得此理，此理本天所以与我，非由外铄。明得此理，即是主宰，真能为主，则外物不能移，邪说不能惑。”（《陆九渊集》卷一《与曾宅之书》）他还讲道：“收拾精神，自作主宰，万物皆备于我，有何欠阙？当恻隐时自然恻隐，当羞恶时自然羞恶，当宽裕温柔时自然宽裕温柔，当发强刚毅时自然发强刚毅。”（《陆九渊集》卷三十五《语录下》）他又讲，“学苟知本，六经皆我注脚”（《陆九渊集》卷三十五《语录下》）等。他以“道不外铄”“发明本心”的心性修养论与朱熹的“格物穷理”相对峙，在认识论上表现出主观唯心论和非理性主义倾向，但同时也凸显了意志独立和反传统教条束缚的主体意识。王阳明则提出“致良知”的心性修养论。他讲：“知是心之本体，心自然会知，见父自然知孝，见兄自然知弟，见孺子入井自然知恻隐。此便是良知，不假外求。”

（《传习录卷上》）他所提出的“致良知”心性修养论的要点有：一是“立志”“责志”。这要求除掉“凡一毫私欲之萌”以及“怠心”“忽心”“懆心”“妒心”“忿心”“贪心”“傲心”“吝心”等（《示弟立志说》），只念念要存天理。二是“省察克治”。这要求时时检查自己的行为，彻底除掉人欲私心，达到良知纯备，即“诚”的状态。他说，“思诚，只思一个天理”（《传习录卷上》）。三是践行“一体之仁”。这要求彻底除掉“私欲”“隘陋”之蔽，“以天地万物为一体”“视天下犹一家，中国犹一人”（《王阳明全集》）。

王阳明“致良知”的心性修养论同陆九渊一样强调心的主宰作用和人的主体意识。他讲：“天地万物俱在我良知的发用流行中，何处又何尝又有一物超于良知之外。”（《传习录卷下》）“尔那一点良知是尔自家的准则。尔意念着处，他是便知是，非便知非，更瞒他一些不得。”（《传习录卷下》）“自己良知原与圣人一般，若体认得自己良知明白，即圣人气象不在圣人而在我矣。”（《传习录卷中》）“良知良能，愚夫愚妇与圣人同。”（《传习录卷中》）“人人胸中各有个圣人。”（《传习录卷下》）

王阳明还重新诠释了格物说，使格物说的解释方向由向外转为向内。根据王阳明的解释，“格”即“正”，正其心之不正以全其本体之正；“物”即“事”，乃意之所在。而朱熹以“格”为“穷”，以“物”为“物之理”，格物即穷理。这样，按王阳明的观点，“格物”就不再是以内在的吾心穷外在事物的理，而是正自己意念的发动。王阳明借助于一个对“物”的意向性定义，把格物的方向从外在事物移向意向行为本身，实现了向“反求诸己”的理论转变。

程朱理学派与陆王心学派的心性修养论既相互对峙又相互补充。它们在“去欲存理”的心性修养目标和价值指向上是一致的。只是程朱理学派将“理”抬到了天上，从而使外在的约束更加严酷；而陆王心学派则将“理”置于人的心中，从而更为强化了内在的自律。因此，我们揭露并批判其维护和强化封建主义统治的历史作用是理所当然的。至于理学与心学二派从道德形上学或本体论立论，深入分析心性、性命、性情、理欲、知行等哲学、伦理学重要范畴，将性体与道本（打通天、理、心性）、心性修养与宇宙人生、知与行结合起来，以及诠释内在超越、天人合一、知行合一，以及融合佛、道人生哲学中的思辨智慧等，从而使其心性修养论具有了更丰富的思想内涵和更严谨缜密的理论形式，则是我们应该予以高度重视和认真探讨的。

四、现代新儒学的心性论

1958年元旦，港台新儒家代表人物牟宗三、徐复观、唐君毅、张君劢联名发表了《为中国文化敬告世界人士宣言——我们对中国学术研究及中国文化与世界文化前途之共同认识》，称：“中国学术文化当以心性之学为其本原”，“此心性之学，正为中国学术思想之核心，亦是中国思想之中所以有天人合德之说之真正理由所在”，“此心性之学乃通于人之生活之内与外及人与天之枢纽所在，亦即贯通社会之伦理方法，内心修养，宗教精神，及形上学等而一之者”。[①] 可见，现代新儒学极其重视心性之学，把它看作中国传统哲学的本体论基础和开发现代科学民主事业的“内圣”根据。

五四新文化运动以后产生的现代新儒学，既不同于自由主义西化派，也有别于国粹派，他们的思想可上溯到清末康有为、梁启超、谭

① 牟宗三等：《中国文化与世界：中国文化的危机与展望——当代研究趋向》，台湾时报文化出版公司1981年版，第124页。

嗣同的改良主义。但现代新儒学的许多代表人物，在政治上主张民主共和，超越了改良主义的君主立宪思想；在理论上，他们以宋明理学的心性本体论融合近代西方哲学，形成了四个发展阶段：梁漱溟、熊十力的生命本体论；冯友兰、贺麟、张君劢的理性本体论；唐君毅、牟宗三的道德形上学；刘述先、杜维明等人的价值理性本体论。

梁漱溟、熊十力是第一代新儒家的理论开拓者，他们对传入中国的西方哲学有初步了解，又有儒学、佛学深厚的功底，采取了“援佛入儒”的分析方法，融合陆王心学与西方生命哲学，提出直觉为体、理智为用的心性本体论，其特点是分析中外文化根本精神的差异，强调道德哲学与自然科学的根本区别，宣扬儒家道德良知的优越性。张君劢、冯友兰、贺麟是第一代新儒家的中坚力量，他们曾留学欧美，对康德、黑格尔、罗素、孟太格等所代表的典型的西方哲学有深刻的理解。因此，他们以新康德主义、新黑格尔主义、新实在论融合宋明理学，提出了新宋学、新理学、新心学，表现出“心体物用”的认识论倾向。其特点是分析中西哲学理论思维方式的异同，强调儒家精神为体，西方文化为用，即中体西用，宣扬哲学与科学可以做朋友，形上学与科学并没有冲突，没有论战的必要。

唐君毅、牟宗三是梁漱溟、熊十力的学生。唐、牟于 20 世纪 30 年代毕业于北京大学，曾在中国内地和港台研究中西哲学，其思想体系成熟于 50 年代至 60 年代。与第一代新儒家冯友兰、贺麟、张君劢那种贯通中西的开放精神相比，他们似乎又回到了早期新儒学“援佛入儒”“会通西学”的思想起点。一方面，唐、牟吸取了佛教唯识无境、圆融无碍的思想，试图重建儒家的原教；另一方面，他们又分别吸取了黑格尔精神现象学和康德的道德哲学，建立了人文精神的文化哲学和道德形上学的理论哲学。

杜维明、刘述先、余英时、成中英都是20世纪60年代在美国获得博士学位的中年学者。他们运用了哲学人类学、社会心理学、文化心理学、现象学、解释学等西方最流行的新思想对中国封建社会和传统文化进行分析，提出超越五四以来的中西对立，“改组儒家理想”，在当代世界文化多元的背景下，厘清儒家传统的人文价值，将儒家“仁”的托付与生生不已的精神贯注在现代人文科学成果之内，赋予全新的内容，迎接西方后现代化的挑战。这种文化开放精神重新发扬了现代新儒学贯通中西的气魄，突破了唐、牟援佛入儒进而建立心性本体、内圣开出新外王的体用论模式，充分展现了第三代新儒家的精神面貌。

（一）梁漱溟

梁漱溟（1893—1988年），是现代新儒家的早期代表人物之一，中国著名的思想家、哲学家、教育家、社会活动家、国学大师，主要研究人生问题和社会问题，有“中国最后一位大儒家”之称。他的心性观既是对传统儒家心性观的发展，又有现代思想的因素，不仅具有其个人的特色，也有时代意义。其在中国发起过乡村建设运动，并取得可以借鉴的经验。一生著述颇丰，存有《中国文化要义》《东西文化及其哲学》《唯识述义》《中国人》《读书与做人》《人心与人生》等。

梁漱溟自称“是一个有思想，又且本着他的思想而行动的人”。他把孔孟学说、宋明理学的儒家思想、佛教哲学和西方柏格森的“生命哲学”糅合在一起。他把整个宇宙看成人的生活及其意欲不断得到满足的过程，提出以“意欲”为根本，又赋予中国传统哲学中“生生”概念以本体论和近代生物进化论的意义，认为“宇宙实成于生活之上，托乎生活而存者也”“生活就是没尽的意欲和那不断的满足与不满足罢了”。[①]

在东西文化观上，他把人类文化划分为西洋、印度和中国三种类型，称“中国文化是以意欲自为调和、持中为其根本精神的”，与向前看和向后看的西方和印度文化有着重大的差别。中国文化以孔子为代表，以儒家学说为根本，以伦理为本位，它是人类文化的理想归宿，比西洋文化要来得“高妙”。他认定“世界未来的文化就是中国文化复兴”，认为只有以儒家思想为基本价值取向的生活，才能使人们尝到“人生的真味”。

梁漱溟的心性观展开有人性、人心、人生三个部分。人性是人类与其他动物不同的基本特性，这种特性可以说是人类特有的智慧。人心是人能发挥主观精神和独立思维的关键特性。人之所以为人是因为有心。在人心的作用下，人类才真正有了智慧，才可以更好地支配人类的内心活动和外在活动。人心和人是不可分割的，说人必须要谈人心，而谈起人心又不能脱离人。发现人心，探究人心，了解人心都是为了更好地认识人，更好地解决人生中的问题，并通过人心得到的经验知识去给以人生更好的指导。而人生问题又是人心问题的最终落脚点，因此梁漱溟把心性观落脚于人生实践，试图解决人生问题，这也是其研究心性观的旨归所在。

梁漱溟分析人类心性以人类进化为模型，指出人类心理的发展变化从本能到理智，再从理智到理性。本能是人类生来就有的能力，这点与其他生物无异且相通。理智是人类本能发展的高级阶段，而生命本能归根到底还是要解决个体生存和种族繁衍两大问题。本能通过大脑的作用越发展越高等。于高等生物而言，除最初生存饮食的本能

① 梁漱溟:《东西文化及其哲学》，商务印书馆 1999 年版，第 352 页。

外，在进化中会逐渐发展出探究的本能、游戏的本能。而人类作为最高等的生命，已经不单纯地重视物质条件，而是需要人心的作用，发展了理性，并开始了对精神生活的追求。理性是理智的进一步发展，而理智的发展从根本来讲也是人心的不断进步。对于人类而言，本能、理智、理性既是人心针对不同层次的问题作出的不同反应，也是人心发展的几个不同阶段。

梁漱溟的心性论建立在本能、理智、理性这三个概念的基础之上，目的是探究“生命”和“道德”对于人生的意义。梁漱溟主张“宇宙大生命”的生命哲学与“伦理本位”的哲学立场。在二者的结合下，梁漱溟的心性观自然把“生命”与“道德”作为其核心点来予以论述，他以研究人心的活动方式，揭示了人类生命的意义，也解决了人生中形而上层面的各种问题。

梁漱溟在东西文化及其哲学的比较研究中确定，心性观是各派哲学的基础。因此他立意要对心性观作专门的研究，这项研究最终成就了《人心与人生》这一著作。其《东西文化及其哲学》则以本能与理智二分为心性观结构，并将东方文化归于本能范畴，将西方文化归于理智范畴。这种模型的理论表现是，首先从生命意欲说出发，提出文化三路向的差异。他在哲学思想方面断言西方是以科学精神为基础而有知识论的发达，孔子则以直觉主义为基础而成立了形而上学。之后他提出本能、理智与理性的三分法，而以理性代表从动物式本能解放出来的人类情意方面的内容。

《人心与人生》专门以心性观为主题，代表梁漱溟对这个问题的最后的认识。其中理性是心性观的核心范畴。梁漱溟剖析人类心性的总体思路是以进化论为模型，指出生物心理的发展是从本能到理智，再到理性，理性为人所独有，是代表宇宙生命的最高的心灵形式。

本能来源于种族遗传，是伴随在生存方式之中的。理智是一种后起的“反乎本能的倾向”。理智作为人的心思之发用，主要功能是形成知识，并借此超越单纯的、原始的本能冲动行为的限制。理智仍然在本能的范畴之内，仍是人类谋求生存的手段而已，只不过与本能是两个相反的方向。本能的局限性就在于毕生都要受生存和繁殖两大问题所支配，缺乏生命的自主性。人心从理智出发，在达到无所为而无不为的冷静境地时，便超越出本能之个体生存和种族繁衍两大问题之外，即在此种境地，人心产生了自觉，理性的心灵也同时产生。理智属知，理性属情。理性为体，理智为用。但理性之情意超乎本能之私情。无私的感情即是理性，即是人心。人之所以为人在其心。接着梁漱溟以人心谈人生，人心与人生本非二事。最后梁漱溟以“礼乐”形式作为人心之归宿。

心性观是现代新儒学学派理论的重要组成部分，也是梁漱溟儒学思想的核心内容。梁漱溟的思想可以归于宋明理学中陆王之“心即理”一派，特别受王门后学的影响，强调人的自然情感的道德性质。但与传统儒学心性论不同，他不是强调情与性的对立，而是将情感与理智对立起来。他认为，人心是由情与知两部分组成的，其中情是人的道德本能情感，即孔子所谓的“仁”和孟子、王阳明所说的“良知良能”。梁漱溟用柏格森的直觉来表述这一概念，他说：“人类所有的一切诸德，本无不出自此直觉，即无不出自孔子所谓仁。”[①] 在梁漱溟的心性论中，他以情代性，情性合一，并且从生物学的角度对人的道德本性作出解释，但他的目的仍然是要论证道德是人之本体，与人的理智相比，道德居于主导地位。梁漱溟从自然主义的角度入手，得出

① 《梁漱溟全集》(第一卷)，山东人民出版社 1988 年版，第 454 页。

道德人本主义的结论，体现出当时的传统思想与新思潮激烈冲突的现状。梁漱溟将传统的道德人本主义、心学体系中的泰州学派的思想，与西方现代哲学中的人本主义思潮结合起来，形成了他的独具特色的人本主义哲学思想。

（二）冯友兰

冯友兰（1895—1990年），字芝生，河南人，我国当代著名哲学家、教育家。冯友兰在道德哲学方面最主要的贡献是提出人生境界论。在他看来，人生境界的问题，既是一个“觉解”的问题，又是一个“意义”的问题。他说：“人对于宇宙人生底觉解的程度，可有不同。因此，宇宙人生，对于人底意义，亦有不同。人对于宇宙人生在某种程度上所有底觉解，因此，宇宙人生对于人所有底某种不同底意义，即构成人所有底某种境界。”[①] 关于觉解，冯友兰解释说，人与动物的一个重要区别是“人有心”，也就是所谓“直觉灵明”，人们凭借心的作用，就可以对事物有一种了解。通过这种了解，事物便对他产生了一种意义。由于了解的程度有深浅，因此意义便有大小，了解越深，意义越大。意义的大小取决于人对事物的了解程度，所以它与事物的性质是不相同的。一件事物的性质是事物所原有的，因而是客观的，“但一件事的意义，则是对它有了解底人而后有底。如离开了对它有了解底人，一事即只有性质、可能等，而没有意义。我们可以说一事的意义，生于人对此事底了解。人对于一事底了解不同，此事对于他们即有不同底意义”[②]。

人不但能了解事物，产生意义，而且能够自觉其了解，这就是人

① 冯友兰：《贞元六书》（下），华东师范大学出版社1996年版，第549页。
② 冯友兰：《贞元六书》（下），华东师范大学出版社1996年版，第519页。

的自觉。人的生活对于人来说，也可以是一件事。因此，人生的意义同样取决于人对人生的了解，而且人们对人生的了解在性质与程度上都不可能完全一样，每个人对人生价值意义的追求也必然有差异。冯友兰用不同的人生境界来表示人们理解人生的差异，这既是性质的差异，也可以看作程度上的不同，将冯友兰所说的了解与自觉两个词加起来，就是所谓“觉解”。

依据觉解程度的不同，冯友兰将人的境界分为四个层次，依次是：自然境界、功利境界、道德境界和天地境界。

自然境界是最低的一种境界，“在这种境界中底人，其行为是顺才或顺习底”。所谓“才”，指的是人的自然之性；所谓“习”，指的是个人的习惯与社会习俗。“顺才而行”是“行乎其所不得不行，止乎其不得不止”，而“顺习而行”，是“照例行事”。无论是“顺才而行”还是“顺习而行”，“他对于所行底事的性质，并没有清楚底了解，此即是说，他所行底事，对于他没有清楚底意义。就此方面说，他的境界，似乎是一个混沌”。①

第二种境界是功利境界。在此境界中的人，已经有了“我”的自觉。他能清楚地意识到他的行为“是为他自己的利”。在此境界中的人，虽然有时也可以作出“合乎道德底行为”，但其目的是以此作为寻求自利的方法。因此，其行为“只是合乎道德底行为，而不是道德行为”，其目的仍然在于功利。

第三种境界是道德境界，比功利境界更进了一个层次。“在这种境界中底人，其行为是行义底。义与利是相反亦是相成底。求自己的利底行为，是为利底行为；求社会的利底行为，是行义底行为。在此

① 陈来：《冯友兰选集》，吉林人民出版社 2005 年版，第 153 页。

种境界中底人，对于人之性已有觉解，他了解人性是含蕴有社会底。社会的制度及其间底道德底政治底规律，并不是压迫个人底。这些都是人之所以为人之理中，应有之义。人必在社会的制度及政治底道德底规律中，始能使其所得于人之所以为人者，得到发展。”[①] 在冯友兰看来，为利与为义可以表现为“取”与“与”的差别，但是如果为处在功利境界之中的人，即便是“与”，其谜底也是为了“取”，而处在道德境界之中的人，即使他在“取”，但他的目的也是“与”。

第四种境界是天地境界。人如果有了进一步的觉解时，他又知道他不但是社会的人，而且是宇宙的一分子，那么他的行为不但有社会的意义，而且有宇宙的意义。只有达到天地境界，才算是真正实现了最高的理想。天地境界也就是天人合一的境界，这种境界的人，摆脱了有形与有限的束缚，实现了与天地一体的精神超越。也就是说，天地境界的人，已经达到即圣即凡的境界，无物我、人我之分，因此能做到真正的无私。这种境界，也就是“极高明而道中庸”。达到天地境界的人，不仅要过道德生活，而且要过功利生活，要过自然生活，他在过这种生活之时，是在一种极高的精神境界下进行的，这就是西方哲学家所总结的“凡俗即神圣”的传统。总之，心性论既是新儒家们创造其现代新儒学思想的核心命题，又对其新儒家思想有致命的束缚，从形而上学角度强调其心性本体的意义就不可避免地抹杀经验现实，而从实证主义角度肯定现实则可能导致对本体的根本否定，从而动摇其整个理论和信仰的基础。只要不摆脱心性论框架，其表现出来的“唯人文主义”的“价值一层论”的理论偏失就终究无法得到克服，而这也反映了现代新儒学一个难以克服的根本理论困境。

---

① 陈来：《冯友兰选集》，吉林人民出版社 2005 年版，第 154 页。

五、儒家心性论的当代价值

（一）内圣的人格建构与外王的价值理想的统一

儒家心性论是儒家“内圣外王”思想的内核，也是儒家追求理想人格理论的出发点。儒家理想人格的基本内容包括：首先，具有智仁勇等优秀的品格，这就是孔子所说的君子三达德：“知者不惑，仁者不忧，勇者不惧。”（《论语·子罕》）在孔子看来，具有理想人格的君子应该是仁智勇三种品格集于一身，不仅仁德宽厚，道德高尚，而且智慧超群，勇敢无畏。其次，具有治国平天下的家国情怀与宏伟抱负，真正的圣贤不仅有“人饥我饥，人溺我溺”的仁者胸怀，更重要的是必须以天下为己任，“乐以天下，忧以天下”，勇敢地承担起天下兴亡的责任！这就是宋儒张载所言，“为天地立心，为生民立命，为往圣继绝学，为万世开太平”。最后，具有独立不迁的人格和凛然不可侵犯的气节。儒家非常强调人的人格气节，并把人格尊严、气节情操置于个体的生命价值之上，“生，亦我所欲也；义，亦我所欲也，二者不可得兼，舍生而取义者也。”“三军可夺帅也，匹夫不可夺志也。”人在任何时候都要保持自己独立的人格，做到“富贵不能淫，贫贱不能移，威武不能屈”。这种“内圣外王”思想表明了古人在观念深处，隐藏着一种极为崇高的社会政治理想，即所谓“穷独达兼”，如孟子所说，“古之人，得志，泽加于民；不得志，修身见于世”。

内圣外王是儒家思想体系最核心的价值理念，其实质是高度推崇道德人格对个体生命价值的呈现，强调主体的道德人格是一切社会价值创造的终极源泉。按照儒家正统的观念，君子只有潜心于道德人格的修养磨炼，将道德实践的经验内化到主体的心理结构之中，使主体逐步凝聚，积淀起一种强有力的道德精神力量，完成内圣的实践功夫，才谈得上人之为人的价值尊严，才谈得上通过社会实践，将自我内在的人格力量外化为世俗社会的价值创造之中，实现治国平天下的宏大抱负，创造出立德、立功、立言三不朽的价值。

儒家思想是探求人性与人的理想的学问，具备最丰富的思想内涵，因此，它在今天依然具有重要的现实意义。人的变化性和“仁”的理想的原则性如何相互结合，是一个永恒的直指人心的现实哲学命题，非东方和西方、古代和今世所独有。儒家学说在本质上是道德之学，用传统的儒家术语来解释，就是儒家心性之学，在儒学传统中又叫作身心性命之学，或安身立命之学。这种心性之学的特征就是：重个体生命的真修实悟，重通过修持的功夫把握道德的形上本体。然而自中西文化碰撞、交汇以来，儒家学说走入现代大学，教授们多是用西方伦理学的方法讲授儒学、解释儒学、理解儒学，把儒家学说的道德之学即心性之学，变成了一种关于道德概念的知识系统和伦理观念的思辨体系，从形上走到了形下。儒家学说作为活生生的，具有超越性的生命道德实践之学，被西方世俗的道德伦理学解构了；儒家学说拥有的实践特质和哲学本性在现代学科研究中也淡化了。

（二）道德的形上追求与实践特质的统一

今天要批判和重建儒学，不仅要审视先秦儒学，或者是宋明理学，而且要站在中国哲学的原点与中国文化的源头来思考现代新儒学的范畴、体系以及其功能，追本溯源地去寻找儒家学说的初心与使命。正本清源，返本开新，才能深刻理解儒家学说涵盖乾坤、揽括天地的恢宏气度与超越精神，展望其为推进中国乃至人类文明与社会发展所具有的巨大的潜在价值，开创一个新的撼动现代人心的生活典范和风格，为解决今天的社会问题开辟一条崭新的道路！这也便是建立新的儒家学说真正的世界意义和现实意义。

儒学的主旨是人，儒家理论的出发点和落脚点都是人。从某种意义上说，儒学就是人学，是一种关于人的学问，是立足于自身修养基础之上，提倡修身齐家治国平天下的修齐治平之学。儒家思想的入世理想发端于创始人孔子，孔子作为中国思想史上最重要的人物，把当时思想界的视野从天转向人，而作为孔门亚圣的孟子，其思想特点是由一般的人，进一步深入到人性和心性，即从修养心性入手，最后达成圣贤，以后的儒家基本上是沿着孔孟之道，注重身心修养，强调成贤成圣。当然，个人的成贤成圣还不是儒学的最终目的，儒学的最终目的在于济世、治世。也就是说，儒学既是圣人之学，又是经世致用之学，内圣外王才是儒家的最高境界。

从思想内容上来看，孔学的核心是仁学，所谓仁也就是二人的组合，孔子就是用仁来论述人与人的相互关系。孔子对仁的论述有很多，“仁者爱人”“己欲立而立人，己欲达而达人”“己所不欲，勿施于人”等，无论哪一种说法，都是指己与人，人与人，人一直是孔学的立足点，也是儒学的立足点。孟子进一步推进了仁的思想内涵。孟子学说的重心在人性理论与仁政学说。孟子仁政学说的核心是提倡“有不忍人之心，斯有不忍人之政”；人性理论则致力于对人的本性的论述，二者都以人为对象和归宿。儒学到了宋朝，又有了一个新的阶段，改变以往天道的思想，认为“道之大原出于天”。但是理学家“推明天地万物之原”的目的是说明人，说明人性，说明人伦道德纲常，在这一点上，与先秦儒学一以贯之。理学虽学派众多，无非是教人如何修心养性，如何存天理灭人欲，如何成贤成圣。孟子提出尽其心者知其性，知其性则知天，《中庸》则强调“天命之谓性，率性之谓道”，荀子主张“心者道之主宰”，《大学》则讲“格物，致知，诚意，正心，修身，齐家，治国，平天下”，这些无不是提倡尽心见性以达天道，由修心养性而转凡入圣。体现了道德的形上追求与实践特质的统一，这都是整个中华文化的独特文化魅力。

诚然，儒家心性论具有夸大精神作用的唯心论倾向，揭露和批判这种理论偏失是理所应当的。然而，不应以此而全然抹杀它的合理因素。儒家的心性论发展了主观意识的能动方面，即人在道德精神生活领域应积极地回应外界的影响作用，重视正确观念的引导从而作出正确的道德抉择。注重心性修养是道德自律、道德自觉的最集中的表现或最重要的表征。从一定意义上说，讲心性修养就是讲道德自律、道德自觉。儒家心性论之所以引人注目，就在于它充分体现了道德的这一特质。所以，我们应重视儒家心性论的学习、研讨，在批判其时代和阶级的局限性的同时，吸收和借鉴其极具当代价值的合理因素，使其在新的时代再一次绽放绚丽的思想文化光芒！

第二章 儒家心性论的理论特征

儒家心性论及建立在此基础上的修养论是儒家德育思想的精髓，蕴含着丰富的德育资源。纵观儒家心性修养论的历史发展，不管是孔子的“君子求诸己”、孟子的“人皆可以为尧舜”、荀子的“涂之人可以为禹”思想，还是朱熹的“心统性情”学说，抑或是王阳明提出的“致其良知以求自慊”，均一以贯之地体现了儒家心性论的核心思想与理论特征。心性论在理论上具有“为己之学”“内圣之学”“内在超越”的思想特征。具体说来，即强调人在自我完善、自我发展中的自主与自立，高扬人的道德主体性；倡导理想人格的开放性，认为人皆可为圣；关注个体道德自我的培育，提升个体道德自觉和德性境界。在儒家那里，“心”与“性”是心性论的主要范畴和核心概念。这里的心，有“道德之心”“理智之心”“虚灵明觉之心”三种含义。性的含义可以理解为：生而具于心者，或心之所生者，表示人的本性本质，同时又是一个内在的价值范畴。[①] 理学以“性即理”和“心即理”继承和发展了孟子的心性论。二程提出“心即性也，在天为命，在人为性，论其所主为心，其实只是一个道”(《二程遗书》卷十八)，把心与性相等同，他们认为心、性既是宇宙本体，也是道德本源。朱熹则强调心性有别，主张“性即理”，以“性”为最高本体，既把“心”看作认识主体，又主张“心统性情”，强调发挥主体能动性来认识道德理性。实际上，不管是“性即理”还是“心即理”，都强调主体思维与道德理性的结合，使儒家心性学说发展成为由内而外、由外而内、认

① 蒙培元:《理学范畴系统》，人民出版社 1989 年版，第 195 页。

识论与修养论相结合的思想体系。

一、道德主体性

“为己之学”源于孔子提出的“为仁由己”(《论语·颜渊》)和“古之学者为己，今之学者为人”(《论语·宪问》)的思想。这里的“古”与“今”，代表了两种不同的学习目的和修养态度，“‘古’象征着孔子心目中的理想状态，‘今’则代表了当时的现实，所谓‘为己’实际指自我的完善，‘为人’则指迎合他人以获得外在的赞誉”[①]。“为己”是肯定自我作为道德修养的主体，把完善自己的德性和人格作为学的最高目的，从而提高自身的道德和精神境界。在“为己”的前提下，修养成为主体自身的需要，道德选择和道德行为上升为主体自觉自由的活动，具有人格完善、内外兼修的整体意义。儒家“为己之学”凸显了道德所具有的内在精神价值，肯定了人的道德主体意识的重要性，“以自我完善与自我实现为目标，决定了道德涵养主要与自我的努力相联系……无论是在道德实践中，抑或在道德涵养中，自我都起着主导的作用”[②]。主体的道德遵循和人格塑造，取决于自主的选择以及相应的努力，以内在的精神诉求为出发点，最终成就理想人格。

（一）排除鬼神的主宰

儒家创始人孔子秉持“知之为知之，不知为不知”(《论语·为政》)的认识境界。他对于鬼神这一超验的问题采取一种搁置的方法，既不肯定又不否定其存在。一方面，他认为人生活在其中的

① 杨国荣:《善的历程》，华东师范大学出版社 2009 年版，第 25 页。
② 杨国荣:《善的历程》，华东师范大学出版社 2009 年版，第 25—26 页。

世界是实实在在的，无须任何鬼神的假设。因此，孔子道“不语怪力乱神”（《论语·述而》），并且教导学生说：“未能事人，焉能事鬼？”“未知生，焉知死？”（《论语·先进》）另一方面，他也不排除彼岸问题在人的现实生活中的诗化作用。所以他说：“务民之义，敬鬼神而远之，可谓知矣。”（《论语·雍也》）人们祭祀祖先时，应该虔诚孝敬，做到“祭如在，祭神如神在”（《论语·八佾》）；做丧事要尽礼，即“丧事不敢不勉”（《论语·子罕》）。

孟子延续了孔子这方面的思想，他把对先辈的丧祭礼纳入了孝道。“死，葬之以礼，祭之以礼，可谓孝矣。”（《孟子·滕文公章句上》）首先，丧祭礼是一件大事，不能等闲视之，正所谓“养生者不足以当大事，惟送死可以当大事”（《孟子·离娄章句下》）。不做祭祀或破坏他人祭祀场所是不仁的表现，所以他批评这些人与事，“葛伯放而不祀”（《孟子·滕文公章句下》），“卿大夫不仁，不保宗庙”（《孟子·离娄章句上》），“毁其宗庙，迁其重器，如之何其可也？”（《孟子·梁惠王章句下》）其次，君子应依条件办理丧礼祭礼，不应过于俭薄。孟子说：“牲杀、器皿、衣服不备，不敢以祭。”（《孟子·滕文公章句下》）他自己就因经济条件的改善而在办理母亲丧事时支出大大超过以前办理父亲的丧事，即“孟子之后丧逾前丧”（《孟子·梁惠王章句下》），他还批评齐宣王“欲短丧”（《孟子·尽心章句上》）。

具有唯物主义自然观的荀子主张天是无意志无目的的自然界，但他并没有从纯理智的观点出发否定丧祭礼，而是从情感方面立言，强调祖先是礼的本源之一，肯定丧祭礼“节”“人之情”与“文”“人之情”的功用。[①]他强调，尊奉始祖是道德的根本，即“贵始，得之本也”[②]。重视人活着的时候而轻视人死了的时候，非君子之道，所以“君子敬始而慎终”，而“人道毕矣”。同时，荀子也十分肯定丧祭礼的重要意义。他说“故三月之葬……是致隆思慕之义也”“故变而饰，所以灭恶也；动而远，所以遂敬也；久而平，所以优生也”[③]，认为丧祭礼既寄托了生者对逝者的爱慕敬重，同时又起着抚平生者的悲伤之情的作用。

如果说先秦儒家是主张人伦社会的一般原则与规范，那么西汉大儒董仲舒便将这种原则和规范上升至“天志”“天数”的层次。董仲舒以天人感应为其哲学的根本方法，主张“人副天数”、天有意志。虽然他所说的天是具有意志倾向的，但这天同时也具有自然因素，而非一有人格之上帝。[④]换句话说，他认为虽然天是使人之所以为人的本源与依据，但这种“天志”的作用又必须依靠人，依靠人的“务德而不务刑”[⑤]的顺天行为。天对于人逆天行为的惩罚都是在现实世界中实现的，“其规非者，其所为不得其所事，不当其行，不遂其名，辱害及其身，绝世无后，残类灭宗亡国，桀、纣是也”[⑥]。西汉末年著名思想家扬雄提出了一个绝对观念“玄”，并以此为基础建构了一个解释世界万事万物的神秘图式。但他对于鬼神问题却仍追随孔子的态度，他说，“神怪茫茫，若存若亡，圣人曼云”“圣人不师仙，厥术异也”。因为圣人志于求知，而仙人志于求生。仙人耻一日之不生，但

---

① 冯友兰：《中国哲学史》（上），华东师范大学出版社 2000 年版，第 255 页。

② 方勇、李波译注：《荀子》，中华书局 2011 年版，第 303 页。

③ 方勇、李波译注：《荀子》，中华书局 2011 年版，第 308—311 页。

④ 冯友兰：《中国哲学史》（下），华东师范大学出版社 2000 年版，第 11 页。

⑤ 张世亮、钟肇鹏、周桂钿译注：《春秋繁露》，中华书局 2012 年版，第 418 页。

⑥ 张世亮、钟肇鹏、周桂钿译注：《春秋繁露》，中华书局 2012 年版，第 328 页。

生死乃自然之道，故“名生而实死也”。[①] 东汉哲学家王充则用唯物主义的方法批驳天人感应说，主张天为客观存在的自然界，是无意志、无目的的存在。在对待鬼神的问题上，他明确否定了鬼神的存在，“死人不为鬼，无知，不能害人”。[②] 他认为，人死如火灭。如果说人死后仍有知，就如同说火灭之后仍有光。东汉思想家桓谭更“以烛火喻形神”，烛尽火灭，形毙神亡，故人死如灯灭，不存在离开形体的灵魂。

东汉以后，佛教在中国民间迅速流传。佛教宣扬因果报应、生死轮回。面对佛教的传播与发展，南朝哲学家范缜写成《神灭论》，批驳了整个佛教神学的理论根基“神不灭论”。其核心思想是：形神相即，形质神用。[③] 人的形与神是相互依存的，两者不能分离而独自存在。就如刀没了，刀的锋利也不可能存在一样。人的身体如果不存在了，人的精神也会随着烟消云散。范缜的《神灭论》否认了佛教的理论核心，既然神随形灭，那么佛教所说的三世轮回、因果报应等观点也就没了理论基石。

隋唐时期，由于统治阶级的扶植，佛教日益昌盛。作为宋明理学重要先驱之一的韩愈，反对佛教思想，提倡儒家道统。他认为，以仁、义为核心的儒家思想才是治国平天下的正道，而奉行出世主义的佛教因其毁灭伦理纲常，与儒家的家国天下的理念相悖。因此，要想使儒道推行，就应该禁止佛道，并且他在其作品《原道》中提出了对待佛教的具体办法，即“人其人，火其书，庐其居”。公元819年，

① 冯友兰：《中国哲学史》（下），华东师范大学出版社2000年版，第64页。
② 冯友兰：《中国哲学史》（下），华东师范大学出版社2000年版，第68页。
③ 北京大学哲学系中国哲学教研室：《中国哲学史》（第二版），北京大学出版社2003年版，第195—196页。

他上疏《谏迎佛骨表》，向皇帝唐宪宗谏言将佛骨投于水火中销毁，以“断天下之疑，绝后代之惑”。结果他遭到贬官至潮州，他到潮州后发展经济、开启教育，主政期间勤政廉洁，造福一方百姓。人们为纪念其功绩，把当地一条原名为“恶溪”的河流改称为“韩江”（广东省内仅次于珠江的第二大江），而且一直沿用至今。

宋明理学的主旨在于批佛兴儒。理学家们竭力重兴儒学来取代当时呈蔓延之势的佛教，以使儒家思想重新成为人们精神世界之主导。作为理学的重要奠基者，周敦颐在其著作《太极图说》中开宗明义地提出，“无极而太极”，其意思就是宇宙无所始地存在着，并“没有一个至善万能的上帝在创造”。[①]气论哲学家张载认为，宇宙一切皆是气，更没有外于气的。“太虚无形，气之本体；其聚其散，变化之客形尔。”[②]所以，道家“有生于无”的自然论是错误的，宇宙不能无中生有，而只能是从气散未聚的无形可见的“太虚”中产生。而佛教所认为的“万象为太虚中所见之物，而万象为妄，太虚为真”的观念同样错误。万象具有真实的本性，是由气“聚而有象”，因而现实世界是真真实实，毫不虚幻。

理学泰斗程颢更明确地表达了对于佛教危害的担忧，“杨、墨之害，甚于申、韩，佛、老之害，甚于杨、墨”。所以，他慨叹说，孟子对付杨朱与墨子游刃有余，但今日面对释氏，就是来几个孟子，“亦无如之何”[③]。他批评佛教以生死恐吓人，如果人人都因此解脱、出家，人类便无法生生不息。面对佛教的强大渗透力，程颢提出了“吾理自立”的儒学复兴方向。也就是说，对于佛教要以我为主，不能

---

① 钱穆：《宋明理学概述》，九州出版社 2010 年版，第 34 页。

② 张岱年：《中国哲学大纲》，江苏教育出版社 2005 年版，第 69 页。

③ 程颢、程颐：《二程集》，中华书局 2004 年版，第 23 页。

只是旁枝末节地进行批判，而要直接“为儒家生活方式奠定哲学基础”[①]。

理学集大成者朱熹早年曾出入佛老，在受学于李延平门下之后，才“渐见其非”，而最终转归河洛之学。在著名的朱陆之争中，朱熹批评陆九渊主张“心即是理”的心学具有禅宗的意思。“子静寄得对语来……亦是渠所得效验，但不免些禅底意思……这些子恐是葱岭带来。”[②]虽然，心学与禅宗从外在形式来看确有相似之处，都是不拘泥于某种形式、追求简单明了、实现内心的澄明，但二者之间却有着本质的区别。前者如明代心学集大成者王阳明所主张，人能向内通过本心的致良知功夫而把握天理，此天理就是儒家的仁义礼智等道德规范和道德追求；而后者则“以觉为性”，主张即使是贩夫走卒都可以在运水劈柴等日常活动中实现领悟，立地成佛，这其中悟到的却是解脱与无我。

追本溯源，人的道德义务究竟从何而来？西方文化更多地倾向于道德义务产生于某种超自然权威的意志或观念。当西方近代哲人还在慨叹，“如果没有上帝，那么一切事情都是许可的”（陀思妥耶夫斯基语），“如果没有上帝，就有必要创造一个上帝”[③]（伏尔泰语）时，两千多年前远在东方的中国儒家创始人孔子却早已为此定了基调——“敬而远之”。在儒者的精神境界中，既不需要天堂的召唤，也没有地狱的恐吓，其道德主体性之根牢牢扎在现实世界之中。人的一般三维时间之流在儒家那里直接表现为：祖先—世人—后裔。世人对

① 杨立华：《宋明理学十五讲》，北京大学出版社 2015 年版，第 93 页。
② 陈来：《朱子哲学研究》，生活·读书·新知三联书店 2010 年版，第 440 页。
③ [美]A. 塞森斯格：《价值与义务》，江畅译，中国人民大学出版社 1992 年版，第 93 页。

于当世，应做到“穷则独善其身，达则兼济天下”(《孟子·尽心章句上》)；上对祖宗先辈，若不能光耀之，至少也不能辱没之；下对后代子孙，若不能泽被之，至少也不能遗臭之，所以孔子劝告人们说，“父没，观其行，三年无改于父之道”(《论语·学而》)。

（二）人为天地中最贵者

首先，人的构成最为精粹。礼运云：“人者，其天地之德，阴阳之交，鬼神之会，五行之秀气也。”[①]人尽得“五行之秀气”“天地之精华”。董仲舒也说：“天地之精所以生物者，莫贵于人。”[②]对于人的认识，宋明理学的基本思想是：用人与物的气质构成材料不同来解释人与物之间的差别。周敦熙说：“二气交感，化生万物，万物生生，而变化无穷焉。惟人也得其秀而最灵。”胡宏说：“万物各正性命，而纯备者人也，性之极也。”[③]朱熹继承这一传统而论述得更为细致，他说，“人物并生于天地之间，本同一理而禀气有异焉。禀其清明纯粹则为人，禀其昏浊偏驳则为物。”[④]总之，天地之间有理有气。从本体论上说，天地间只有一理，人与物的本性都是禀受了这一理而成的。人与物的差别要从宇宙论上说，人的形体是禀受了天地之气中的精英之气而成，而物的形质是由渣滓之气积聚而成。

其次，人的位置最为关键。人在天地中恰似画龙点睛之笔，故礼运云：“人者，天地之心也，五行之端也。”[⑤]人是天地中不可或缺的组成部分，天地人并列“三才”。周易云：“有天道焉，有人道焉，有地

---

① 陈才俊：《礼记精粹》，海潮出版社 2012 年版，第 130 页。
② 张世亮、钟肇鹏、周桂钿译注：《春秋繁露》，中华书局 2012 年版，第 473 页。
③ 张岱年：《中国哲学大纲》，江苏教育出版社 2005 年版，第 174—175 页。
④ 陈来：《朱子哲学研究》，生活·读书·新知三联书店 2010 年版，第 232 页。
⑤ 陈才俊：《礼记精粹》，海潮出版社 2012 年版，第 130 页。

道焉……三才之道也。”[①] 董仲舒说：“天地人，万物之本也……三者相为手足，合以成体，不可一无也。”（《春秋繁露·立元神》）“天地阴阳木火土金水九，与人而十者，天之数毕也……起于天至于人而毕，毕之外，谓之物……人下长万物，上参天地。”（《春秋繁露·天地阴阳》）[②] 天与人本质相通，人能透过人性而把握天道。孟子说：“尽其心者，知其性也；知其性，则知天矣。”（《孟子·尽心章句上》）程颢说：“人与天地一物也，而人特自小之，何耶？”（《二程语录》卷十一）“天人本无二，不必言合。”（《二程语录》卷二上）程颐说：“天地人只一道也，才通其一，则余皆通。”（《二程语录》卷十八）[③]

再次，人的能力最为卓越。在浩瀚宇宙中，从形质上看，人是何等的渺小！然而，只有人才能反观并利用这一切，这就是人的主体能动性。正是这种能动性赋予了整个世界以意义。只有人才能认识这个世界。故荀子说：“人之所以为人者，何已也？曰：以其有辨也。”[④] 我们人类所指称的这个世界，是经由我们的感觉器官去感受，并由统摄着这些感官的心灵去综合把握而得来的，它总是被打上了人的心灵烙印。如果离开了人，世界会是什么样，我们无从知晓，而且这样的追问也是毫无意义的。所以，陆九渊说：“宇宙便是吾心，吾心便是宇宙。”[⑤] 王阳明说：“我的灵明，便是天地鬼神的主宰。天，没有我的灵明，谁去仰他高？地，没有我的灵明，谁去俯他深？”[⑥]

---

① 杨天才、张善文译注：《周易》，中华书局 2011 年版，第 638 页。

② 张世亮、钟肇鹏、周桂钿译注：《春秋繁露》，中华书局 2012 年版，第 193—194 页。

③ 张岱年：《中国哲学大纲》，江苏教育出版社 2005 年版，第 179 页。

④ 方勇、李波译注：《荀子》，中华书局 2011 年版，第 59 页。

⑤ 冯友兰：《中国哲学史》（下），华东师范大学出版社 2000 年版，第 281 页。

⑥《王阳明全集》（一），线装书局 2012 年版，第 205 页。

人与世界的关系在主体对客体的认识关系之前是最本源的存在关系。这种关系就如现代西方哲学家海德格尔所说的——人与世界打交道中的“上手状态”，[①] 这种状态是人与周围环境全身心的适应状态，它是全方位的，而非单向度的，且其中每一适应努力并不都是先经过逻辑推理的。为此，邵雍说：“夫人也者，暑寒昼夜无不变，雨风露雷无不化，性情形体无不感，走飞草木无不应……灵于万物，不亦宜乎。”[②] “唯人兼乎万物，而为万物之灵。如禽兽之声，以其类而各能得其一；无所不能者人也。”[③]

人要适应天地之规律，但这种适应并非完全被动，人具有独一无二的自主创造力。荀子说：“天行有常，不为尧存，不为桀亡。应之以治则吉，应之以乱则凶。强本而节用，则天不能贫；养备而动时，则天不能病；修道而不贰，则天不能祸……故明于天人之分，则可谓至人矣。”[④] 刘禹锡提出了“天人交相胜”的思想。他说：“天之能，人固不能也；人之能，天亦有所不能也。故余曰：天与人交相胜耳。”“天恒执其所能以临乎下，非有预乎治乱云尔；人恒执其所能以仰乎天，非有预乎寒暑云尔。”[⑤]

最后，人的德性最为珍贵。清代哲学家戴震说：“人之材得天地之全能，通天地之全德。”[⑥] 然而，在人的行为的两个根本维度——“能够”与“应当”中，儒家将绝大部分注意力倾注于后者，并且纷纷对

---

① 海德格尔：《存在与时间》，陈嘉映、王庆节合译，生活·读书·新知三联书店 2006 年版，第 84 页。

② 杨立华：《宋明理学十五讲》，北京大学出版社 2015 年版，第 75 页。

③ 张岱年：《中国哲学大纲》，江苏教育出版社 2005 年版，第 175 页。

④ 方勇、李波译注：《荀子》，中华书局 2011 年版，第 265 页。

⑤ 张岱年：《中国哲学大纲》，江苏教育出版社 2005 年版，第 181—182 页。

⑥ 冯友兰：《中国哲学史》(下)，华东师范大学出版社 2000 年版，第 322 页。

此提出了自己的理解和主张。孟子早就提出："人之所以异于禽兽者几希；庶民去之，君子存之。"(《孟子·离娄章句下》) 人和禽兽不同之处只在于那么一点点，这一点点便是仁义。与孟子同时代的荀子则说："水火有气而无生，草木有生而无知，禽兽有知而无义，人有气有生有知亦且有义，故最为天下贵也。"[①] 西汉大儒董仲舒也曾谈道："物疢疾莫能为仁义，唯人独能为仁义。"[②] 胡宏说："夫人虽备万物之性，然好恶有邪正，取舍有是非。"朱熹则明确道出："故人为最灵，而备有五常之性，禽兽则昏而不能备，草木枯槁则又并与其知觉者而亡焉。"[③] 总之，儒家认为仁义礼智信才是人的根本所在，正如刘禹锡所说："天之道在生植，其用在强弱。人之道在法制，其用在是非。"[④]

（三）倡导独立道德意志

从某种意义上说，儒家追求的就是一个个内心向善、顶天立地大写的人，家国天下的修齐治平也必须依靠这些人来实现。人如果没有这种独立的道德意志，便配不上"人"这个称号。所以，孔子说："三军可夺帅也，匹夫不可夺志也。"(《论语·子罕》)《礼记·儒行》云："儒有可亲而不可劫也；可近而不可迫也；可杀而不可辱也。"[⑤] 孟子说："富贵不能淫，贫贱不能移，威武不能屈，此之谓大丈夫。"(《孟子·滕文公下》) 直到明清之际倡导以"公天下"代替"私天下"的顾炎武也高呼："保天下者，匹夫之贱，与有责焉耳矣。"梁启超将其概括为"天下兴亡，匹夫有责"。[⑥]

---

① 方勇、李波译注：《荀子》，中华书局 2011 年版，第 127 页。

② 张世亮、钟肇鹏、周桂钿译注：《春秋繁露》，中华书局 2012 年版，第 473 页。

③ 张岱年：《中国哲学大纲》，江苏教育出版社 2005 年版，第 175—176 页。

④ 张岱年：《中国哲学大纲》，江苏教育出版社 2005 年版，第 181 页。

⑤ 陈才俊：《礼记精粹》，海潮出版社 2012 年版，第 350 页。

⑥ 李治亭：《清史》，上海人民出版社 2002 年版，第 599 页。

在个人的自主性上，人应当高度地自信与自豪。这一点在儒家创始人孔子那里就已充分地展现。一个人真正的生存状态应该如何？孔子简洁而肯定地告诉我们："君子坦荡荡"(《论语·述而》)，"君子不忧不惧"(《论语·颜渊》)。君子孜孜以求的是大道，甚至"朝闻道，夕可死矣"(《论语·里仁》)，君子不会为个人的利害得失而忧悲苦恼。所以孔子夸奖好学的颜回为贤人，因为他能在穷困中保持着志于道的快乐，"一箪食，一瓢饮，在陋巷，人不堪其忧，回也不改其乐"(《论语·雍也》)。当有人担心孔子要搬去住的九夷过于简陋时，孔子同样豪迈地说："君子居之，何陋之有?"(《论语·子罕》)受此影响，唐代哲学家刘禹锡作《陋室铭》，其中也很自豪地写道："斯是陋室，惟吾德馨。"

君子志在大道大义，不追名逐利。孔子说："君子喻于义，小人喻于利。"(《论语·里仁》)虽然不能把义与利简单对立起来，但是那些不顾道义、不择手段攫取利益的人就是小人。孔子明确地说："不义而富且贵，于我如浮云。"(《论语·述而》)儒家主张积极入世，强调大丈夫应有所作为，小能泛爱众，大能治国安邦。因此儒者谋取一定的官职，是发挥才能的重要途径。大小官职仅是施行仁爱的途径或工具而已，而不能作为一个人的终极目标予以追求。一旦某个职位无助于实行道义，儒者就应毅然地将其放弃。在这个问题上，孔子多次表明自己的态度，如"不患无位，患所以立"(《论语·里仁》)，"邦有道，则仕；邦无道，则可卷而怀之"(《论语·卫灵公》)，"以道事君，不可则止"(《论语·先进》)，"道不行，乘桴浮于海"(《论语·公冶长》)。只要有仁德在，便能做到——"在邦无怨，在家无怨"(《论语·颜渊》)。孔子是这么说的，也是这么做的。鲁国的执政上卿季桓子接收齐国歌姬舞女而后三日不朝，孔子就辞官走了（《论语·微子》）。可见，卖官鬻爵在真正的儒者面前根本行不通。这与儒家强调道德价值的思想是一致的，儒家以立志、修身以求最终达到“内圣外王”“治国平天下”的目的，把人的社会责任感、历史使命感提高到本体论的高度。在儒家道德设计中，道德价值是指道德对于个人、群体和社会所具有的积极作用和意义。从道德客体与道德主体之间的关系来看，道德价值蕴含于道德功能属性之中，是道德客体的内在属性和外在表现。道德价值属于精神价值，它是人们精神生活中高层次的需要。张载的名言“为天地立心，为生民立命，为往圣继绝学，为万世开太平”，就充分体现了儒家对人的道德价值、道德意志的肯定。

历史上的儒者总给人以文质彬彬、温文尔雅的印象，但是于内在里，真正的儒者又是具有骨气与血性的大丈夫。在大是大非面前，个人的生死都可以置之度外。他们就如孔子所说“临大节而不可夺也”（《论语·泰伯》），“无求生以害仁，有杀身以成仁”（《论语·卫灵公》），或如孟子所说“（生与义）二者不可得兼，舍生而取义者也”（《孟子·告子》）。对于因耻食周粟而饿死的伯夷、叔齐，孔子评价他们“不降其志，不辱其身”（《论语·微子》）。后世如文天祥的“人生自古谁无死，留取丹心照汗青”，谭嗣同的“我自横刀向天笑，去留肝胆两昆仑”，都是对儒家所倡导的这种大气节真实而壮烈的诠释。

自汉代董仲舒“三纲五常”思想的提出，儒家在处理现实社会中处尊位者与处卑位者之间关系问题上，逐渐偏离了先秦时期所主张的双方都有相互义务的观念，演变为要求后者对前者的绝对服从。对于这一问题，我们应从两个方面进行理解。一方面，儒家思想在这一纬度上的变化受君主专制制度不断强化的政治现实的主导性影响，而不是反过来的。那种认为儒家思想导致了高度君主专制的说法是有失偏颇的。另一方面，历代鸿儒都没有放弃过对掌权者较高的道德呼吁，希望他们首先能做到正心克己，以施行“内圣外王”之道。他们的思想也都在某种程度上对那些试图肆意妄为的当权者形成了无形的舆论约束，所以他们称得上是其所处时代的社会良知。

二、内在超越性

超越性，一般也称外在超越性，是一个重要的本体论概念。它是宇宙万物产生与发展的根据或动力本源，一般指理想原型所具有高于现实的特点。许多西方哲学理念的核心范畴就具有这种超越性，如柏拉图的“理念世界”、黑格尔的“绝对精神”，甚至基督教的“上帝”。而儒家心性论的根本特点则是内在超越性。儒家认为，在道德世界里，人是本体，是内在原动力。人在“成贤成圣”道德追求中其动力是自足的，无须外在的凭借。

（一）内在超越性的本根：人是目的

历代儒家学者在论述天人关系时都会有不同的理解，但在天人关系中，人始终是目的的观点却为他们所共有。人性与天道之间的关系问题，在孔子的时代就已经被提出来了。孔子的学生子贡曾说：“夫子之言性与天道，不可得而闻也。”（《论语·公冶长》）孔子对于“性与天道”的问题很少论及，比较重要的一句便是：“性相近也，习相远也。”（《论语·阳货》）他认为，人的自然本性很接近，但后天的习染却相差悬殊。人与人在道德品质上的差异，根本原因是后天的积习。这就意味着，人都是可以通过教化而改善的，即所谓“有教无类”（《论语·卫灵公》）。孔子不仅对人的本质很有信心，而且对人的能力也很有期待。他说：“人能弘道，非道弘人。”（《论语·卫灵公》）也就是说，人不是道的被动接受者，而是道的能动的诠释者与实行者。

孟子从认识论上阐述了天人合一的关系。他说："尽其心者，知其性也。知其性，则知天矣。存其心，养其性，所以事天也。"（《孟子·尽心上》）孟子认为，人只要充分运用善良的本心，就能把握人的本性，进而推知天道。保持本心，涵养本性，人就可以事天。孟子又说："诚者，天之道也；思诚者，人之道也。"（《孟子·离娄上》）天是诚的，人便是追求诚的。这样，人的本性与天道是相通的。孟子还引用《尚书·泰誓》中"天视自我民视，天听自我民听"（《孟子·万章上》），说明上天所看的、听到的，都来自百姓。百姓的所见所闻就是天的所见所闻，上天是依从百姓意愿的。并且，他还强调人的能动性是人的社会生活、社会实践顺利开展的最重要因素，因而他说："天时不如地利，地利不如人和。"（《孟子·公孙丑下》）天很庞大，但也很遥远，越接近于人的因素则越重要。所以，人首先要从存心养性的修身做起，这样便可以事天，可以安心立命。

与孟子所讲的义理之天不同，荀子讲自然之天。在荀子眼中，天具有自身运行的客观规律，但不具有目的或道德理想，正如他在《天论》中所说："天行有常，不为尧存，不为桀亡。"[①] 在人性论问题上，荀子秉持的观点更是与孟子的性善论相反。他认为："人之性恶，其善者伪也。"[②] 他认为，人天生趋利避害，所以人与人的关系就会以利益的满足和利益纷争为主要内容。这就与英国近代哲学家霍布斯认为自然状态下人与人之间是一种豺狼关系的看法很相似。要使人与人之

① 方勇、李波译注：《荀子》，中华书局2011年版，第265页。
② 方勇、李波译注：《荀子》，中华书局2011年版，第265页。

间的关系改争夺为辞让，则必须依靠人为的道德来使人从善。据此，荀子提出：“君子敬其在己者而不慕其在天者，是以日进也；小人错其在己者而慕其在天者，是以日退也。”[①]它的意思就是，人不要羡慕那些取决于上天的事情，只要从自身能够得着的事情做起，就能每天取得进步。在这个意义上，荀子又与孟子殊途同归。

在儒家思想史中，董仲舒关于天人关系的论述似乎最具有外在超越性的特征。在董仲舒看来：“天者，万物之祖，万物非天不生。”[②]他认为天是万物的本源，具有意志，是支配人事的主宰。人世间最重要的人伦关系君臣、父子、夫妇之道都由此而来。他道：“天地者，万物之本……君臣、父子、夫妇之道取之此。”[③]虽然董仲舒十分看重与强调天的作用，但在董仲舒天人关系论中，人是目的及人最为天下贵的人文观念始终一以贯之。[④]董仲舒将天与人拉到一起，天对于人来说并非高高在上的俯视者。他说：“人之为人本于天，天亦人之曾祖父，此人之所以乃上类天也。”[⑤]天和人是一类，天是人的曾祖父。人的身体、血气、德行、好恶与禀赋，是分别禀受天数、天志、天理、天的温凉与天的四季变化而成。天是仁爱的，其周而复始的所有作为就是奉养人类。他说：“天，仁也。天覆育万物，既化而生之，有养而成之，事功无已，终而复始，凡举归之以奉人。”[⑥]即使国家有失当行为，天也是先“出灾害以遣告之”，统治者不知变，天再“见怪异

① 方勇、李波译注：《荀子》，中华书局 2011 年版，第 265 页。
② 张世亮、钟肇鹏、周桂钿译注：《春秋繁露》，中华书局 2012 年版，第 557 页。
③ 张世亮、钟肇鹏、周桂钿译注：《春秋繁露》，中华书局 2012 年版，第 557 页。
④ 杨国荣：《中国哲学二十讲》，中华书局 2015 年版，第 132 页。
⑤ 张世亮、钟肇鹏、周桂钿译注：《春秋繁露》，中华书局 2012 年版，第 398 页。
⑥ 张世亮、钟肇鹏、周桂钿译注：《春秋繁露》，中华书局 2012 年版，第 398 页。

以惊骇之”，统治者仍执迷不悟，“其殃咎乃至”。[1]可见，天降灾异、祸殃于人，是迫不得已而为之的。董仲舒的天人关系论仍然聚焦于人，这与那种认为“人生是苦海或只是为了赎罪”的宗教思想有根本性的差异。

唐代柳宗元与刘禹锡分别作《天说》与《天论》，集中阐述了各自对天人关系的理解。柳宗元抨击“天人感应”说，主张天是无意志的客观自然的天，从而突出人的自主性。人的功过祸福都源于自己的作为，而非来自天的赏赐与惩罚。他说：“功者自功，祸者自祸，欲望其赏罚者大谬；呼而怨，欲望其哀且仁者，愈大谬矣。”(《天说》)刘禹锡在柳宗元自然之天的思想基础上，进一步发展了荀子“制天命而用之”思想，提出了“天与人交相胜”的理论。他说：“天之道在生植，其用在强弱；人之道在法制，其用在是非。”(《天论·上》)对于天之道，人能去认识它、适应它乃至利用它，但不能违背它。因为天强大的洪荒之力不是弱小的人类可以抵挡的。但是，人世间的治乱祸福、是非善恶却完全是人的独创之物。这就是说，只有人类才能“用天之利，立人之纪”(《天论·下》)。

宋代理学家们把先秦儒家“天人合一”思想推向了极致，提出了“天人非二”的论断。从逻辑上讲，要“合”必然先有“分”，所以“天人合一”的前提是“天人之分”。而“天人本一”的思想，已经是不需要“合”的过程。程颢说：“天人本无二，不必言合。”“人与天地一物也，而人特自小之，何耶？”人性与天道都是一个理。程颐说：“天地人只一道也，才通其一，则余皆通。”张载说：“所谓诚

① 冯友兰：《中国哲学史》(下)，华东师范大学出版社2000年版，第28页。

明者，性与天道不见乎小大之别也。”[①] 理学家认为，天地间只有一个理，在天为道，在人为性，故性即理。性在心中，但不能把性等同于心。因为心中除了有理，还有“气质及由此必然产生的物欲之私”。[②] 而陆王心学则直接提出“心即理”的思想。著名的朱陆之辩的矛盾焦点就在于此。如果说理学把内在的人性与外在的天道等同起来，那么心学便是把内在的人性置于宇宙的中心，不是人性围着天道转，而是天道围着人性转。陆九渊说：“万物森然于方寸之间，满心而发，充塞宇宙，无非是理。”[③] 王阳明说：“心即理也，天下又有心外之事、心外之理乎？”[④] 从某种意义上说，陆王心学将儒家心性论的内在超越性推向了极致。

（二）内在超越性的萌发：心为主宰

孔子创立了以“仁”为核心的儒家学派。他认为，“仁”的理想并非高不可攀，人们在人伦日用中通过自主努力就可以实现。他说：“仁远乎哉，我欲仁，斯仁至矣。”（《论语·述而》）孔子虽然没有论及心的概念，但在这句话中他讲到了“心之动”，也就是人的自由意志。这种自由意志作用巨大，只要人想要“仁”，它就来了。为什么这么容易呢？孟子引入心的概念，回答了这个问题，即因为“恻隐之心，仁也；羞恶之心，义也；恭敬之心，礼也；是非之心，智也。仁义礼智，非由外铄我也，我固有之也”（《孟子·告子上》）。仁义礼智根植于每个人心中，是人本来就有的，所以人只要一探求它便会显现，一旦放弃它便被遮蔽了。在孟子看来，人性本善，就如水往低处

① 张岱年：《中国哲学大纲》，江苏教育出版社 2005 年版，第 178—179 页。
② 陈来：《朱子哲学研究》，生活·读书·新知三联书店 2010 年版，第 478 页。
③ 冯友兰：《中国哲学史》（下），华东师范大学出版社 2000 年版，第 275 页。
④《王阳明全集》（一），线装书局 2012 年版，第 75 页。

流一样自然。但这个本性能不能在现实行动中发挥出来，就取决于人能否“尽心”。

心是身的主宰。首先，心的内涵会潜移默化地展现于人的外貌中。故孟子说：“君子所性，仁义礼智根于心，其生色也，睟然见于面，盎于背，施于四体，四体不言而喻。”（《孟子·尽心上》）日常中人们会评论某人面善或面恶，在孟子看来是有道理的。一个人能保持善良的本心，其神色是纯和温润的，给人以信任与温暖的感觉。否则，就会相反。不仅如此，心还主导四肢五官的活动与功能。荀子说：“心居中虚以治五官，夫是之谓天君。”[①] 王阳明说：“心者身之主宰，目虽视，而所以视者心也；耳虽听，而所以听者心也；口与四肢虽言、动，而所以言、动者心也。”[②] 心是人的自由意志的运行中枢。荀子说：“心者形之君也，而神明之主也，出令而无所受令。自禁也，自使也；自夺也，自取也；自行也，自止也。”[③] 总之，心与身的关系，就如同君主与臣下的关系，正如董仲舒所说：“一国之君，其犹一体之心也。隐居深宫，若心之藏于胸。至贵无与敌，若心之神无与双也。”[④]

从唐代李翱至宋明理学、心学有一最基本的共同之处，那就是秉持人性本善的观点。但在现实中，人却有善有恶，有高尚者也有卑鄙者。这又是为什么呢？李翱提出了性善情邪学说来解释这个问题。他认为，“人之所以为圣者，性也。人之所以惑其性者，情也”。人的成圣之道就是要“灭情复性”，即所谓“情不作，性斯充矣”，而要“情

① 方勇、李波译注：《荀子》，中华书局 2011 年版，第 267 页。
②《王阳明全集》（一），线装书局 2012 年版，第 199—200 页。
③ 方勇、李波译注：《荀子》，中华书局 2011 年版，第 345 页。
④ 张世亮、钟肇鹏、周桂钿译注：《春秋繁露》，中华书局 2012 年版，第 634 页。

不作”，关键在于保持心的“寂然不动”，或“不动心”。[①]

既然人的本性得自天之理而无不善，为何又有容易走向邪处的“喜怒哀惧爱恶欲”之七情呢？对此，朱熹解释道：“人之所以生，理与气合而已。”也就是说，人禀受天地之理为本性，即天命之性，禀受天地之气而得形体，因气的清明纯粹程度各不同而得不同的气质之性。天命之性是纯善的，而气质之性则有善有恶。故朱熹说：“人之所以有善有不善，只缘气质之禀各有清浊。”理学的基本命题“性即理”中的性指的是本然之性，也就是天命之性；而具体的人性是“杂气质与本来性”[②]。所以，我们不能说具体的人性就是理。在理学家的著述中出现的“性”有时指的是本然之性，有时指的是具体人性，这需要我们在具体行文中进行区别。

在张载提出而朱熹进行详述的“心统性情”说中，性是体，情是用，性动为情。这里的性便是人性，包含天命之性与气质之性。朱熹说：“心之体为性，心之用为情。”[③]所以宋代理学并不完全认同李翱性善情邪之说。人的心中含有天命之性与气质之性，源于前者展现出来的是道心，而源于后者展现出来的是人心。程颢说：“人心惟危，人欲也；道心惟微，天理也。”程颐说：“人心惟危，道心惟微，心道之所在，微道之体也。心与道浑然一也。”[④]而人心并不就是恶，比如饥则食，渴则饮，这是符合天理的。人心只是存在某种危机，如在饮食之间容易偏向过度追求美味佳酿，直至饕餮盛宴，这才是恶，这就变成人欲了。所以理学提倡“存天理，灭人欲”。要做到这一点，

① 冯友兰：《中国哲学史》（下），华东师范大学出版社 2000 年版，第 200—201 页。
② 陈来：《朱子哲学研究》，生活・读书・新知三联书店 2010 年版，第 235—238 页。
③ 陈来：《朱子哲学研究》，生活・读书・新知三联书店 2010 年版，第 235—238 页。
④ 张岱年：《中国哲学大纲》，江苏教育出版社 2005 年版，第 231 页。

在人心与道心之间，就应以道心为主宰。按朱熹的观点，食嗟来之食，是人心胜而道心亡；不食嗟来之食，才是道心胜于人心。但人心也不能没有，只是“以道心为主而人心每听命焉耳”①。钱穆评价王阳明为明代学者里的重镇，理学到他那里才达至顶点，而且他是“宋学传统里一个克家的肖子，并不曾变换了祖宗的家风”②。这一家风就是“变化气质”，要实现它，朱熹提出的路径是格物致知，而王阳明选择的路径是致良知。致良知就是要在心上下功夫。“知善知恶是良知”，而“知是心的本体”，“心之所发便是意”，但“常人不能无私意障碍”，故人们应胜私复理，使“心之良知更无障碍”，而“知至则意诚”，又“一念发动处，便即是行了”，即知行合一。这是理解王阳明心学基本逻辑线索。人心与物同体，天地鬼神万物总是我的灵明中的天地鬼神万物，而我的灵明也总是感应着天地鬼神万物的灵明。所以没有“现成的良知”，“良知”总是在“事上磨炼”中排除私意障碍的意诚状态。“意诚”源发于消灭了声色货利甚至生死等私欲的心之本体。所以，王阳明“心即理”的命题中的“心”，指的就是“心之本体”。一个人的心灵中具有这样纯粹的“心之本体”，他便能做到“廓然大公”——“自然感而遂通，自然发而中节，自然物来顺应”。③用王阳明自身的经历可以理解这种状态，王阳明龙场悟道之后赴谪至钱塘途中，遭遇仇人权阉的追杀。在这种险恶危急的境况下，他依然豪迈洒脱地写下：“险夷原不滞胸中，何异浮云过太空？”④这不得不让我们想起孔子所说的：“不义而富且贵，于我如浮云。”而王阳明所追

---

① 陈来：《朱子哲学研究》，生活・读书・新知三联书店 2010 年版，第 267 页。

② 钱穆：《阳明学述要》，九州出版社 2010 年版，第 49 页。

③《王阳明全集》(一)，线装书局 2012 年版，第 97 页。

④ 钱穆：《阳明学述要》，九州出版社 2010 年版，第 43 页。

求的“廓然大公”的心灵境界，不正是孔子“从心所欲不逾矩”(《论语·为政》)的天地境界吗?

(三)内在超越性的实现：从心所欲

在道德生活中，儒家追求一种自由自在、无所羁绊、与天地浑然一体的心灵境界，同时外显为既坚毅执着而又极致洒脱的生存动态。在儒家看来，道德在根本上是人自我发展自我超越的内在需要，而非来之外在的约束。在这方面，荷兰近代哲学家斯宾诺莎的观点与儒家具有相似之处。他说：“幸福不是德性的报酬，而是德性自身。”① 斯宾诺莎这种道德哲学上的内在超越性与他所主张“上帝是万物并存于万物之中”的泛神论应该是有内在逻辑关系的。而完全排除了人格神的儒家更把道德哲学定位为“为己之学”。

首先，道德学习在为己。孔子说：“古之学者为己，今之学者为人。”朱熹在《论语集注》中引用二程的说法解释孔子的这句话：“为己欲得之于己也，为人欲见知于人也。”也就是说，孔子认为以前的学者学习是出于提高自身修养的内在需要，而他所处时代的学者学习是出于获得别人肯定性评价的需要，甚至是为了获取现实利益的外在需要。现代西方美德论哲学家麦金太尔把这两种需要界定为内在利益与外在利益。② 内在利益就是追求人所进行的实践本身的卓越，而外在利益则是权势、地位与金钱等方面的利益。无论是“需要”还是“利益”，“内在的”意味着动力是自足的，无须假借于外；而“外在的”则表明动力来源于外界的刺激(包括激励与惩罚)。沿着孔子的

① [荷兰]巴鲁赫·斯宾诺莎:《伦理学》，贺麟译，商务印书馆1983年版，第266页。

② [美]A.麦金太尔:《德性之后》，龚群、戴扬毅等译，中国社会科学出版社1995年版，第241页。

思路，可以发现他是主张学者为学的根本在于润养自己之身心。荀子亦有类似的主张，他说："君子之学也，以美其身；小人之学也，以为禽犊。"君子为学，是为了完美自身，包括身心两个方面。"君子之学也，入乎耳，箸乎心，布乎四体，形乎动静，端而言，蠕而动，一可以为法则。"[①]君子为学，不仅培育心灵，还潜移默化地完善其形体与言行。宋代理学家邵雍也有类似说法："君子之学，以润身为本，其治人应物，皆余事也。"[②]"为学养心，患在不由直道，去利欲。"[③]君子为学旨在滋润形骸，涵养心灵。

其次，道德践行求诸己。儒家要求一个人的道德行为应主要出自内心的自主选择而不是外在的要求。这样，一个人才能成为一个有责任有担当的人。孔子说："君子求诸己，小人求诸人。"(《论语·卫灵公》)克制一己之私使行为合理化就是仁，追求仁德，全凭自己，即"克己复礼为仁"(《论语·颜渊》)。孔子所倡导的待人之道——忠恕之道，就是要求在与人相处中将心比心、推己及人，以对待自己的标准对待别人，并且做到始终如一。对人忠，就要"己欲立而立人，己欲达而达人"(《论语·雍也》)；对人恕，就要"己所不欲，勿施于人"(《论语·卫灵公》)。孟子更是认为，仁义礼智不是外在规范，而是人的内心本质。他说："仁义礼智，非由外铄我也，我固有之也。"(《孟子·告子上》)所以当人看见小孩快要掉入井里时，他便会从内心自然地流露出惊骇恻隐之情来。这种情感触发的行为，不是出于外在的原因，如与小儿父母熟知，或要博得周围人群的赞誉，或厌恶听到孩子落井后的哭声。在待人之道上，孟子也要求时刻反问自

① 方勇、李波译注：《荀子》，中华书局 2011 年版，第 8 页。
② 杨立华：《宋明理学十五讲》，北京大学出版社 2015 年版，第 66 页。
③ 冯友兰：《中国哲学史》(下)，华东师范大学出版社 2000 年版，第 266 页。

己做得够不够好。他说："行有不得者皆反求诸己，其身正而天下归之。"(《孟子·离娄上》) 韩愈主张的"足乎己无待于外之谓德"[①]"贤不肖存乎己"[②]，王阳明所说的"无所待而兴"[③]，这些都是"求诸己"这一思想的不同表述。儒家所孜孜以求的"齐家治国平天下"的理想，也是以"求诸己"的修身思想为起点的。

最后，道德境界求自慊。《大学》云："所谓诚其意者，毋自欺也，如恶恶臭，如好好色。此之谓自慊。"[④]诚意就是不做违心的行为，道德行为一经作出就是对行为者自己心灵的满足。王阳明说："君子之酬酢万变，当行则行，当止则止，当生则生，当死则死，斟酌调停，无非是致其良知，以求自慊而已。"[⑤]人生在世，境遇万变，待人处事，以良知为舵柄，行为以求愉悦自己的良心，就是生死选择也不例外，这就是君子风范。自慊，就是因为行为合乎行为主体意愿而获得的愉悦感和满足感。这与孔子主张的"乐"的境界相通。孔子说："知之者不如好之者，好之者不如乐之者。"(《论语·雍也》) 将这句话运用到人的道德生活中是再契合不过了。从道德行为的坚定性上来看，认识比不上喜爱，喜爱比不上乐于其中。王阳明甚至把"乐"上升为"心之本体"，甚至人在遇到变故时大哭，仍然"此心安处即是乐也"[⑥]，而违心地憋着不哭才不乐。人在应事接物中，不管是什么境况，只要随着消除了各种私欲的"心之本体"自然而动，便是"乐"

---

① 冯友兰：《中国哲学史》(下)，华东师范大学出版社 2000 年版，第 198 页。
② 北京大学哲学系中国哲学研究室：《中国哲学史》(第二版)，北京大学出版社 2003 年版，第 234 页。
③ 杨国荣：《中国哲学二十讲》，中华书局 2015 年版，第 268 页。
④ 王文锦：《大学中庸译注》，中华书局 2013 年版，第 4 页。
⑤《王阳明全集》(一)，线装书局 2012 年版，第 150 页。
⑥《王阳明全集》(一)，线装书局 2012 年版，第 191 页。

的境界，孔子所说的七十岁时达到的“随心所欲不逾矩”的自由与自得，便是这种境界。

三、道德自我

（一）德性是自由理想人格的核心

儒家心性论内在超越性的结果便是自由的理想人格，而这种理想人格的核心则是人的德性。儒家主张公义胜私欲，并不是在呼吁人们要自我牺牲，而是追求一种“乐”的精神境界。这种境界视野极其开阔，甚至达到人与天地万物浑然一体的精神状态，这也是儒家所追求的“成圣成贤”的理想目标。儒家认为，人到了这种境界，就可以去实现“兼济天下”外王理想，承担起治国平天下的社会责任了，这也就是“明明德”的境界。王阳明说：“是故苟无私欲之蔽，虽小人之心，其一体之仁，犹大人也。一有私欲之蔽，虽大人之心，其分隔隘陋，犹小人矣。故夫为大人之学者，亦惟去其私欲之蔽，以自明其明德，复其天地万物一体之本然而已。”[①] 在现实社会生活中，那些地位不高的小人物，如贩夫走卒，只要能做到心底无私，那么从其所怀仁德的纯度来看，俨然就是德性上的大人物；相反，某些身处社会高位的所谓大人物，如果格局低下，处处图谋私利，那么他就是德性上的侏儒，这样的人，不管他们现实地位有多高，其人生境界都是卑微的、可怜的。大人与小人之分在于德性，而非其所处现实社会地位。“至于知识才能，讲良知的人，并非加以抹杀不去理会；只要教人各就自己分量尽力，不作分外希慕，不为功利借资。”[②] 这是儒家对

① 钱穆：《阳明学述要》，九州出版社 2010 年版，第 92—93 页。
② 钱穆：《阳明学述要》，九州出版社 2010 年版，第 90 页。

人生价值和人生意义的基本判断，以德性的追求作为理想目标和价值标准。

孔子认为义是君子的本质特征。他说："君子喻于义，小人喻于利。"君子与小人的界限就在于是否有义，而不是其现实地位、身份或财富。如果没有义，地位与财富就如浮云一般。他还说："君子义以为质，礼以行之，孙以出之，信以成之。君子哉！"(《论语·卫灵公》)"君子义以为上，君子有勇而无义为乱，小人有勇而无义为盗。"(《论语·阳货》)这是孔子从正反两个方向上说明义的重要性。在正向上，君子以义为行动原则，所以君子一言一行无不合宜得体；在反向上，在位者无义就会策动祸乱，庶人无义则会抢夺偷盗。

孟子认为，"仁"是核心，"义"是原则，二者一静一动，是一体之两面。他说："仁，人之安宅也；义，人之正路也。旷安宅而弗居，舍正路而不由，哀哉！"(《孟子·离娄上》)义是人行动时应遵循的规范，它引导人们走人生正路。在孟子看来，"义"的重要性甚至比生命还重要，当二者不可两全，君子就应当"舍生取义"。所以当"利"与"义"发生矛盾时，更是不言而喻的，应该以"义"为重。当梁惠王（即魏惠王）向孟子问计如何有利于魏国时，孟子说："王！何必曰利？亦有仁义而已矣。"否则，"上下交征利而国危矣"(《孟子·梁惠王上》)。如果人们都轻公义而重私利，贪念一开，国家没有不乱的道理。孟子所说的义与利指的是公义与私利，而不是指精神与物质。孟子在劝导齐宣王实行德政时指出，民无恒产则无恒心，"是故明君制民之产，必使仰足以事父母，俯足以畜妻子，乐岁终身饱，凶岁免于死亡"(《孟子·梁惠王上》)。所以，公义意味着合理地处理民众的物质生活问题。

荀子继承了孔孟的仁义思想。他说：“仁有里，义有门。”[①] 仁是内在本质，义是仁的外显，是行动的门道。道义是人的最高行动指针，遵循道义行动就是人最高的德行。他说：“从道不从君，从义不从父，人之大行也。”[②] 用道义来处理事情，就能分清什么是有利的，即“以义制事，则知所利矣”。[③] 当荀子论述个人的义与利的关系时，这时的“义与利”指的是人的精神需要与物质需要。他说：“义与利者，人之所两有也，虽尧、舜不能去民之欲利，然而能使其欲利不克其好义也。虽桀、纣亦不能去民之好义，然而能使其好义不胜其欲利也。故义胜利者为治世，利克义者为乱世。”[④] 每个人都有精神需要与物质需要，缺一不可，圣人追求的是教育民众以美好的精神需要驾驭自己的物质需要。

董仲舒对义利关系的表述对后世影响深远。他说：“仁人者，正其道不谋其利，修其理不急其功。”[⑤] 东汉历史学家班固在《汉书·董仲舒传》中将其表述为：“夫仁人者，正其谊不谋其利，明其道不计其功。”[⑥] 前半句意思相同，后半句主要在“急”与“计”的差别上。仁人只按道义原则行事，不以利益为谋求目标，不急于获得成效，或不计较于功效。从这两句话来看，我们不应得出“董仲舒不要功利”的结论。他只是说，仁人行动以道义为依归，至于结果不是他要考量的，他只管按道义去做，最终的功利也许就自然而然地不求而得了。比如，“贵信而贱诈”，不能以利益衡量为前提，讲诚信可能会失去当

① 方勇、李波译注：《荀子》，中华书局 2011 年版，第 435 页。
② 方勇、李波译注：《荀子》，中华书局 2011 年版，第 483 页。
③ 方勇、李波译注：《荀子》，中华书局 2011 年版，第 394 页。
④ 方勇、李波译注：《荀子》，中华书局 2011 年版，第 451 页。
⑤ 张世亮、钟肇鹏、周桂钿译注：《春秋繁露》，中华书局 2012 年版，第 338 页。
⑥ 班固：《汉书》，赵一生点校，浙江古籍出版社 2000 年版，第 801 页。

前利益，而欺诈可能会得偿所愿，但从长远来看，诚信是成功之道，欺诈是取败之途。这一切都在圣人的行为动机之外。以董仲舒为界，之前的孔孟的“义”主要指与个人利益相对应的整体利益，之后的理学、心学的“天理”则更多地指与物质需要相对应的精神需要。

宋明理学追求天理，仍然着眼于人的成圣成贤目标。他们认为一个具有由道心主宰的内心世界的人就是仁人，这样的人便与天地万物浑然一体，这是一个高度自主自由的人生境界。程颢说：“人心莫不有知，惟蔽于人欲，则忘天理也。”人欲的危害就是遮蔽天理，只有去人欲，才能复见天理。程颐说：“先王制其本者，天理也；后人流于末者，人欲也。损之义，损人欲以复天理而已。”朱熹说：“学者须是革尽人欲，复尽天理，方始是学。”王阳明说：“只要去人欲、存天理，方是功夫。静时念念去欲存理，动时念念去欲存理。”① 从先秦儒家重义轻利或以义胜利的思想，到董仲舒不计（或急）功利的思想，再到宋明理学的“存天理，灭人欲”的思想，这其中扬义抑利的程度有不断加深的趋势。在理学思想中，在天理与人欲之间有人心，人心有趋利避害的属性，不恶但危而已。而人欲是人心的过度，是恶，因此应以道心为主宰，去除人欲。但是，现实中人心与人欲之间的界限又在哪儿？人心过分到何种程度就成为人欲？对于这些问题，儒家并没有提供“一刀切”式的标准答案，而是要求人们在日用伦常中动态地去领悟。这个过程是要讲情景、讲时机的。这对于儒学大家来说也许可以做到游刃有余，但在实际的社会生活中，事情往往要复杂一些。

---

① 张岱年：《中国哲学大纲》，江苏教育出版社 2005 年版，第 413—414 页。

（二）自主是自由理想人格的特征

儒家认为，每个人只要愿意都可以通过自己的努力在道德境界上成为圣贤，即“人皆可以为圣”。这一点也许是儒家思想中最具有现代性的地方，因为这其中蕴含着人格平等与道德自主的胚芽。《大学》云：“自天子以至于庶人，壹是皆以修身为本。其本乱而末治者，否矣。”[①]这就是儒家的理想国，在现实社会职位上，人人各不相同，也有高低之分，但是每个人又都能自我修养、自我完善。每个人都做好自我修身，这个社会就大治了。孟子说：“人皆可以为尧舜。”（《孟子·告子下》）在孟子看来，最重要的是每个人要采取行动，不要因“圣人”这个理想目标太过高远而畏难却步。只要着手一步步地去做，就是走在成圣之路上。荀子也说：“涂之人可以为禹。”[②]圣人要靠天长日久地积累善行而后才能达到。小人是能通过行动成为君子而不肯去行动，君子是可能堕落为小人而坚持不堕落。所以君子与小人之别仅在于其意愿，这是一种自主性的选择。这与孔子“我欲仁，斯仁至矣”的思路相通。王阳明把成圣类比于炼金，他说：“圣人之所以为圣，只是其心纯乎天理而无人欲之杂。犹精金之所以为精，但以其成色足而无铜铅之杂也。人到纯乎天理方是圣，金到足色方是精。然圣人之才力，亦有大小不同，犹金之分两有轻重……学者学圣人，不过是去人欲而存天理耳。犹炼金而求其足色，金之成色所争不多，则锻炼之工省，而功易成。成色愈下，则锻炼愈难。”[③]意思是说，每个人的才能有区别，就如金的分量有大小，但普通人在道德上却可以成圣，其纯度就如同精金一般，在成色上没有差别。

① 王文锦：《大学中庸译注》，中华书局2013年版，第4页。
② 方勇、李波译注：《荀子》，中华书局2011年版，第385页。
③《王阳明全集》（一），线装书局2012年版，第103页。

在对人性的看法上，一些儒家代表人物主张人的本性相同或相近，不管是君子还是小人在人格起点上都是平等的，后天的主观努力才是决定性的因素。如孔子说："性相近，习相远。"人的本性相近，后天习染不同，导致人们形成不同道德品行，这是客观原因。当然这其中还有主观原因，孔子说："生而知之者上也，学而知之者次也；困而学之，又其次也；困而不学，民斯为下矣。"(《论语·季氏》)生而知之者在现实中是不会有的，唐代韩愈在《师说》中就表明，"人非生而知之者"，孔子这么说或许是表达对远古圣人的一种尊敬，他认为自己只是学而知之者："我非生而知之者，好古，敏以求之者也。"(《论语·述而》)而那些遇到困惑仍不愿学的就属于最下等了。孔子说："唯上知与下愚不移。"(《论语·阳货》)智慧上乘的人与下等愚人都不可改变，究其原因并不是什么先验因素，而是主观上的原因，即"困而不学"。孟子主张性善论，他说："人性之善也，犹水之就下也。"(《孟子·告子上》)但是外在形势能把水引向高处，同样，不良的社会情势也会使人作恶。荀子则秉持性恶论的观点，他认为："人之性恶，其善者伪也。"① 圣人与众人在先天本性上没有不同，不同的是后天的作为。圣人通过制定礼义和法度，人为地引导众人行善。另外，还有扬雄提出的性善恶混学说。他说："人之性也善恶混。修其善则为善人，修其恶则为恶人。"② 总之，他们均认为人后天的主动学习与修善至关重要。

也有一些思想家对人性进行分等。如董仲舒主张性三品说。他说："圣人之性，不可以名性；斗筲之性，又不可以名性；名性者，

---

① 方勇、李波译注：《荀子》，中华书局 2011 年版，第 375 页。

② 北京大学哲学系中国哲学研究室：《中国哲学史》(第二版)，北京大学出版社 2003 年版，第 133 页。

中民之性。”[①] 圣人天生性善，斗筲天生性恶，只有中民之性可能善也可能恶，才可以用来命名性。圣王通过教化可以让质朴的“性”变为“善”，就如人们从禾苗培育出稻谷一样。王充也把人性分为三等，有生来就善的人，是中人以上的人；有生来就恶的人，是中人以下的人；有无善无恶，或善恶混的人，是中人。“夫中人之性，在所习焉。习善而为善，习恶而为恶也。”[②] 韩愈提出性情三品说[③]，这里的性指“仁义礼智信”五德，情指“喜怒哀惧爱恶欲”七情；上品的人具备五德，七情发而合乎中道；下品的人不具五德，七情不是过度就是不及；中品的人五德不全，七情不全合中道；道德教化的对象就是中品的人。朱熹以人禀气的差异将人分为智、贤、愚与不肖。他说：“人物并生于天地之间，本同一理而禀气有异焉。禀其清明纯粹则为人，禀其浑浊偏驳则为物。”“若大概而论，则人清而物浊，人正而物偏。又细别之，则智乃清之清，贤乃正之正，愚乃清之浊，不肖乃正之偏。”[④] 王阳明以人禀受的气质之不同而将人分为上中下三等人，但他认为下等的人只要有志于学，付出更多的努力，同样能成圣。王阳明则更突出了人的主体性作用。他说：“人之气质清浊粹驳，有中人以上、中人以下，其于道有生知安行、学知利行，其下者必须人一己百、人十己千，及其成功则一。”[⑤]

虽然对人性进行了大致的分等，但王阳明认为，即使最低等者也

---

① 张世亮、钟肇鹏、周桂钿译注：《春秋繁露》，中华书局 2012 年版，第 388 页。

② 北京大学哲学系中国哲学研究室：《中国哲学史》(第二版)，北京大学出版社 2003 年版，第 151 页。

③ 北京大学哲学系中国哲学研究室：《中国哲学史》(第二版)，北京大学出版社 2003 年版，第 234 页。

④ 陈来：《朱子哲学研究》，生活·读书·新知三联书店 2010 年版，第 232 页。

⑤《王阳明全集》(一)，线装书局 2012 年版，第 103—134 页。

可以通过加倍努力进行自我完善，实现成圣成贤的理想。在这方面，王阳明比其他思想家更具有革命性，也更具有现代性。董仲舒、王充、韩愈、朱熹都对道德品行最低等的人失去信心，认为他们不是教化的对象。他们对人性进行这样的先验性分等是不可取的，但他们的理论与古印度的种姓制度有着本质的差别。古印度的社会等级由低到高分别是婆罗门、刹帝利、吠舍与首陀罗。在这样的制度下，一个人生下来就可以找到自己相应的位置，而且一辈子都没有改变的机会。如果说种姓制度是从人们人格起点处进行的分类，那么儒家的这些思想家的人性分等更多属于结果分类或品质分类。儒家的这些人性分等是对人们道德品质现状的一种说明，是对一些道德疑难进行的解释，如，为何有的人会这么坏？为何有的人再怎么教化也无济于事呢？所以这些儒家思想家的人性分等理论并不阻碍人们在人生起点处开始自我道德发展的自主性努力。

儒家心性论在道德与知识的关系中，把道德放在绝对的优先地位。道德义理是圣人不学而生知的。学圣人之学，就是要学圣人生而知之的道德义理，而“不应去求圣人学而后知的”，[①] 而后者恰恰涵盖了自然与社会的具体知识。在宋明理学“性即理”“心即理”的命题中，人性或人心先天禀受了天理，而天理又是以人欲为对立面的道德概念，所以，人的真功夫就在于时刻“去欲存理”，其目标就是成为圣人。由此也可以看出传统中国文化的“伦理型”特征，在这一方面确与西方的“认知型”文化有所不同。

在以追求“善”为总目标的道德体系中，在社会伦理中表现为追求“公正”，在个体道德中表现为追求“崇高”。前者属于现代意识，

① 陈来:《从思想世界到历史世界》，北京大学出版社 2015 年版，第 349 页。

后者属于古典精神。对一个人格完善的现代人来说，应该二者兼而有之，既具有批判精神，又具有奉献精神。如果说传统时代的道德体系缺陷是在缺乏“公正”基础上鼓励个体追求“崇高”，那么现代的道德体系问题则是在高度关注“公正”的社会建设的同时，某种程度上忽略了“崇高”的自我要求。儒家心性论的内在超越精神，提供了解决这个问题的思想资源。

人类进入近现代，社会公共生活越来越庞杂，如何维护良好的社会流动与公共秩序成了一个时代问题。为了解决这个时代问题，伦理学便由古典时代以动机为判断标准的美德论向以规则或结果为标准的义务论或目的论转变。义务论认为，在彼此陌生的大规模人员活动的公共场合中，每个人的行为只要符合规则或不带来不良结果就足够了，而不必要也不可能去深究每个人的行为动机。正是这样的一种现代趋势和导向，部分地导致了现代人对内在的美好动机或崇高理想的忽视。

功利主义或实用主义的流行，一方面提高了现代生活的效率与便利，但另一方面也消磨掉了人们心灵世界的内在超越性。正如西方马克思主义哲学家马尔库塞所说的，现代人越来越成为单向度的人。他说：“人们似乎是为商品而生活。小轿车、高清晰度的传真装置、错层式家庭住宅以及厨房设备成了人们生活的灵魂。”[①] 人们物质生活越来越丰富，但渴望与担忧也似乎越来越多。洒脱从容的生活态度逐渐消逝，代之而起的是锱铢必较、睚眦必报的焦躁心态。一方面，经济社会发展迅速，科学技术日新月异；另一方面，个体的存在似乎越显

① [美]赫伯特·马尔库塞：《单向度的人》，刘继译，上海译文出版社1989年版，第10页。

渺小，在精神世界里，消费主义与庸俗物欲成了主宰，人们的心灵世界却越来越失去层次感、多维度，变得单向度、平面化。孔子的千古诘问："人而不仁，如礼何?"在今天就越发显得意味深长了。我们不仅不应该丢失对于人来说最宝贵的东西——善良动机，相反，我们应该以此为基点，多一些超越精神，多一些当然而又自然的氛围与心境。所谓"从善如流"，大概就是这样的境界吧。

四、道德思维

（一）道德与道德思维

道德是一种极为复杂而又特殊的社会现象。首先，它影响着我们与他人之间的关系，决定我们与他人相处的一系列原则；其次，它决定着我们与社会之间的关系，人们总是身处于社会之中，要处理一系列复杂的关系；最后，它还关涉到我们和自然之间的关系，人类立于天地之间就无法回避自然界对我们的影响。它既以观念、情感、意志、信念等意识形式存在于人们的头脑中，在人们的社会生活中发生着作用，同时又形成一系列原则、范畴等来规范人们的行为，成为一种客观的社会力量。对于道德这一社会现象，可以概括为："由一定的社会经济关系决定的，依靠社会舆论、传统习俗和人们的内心信念来维系的，表现为善恶对立的心理意识、原则规范和行为活动的总和。"[①] 首先，人们总是生存于某种特定的社会环境中，拥有着特定的社会物质生活条件，因此道德也必然以一定的社会物质生活条件为基础，并随着这种特定物质生活条件的变化而变化。因此，道德是由一定的社会经济关系决定的。其次，与法律不同，道德不是靠外来的

① 唐凯麟：《伦理学》，安徽文艺出版社 2017 年版，第 4 页。

强制力量起作用。它主要借助于社会舆论、传统习俗等途径，特别是通过人们的内心信念来起作用。与其他社会意识形态和行为规范相比较，这是道德的特殊性。最后，它以善恶评价的方式来影响社会舆论和传统习俗，进而影响人们对自己及他人行为正当性的判断，使人们的行为实现从“现有”到“应有”的矛盾转化，并为个体和社会建立起行为规范。道德既是一种体现行为规范的社会意识，也是影响人们观念、情感、信念、意志等的特殊的心理意识形式。

道德思维，顾名思义，就是一种与科学思维和艺术思维不同的思维模式。它是一种特殊的思维活动，是关于人类个体与群体的相互利益关系的思维。其基本内涵可以概括为：“根据道德感知而进行的理性思考和推理，是对道德现象的本质、特征、内部联系和发展规律的认识过程。”道德思维的功能，表现为促进道德观念的内化、提升道德主体的能动作用、促进道德主体不断完善等方面，“道德思维是从道德感知到道德观念、从外在要求到内心信念的桥梁，它使主体摆脱片面性、偶然性而进入全面性、必然性领域，它是人的主体性、能动性在道德上的集中体现，是人类完善自身、发展自身的必经途径。”①人们身处于社会之中，便产生了协调人与人、个人与社会之间关系的需要，道德正是人们为满足这种需要而创造出来的思维模式，人们以其处理自己在社会中的关系、规范自己的行为，从而认识、肯定、发展、完善、超越自己。在这个过程中，人们把个体与社会、意识和行动联系起来，把握自己与他人、与社会甚至与自然界的关系，进而提升自我的道德境界，满足更高的精神需要。对于整个人类社会而言，道德思维扬善是为了实现整个社会的和谐；对于某个群体而言，是要

① 唐凯麟：《道德思维引论》，载《湖南师范大学社会科学学报》2002 年第 2 期。

规范个体的行为，创造有利于整个群体生存和发展的环境；而对于个体自身而言，则是追求以自身的善念来保证行为的规范性和合理性。

道德思维具有人我类同、情理交融、知行合一的特征。[①]道德思维作为协调人与人、个人与社会之间的关系的思维活动，在满足自身生存与发展的需要时，一方面受自身情感的限制，另一方面又必须从发展和完善自己的理性出发，因此必然具有“情理交融”的特征。道德思维过程，是人们将自己的个体需要与社会要求相一致的过程。人们的行为动机，往往带有强烈的情感色彩，制定行动方案的过程也会受情感需要的制约。主体在社会中的行为，特别是他主动追求的那个结果，往往是他迫切需要但又尚不具有的东西。这个追求的过程、行动的过程本身，就带有强烈的感情需要特征。主体的行为过程总是不自觉地受到过往经历、感情和需要的限制。从这个意义上来说，主体满足自己的需要总是难以摆脱情感的限制，表现为一定的被动性和制约性。这种被动性和制约性，决定了情感在一定意义上与理性相矛盾甚至相冲突。主体在社会环境中活动，决定个人行为的是需要。这是人们积极求索奋斗的动力源泉。需要是主体行动的出发点也是主体情感的基础。人们的需要复杂多样，情感也必然表现为复杂多变，带有暂时性、偶然性以及突发性、冲动性的特征。情感受人们在社会实践中需要的制约，受到各种主观因素的影响，是一种主观的东西，在这个意义上与理性相对立。道德思维中的情感因素，使得人们在社会中的行为又必然为理性所规约。理性是事物发生、发展及其规律的体现和要求，它源于事物固有的内在必然性。在人类社会的发展过程中，道德既具有实践性也具有精神性，它不仅是一种理性活动，还包含人

① 唐凯麟:《道德思维引论》，载《湖南师范大学社会科学学报》2002 年第 2 期。

们的情感、意志、信念等非理性因素。在人们的实践活动中，主体常常要面对情与理之间的矛盾。有时利益的获得要违背良心的呼唤，有时良心的选择又与法律相冲突。主体行为合理却未必合情，合法却未必道德。这些矛盾恰恰是道德思维的内部矛盾的反映，对情感加以理性的锤炼，做到合情合理、情理交融，才能实现情感与理性的对立统一，推动人类道德思维不断向前发展。

道德不是停留在书本上的空洞的东西，它每时每刻都体现在人们的行为中，指导着人们与他人、与社会之间的互动，只有如此才能发挥它的作用与功能。道德生活的舞台就是生动复杂的社会实践。主体在社会实践活动中的行为就是道德的载体，贯穿其中的是人们的道德认知、道德观念和道德理性。人们遵从社会既定的道德原则和道德规范（这些原则和规范，在不同的社会群体中有着不同的解读），形成自己相应的道德观念和道德理性，进而指导、约束自己的道德行为。在人类发展的历史长河中，指导人们行为的道德始终以社会实践为背景而存在，因而道德思维的特征就是它的实践性。

人类的生产活动是在社会中进行的，人们在一定的社会秩序和行为准则的约束下实现自己的社会价值。而道德就是通过制定一定的精神准则来补充、协助法律维护社会秩序、实现社会稳定。道德的要义是在协调个人同他人、同社会集体利益关系的过程中，使主体认识社会实践关系的客观必然性，并加以遵从，进而实现自身的内在统一。从“现有”到“应有”的转化过程中，“应当”是其中一个重要环节。“应当”首先是对“现有”的肯定和否定的辩证统一，并进而促使“现有”向“应有”过渡。道德作为一种行为“应当”的准则，与客观实际的现实性、理想性相联系。在社会实践中推动人的行为从“现有”向“应有”转化，从而调节人们的社会关系，完善并改变现实世界。

自有人类社会以来，任何人都既是一种个体的存在，也是一种社会的存在。人的个体性与社会性是一种客观的对立统一，这就为类我思维提供了深刻的人学基础。人们首先以一个个体形式存在，其思维活动以自己为出发点和归宿点。同时他又作为一个社会存在物以社会成员的方式存在，他在处理、协调自己与他人、与社会关系时，必须考虑其他社会成员的利益。他在考虑自我时必须关心他人，要把自我放在他人中去思考。作为一个矛盾统一体，这种思维方式揭示了人们在道德活动中类我思维的必然性。作为个体的人，总是首先要为自我考虑的，道德思维的这种“为我”性，恰恰在道德思维的主体——“我”以及“我”所关心的“他人”之间建立起牢不可破的关系，制约着人们形成正确、合理的道德意识，承担自己对他人应尽的道德责任。如果没有“人我类同”思维特点，我们就无法进行换位思考，人们就不会产生“推己及人”的观念，人类社会根本也就无法建立起来。“人”“我”不类同，道德思维就无法进行。“人我类同”的道德思维正是通过推己及人实现的，人们依据于此来思考自己与他人、与社会的关系，规范自己的行为、维护社会利益。

（二）儒家心性论的道德思维特征

道德思维具有的情理交融、实践性和类我思维的特征，都反映在儒家心性论的思维特点中。儒家天人合德的理论，规定了人类社会道德的本体根据和价值本源。它认为，人与天地万物具有共同的本质，尽心可以知性知天。按此思维方式，要认识天地万物的本质，不必向外寻求，而只须反身内省。道德也并非某种外在于人的规范，而是人的固有本性和内在需要。孔子说“己欲立而立人，己欲达而达人”，“己所不欲，勿施于人”。此忠恕之道，也就是要求人们在处理人际关系时要设身处地为他人着想。后来朱熹把它解释为“尽己之谓忠，推己之谓恕”。尽己是推己的前提，正己然后能正人，自性善，然后能与人为善。正是根据这一思维模式，儒家要求人们像尊敬、孝顺自己的父母一样尊敬他人的父母，像慈爱自己的子弟一样爱护他人的子弟，把仁理解为亲亲，把义理解为敬长，认为仁义礼智等道德并非由外铄于我，而为我固有之。它们就是每个人本性中都具有的恻隐、羞恶、恭敬、是非等仁义礼智的善端，只要把它们从本性中发挥出来，就实现了人性之善。按照这种思维方法去认识人类社会伦理道德，一切道德和善行都被看作人本性的引申，道德修养是发现、觉悟和保存自己至善的本性，而道德实践的实质则是扩充自己的本性，把自己固有的德性施之于他人。

刘文英教授提出中国传统哲学具有名象交融的思维特征，并指出这种思维特点具有非常突出的社会教化功能。“名相当于概念，象即意象，二者共存共用、互渗互动，与西方形成鲜明的对照。”“道德、艺术和宗教之作为人类的精神文化，不同于单纯的理智认知活动，其中感情、意志具有重要的作用。就其思维符号而言，诚然它们也不能完全脱离有关概念，但主要是意象，即善恶意象、美丑意象和神灵意象。”[①] 这一思想与梁漱溟关于直觉的思想是一致的。梁漱溟认为：“直觉是儒家的既成道德本体——仁或良知，是价值之源，一种先天具足的、人之为人的规定性；同时，也是认识道德本体的方法，纯任直觉即是仁。直觉也是一种情感，为仁由己，直觉时即心安时，是真情随感而应的表露，是中国文化优于西方文化的根本所在。”[②] 实际上，以

① 刘文英：《中国传统哲学的名象交融》，载《哲学研究》1999 年第 6 期。

② 陈永杰：《早期现代新儒家直觉观考察——以梁漱溟、冯友兰、熊十力、贺麟为例》，载《华东师范大学学报》2009 年第 14 期。

心性论为核心的中国传统伦理思想中，体现着一种情感与理性交融的伦理精神。在儒家的道德理性的框架中，情感占有很重要的地位，儒家的道德理性并不排除情感的成分。在传统中国哲学思想中，大多数的思想家并不热衷于外部世界认知性的探讨，对纯粹的理性思维和逻辑思维也不是很感兴趣。这是与西方哲学不同的地方，“如果说西方哲学是在‘知’的真理性和逻辑性的基础上肯定理的必然性的话，那么，儒家哲学主要就是在情的真诚性和安适性的基础上肯定理的必然性，强调‘合理’即‘合情’，‘天理’与‘人情’不可分离”[①]。因为中国哲学的根本精神是其伦理精神，以道德为基本内容，具有知行合一、性情合一的特点，在对概念的解释中，总是融入与某种道德精神相一致的具体形象，如尧舜这样的圣人形象，靠这种圣人之象来激发修身的动力，认为人皆可以为尧舜，人人都可以通过自己的努力唤醒内在的道德自觉，从而实现人生价值。

情感与理性均为人性，任何把二者割裂开来的道德哲学体系都会存在自身难以克服的弊端和缺陷。关于此，西方理性主义和情感主义都已暴露出情理二分的弊端：理性主义道德哲学把理性置于主导和基础地位，而人的其他本性自然情欲和情感都置于理性的规约甚至是压制之下。从一定意义上说，理性主义把理性作为人性无疑肯定了人作为主体性存在的本性，具有一定的合理性，但是这种合理性是极其有限的，因为如果人只听从理性的“绝对命令”，就会缺乏伦理行动的能力。面对理性主义的缺陷，西方道德哲学在反思和批判理性主义的弊端时，又走向另一极端，即把人看作情感的存在而建立了情感主义

① 刘清平：《儒家伦理：道德理性还是血亲情理？》，载《中国哲学史》1999年第3期。

道德哲学，情感主义在一定意义上肯定了情感在伦理道德中的作用。在中国传统伦理中，仁爱精神是通过“推己及人”、由近及远展现为由“爱亲”到“爱人”再到“爱物”，并最终打破“天”“人”界限，实现“天道”与“人道”的合一。朱小蔓指出：“教育应把人的发展、提升看作重要的教育目标，而关注人的情感发展是教育中的一个本源性、根基性问题。因为只有情感才是真正属于个体的，它是内在的、独特的，是人类真实意义的表达。”[①] 情感是人的需要是否得到满足时产生的内心体验，中国情理主义传统正是立足于道德的实践精神本性，“西方关注的主要是成就人的生命活动价值，完成人性的生存使命，这使它从一开始就把‘智慧’引向了认知的方向，从‘对象意识’走上概念化的逻辑思辨之路；中国关注的是完善人的生命本性，开发生命的内在价值，由此中国发挥了注重义理性的悟觉思维”。[②] 希腊哲学有一种很强的二元分立意识，如形式与质料，理念世界与意见世界，本体与现象诸种二分，近代以来哲学上关于价值与知识、实践与理论的区分并不表明西方哲学的知识论立场未影响到有关人生的意义理解问题。现代现象学大师胡塞尔说：“在 19 世纪后半叶，现代人让自己的整个世界观受实证科学支配，并迷惑于实证科学所造成的繁荣，这种独特现象意味着，现代人漫不经心地抹去了那些对于真正的人来说至关重要的问题。”[③] “中国哲学家偏重于践形尽性，力行实践。古代哲学家的兴趣不在于建构理论体系，不是只把思想与观念系统表

① 朱小蔓：《教育的问题与挑战——思想的回应》，南京师范大学出版社 2002 年版，第 172 页。

② 高清海：《中国传统哲学的思维特质及其价值》，载《中国社会科学》2002 年第 1 期。

③ 胡塞尔：《欧洲科学危机和超验现象学》，上海译文出版社 1988 年版，第 5 页。

达出来就达到了目的，而在于言行一致、知行统一，自己所讲的与自己身心的修炼必相符合。他们强调知行的互动，即按照自己的哲学信念生活，身体力行，付诸行动，集知识与美德于一身，不断把自己修养到超越的境界。”①普遍的价值原则必须经由人的内心情感生活的体验而具体化为人内在的价值信念，生存的现实才能被点化为有信仰的生活，从而达成人生意义的实现。

张岱年认为，“中国哲人认为真理即是至善，求真乃即求善。真善不二，至真的道理即是至善的准则。即真即善，即善即真。从不离开善而求真，并认为离开求善而专求真，结果只能得妄，不能得真。为求知而求知的态度，在中国哲学家甚为少有。中国思想家总认为致知与修养乃不可分；宇宙真际的探求，与人生至善之达到，是一事之两面。穷理即是尽性，崇德亦即致知”②。儒家心性论将认识论和人生论、道德论、价值论联系在一起，融求知与心性修养于一体，修养品德就是一种致知。宋明理学家所讲的格物致知，既有知识论意义，更是一种伦理学的方法。仁的根本目标是立人、达仁，“夫仁者，己欲立而立人，己欲达而达人”（《论语·雍也》）。仁要求主体双方都把对方当作与自己一样有血有肉、有情有爱并渴望得到尊重的人，以真诚的态度真实的情感，进行情感交流。不仅如此，儒家仁爱精神还在这种“人我同类”的基础上坚持维护人类社会的正义感。“惟仁者能好人，能恶人”（《论语·里仁》）。也就是说，仁爱之心固然是基于自然情感的外推，但也是有原则、有正义追求的，有着正义感和宽宏力量。对一切伤害人、践踏人的尊严的人和行径深恶痛绝，有着鲜

① 郭齐勇：《中国传统哲学的特质及其创造性转化的新契机》，载《华中科技大学学报（社会科学版）》2003年第3期。

② 张岱年：《中国哲学大纲》，中国社会科学出版社1982年版，第7页。

明的原则性。可见，仁本质上既有情感的真实性，又要求超越人类本能，从而与更宽更广的社会以至自然进行融合，体现出有限关系的无限延伸、有限生命的无限价值和理想。也就是说，仁爱的建立，使人之情感发生了彻底变化，由本能欲望变成了普遍的社会情感，有了这种社会情感的作用，人也就能够按照社会规范的要求而行动，这是人格修养和社会教化相互促进的过程，也是德性的表现。

在这个基础上，中国传统道德修养以追求知行合一为最高目的。孟子认为人有“不学而能”“不虑而知”的特性，主张恻隐之心、羞恶之心、辞让之心和是非之心是人与生俱来的品质，但在品德修养上，孟子也主张知行合一，并且更加重视行，孟子把“四心”看作人本性中先天固有的道德品质，但这些只是一种萌芽状态的仁、义、礼、智，要想使这些道德品质保持好，还必须进行更为重要的“扩而充之”的道德实践过程。荀子更加明确了知行统一的思想，在知行关系中更加突出“行”，《荀子·儒效》有言：“不闻不若闻之，闻之不若见之，见之不若知之，知之不若行之，学至于行之而止矣。行之，明也。明之为圣人。圣人也者，本仁义，当是非，齐言行，不失毫厘，无它道焉。已乎行之矣。故闻之而不见，虽博必谬；见之而不知，虽识必妄；知之而不行，虽敦必困。不闻不见，则虽当，非仁也，其道百举而百陷也。”荀子对道德实践的肯定，与孟子的观点类似。在荀子的知行统一观中，知与行是相辅相成的。

重行的思想在宋明理学时期达到一个高峰。朱熹主张“知行常相须”的观点。《朱子语类》卷九说：“知行常相须，如目无足不行，足无目不见。论先后，知为先。论轻重，行为重。”朱熹既认识到知行不可截然分开，必然提倡知与行要相互依赖、相互促进。王阳明提出“知行合一”的知行观，《传习录中·答顾东桥书》说：“知之真切笃实处，即是行；行之明觉精察处，即是知。知行工夫本不可离，只为后世学者分作两截用功，失去知行本体，故有合一并进之说。真知即所以为行，不行不足谓之知。”王阳明认为，道德认识既可指导道德行为，又是道德行为的起点；道德行为是道德认识的具体体现，又是道德认识的结果。强调知中有行、行中有知。

儒家修养论主张德育与个体的日常生活融为一体。这种思想与今天陶行知的“生活即德育”的思想有相似之处，都是提倡将道德践履与个体的日常生活联系起来，融德育于个体日常生活之中。这种德育模式对今天德育的启发，就是告诉我们，道德的知识并不是完全依靠道德的逻辑推理和思辨的方法来获得，而是主要通过修养者自身的道德生活体悟获得的。道德虽然有理想性的层面，但同时更具有现实的层面。道德只有更多体现在人们的日常生活中，才能根据不同道德主体的特点找到更加切实可行的行为习惯培养点，依据受教育者的心理发展规律促进良好行为习惯的养成，也才能真正取得道德教育的实效。

第三章 儒家心性论与理想人格塑造

从主流思想看，儒家心性论也可称为尽性至命之学。顾名思义，这是探索人们如何将人性与天命所蕴含着的人的发展可能性发挥到极致，以实现成贤成圣之目标的一门学问。从目标上看，与圣人人格相比，君子人格是更具有现实性和可操作性的理想人格。儒家心性论为君子人格奠定理论基础，提供实现路径；而君子人格则是儒家心性论的重要立论目的与价值依归。

一、人格与理想人格

（一）人格

“人格”(personality)，作为日常生活中常用的概念，是一个充满歧义而又为多种学科所广泛引用的术语，涉及文化、心理学、哲学、伦理学、社会学、法律、政治学等学科[①]。人格一词最初源于拉丁文“persona”，是“面具”的意思，意指演员在戏剧中所扮演的身份和角色。后来这一术语为心理学所引用，用以比喻人格的外在表现。面具后面隐藏着一个实实在在的真我，即真实的自我。瑞士精神分析学家卡尔·荣格就曾指出，人格应该包含两个层面：一个层面是人格的表层或者称作外在人格，即“人格面具”，是指一个人在他人面前所表现出来的行事方式，这种层面有“角色扮演”成分；另一个层面是人格的深层，即内在的人格或者叫作“真实的自我”，其中包含着人性中的动物性或阴暗面，和外在人格可能并不相同甚至截然相反。在日

① 曲炜:《什么是人格》，载《百科知识》1988 年第 9 期。

常用语中，人格通常是指第一个层面，即该个体为他人所感知和描述的思维方式和行为风格。

有关“人格”这一领域的研究，由来已久。在西方最早可以追溯到古希腊时期，苏格拉底认为灵魂是一个人真正的自我和活动的人格，并推崇善良、智慧和知识理性为理想人格。17世纪，西方人格研究出现了“追求个性解放，反对宗教神性”的思潮。18世纪，学者们在人格的阐释上更为深入。卢梭把人格看作做人的资格、权利和责任等。康德和黑格尔把自由意志作为人格的本质规定。[①] 到了19世纪，资本主义生产关系的发展亟须得到法律上的保障，对人格的定义也开始走向法律关系的范围，并扩充到其他文化领域。20世纪以来，许多著名的西方学者如弗洛伊德、斯金纳、荣格、华生、奥尔波特和马斯洛等人，在探索人格奥秘的科学道路上不断前进，他们从心理学、哲学、社会学、伦理学、教育学、人类学等多个角度出发，对人格及其理论进行了深入的科学研究和各种探索、阐释，取得了丰富的理论成果。

西方学者对人格的界定通常是分解式的，即通过人格的结构来理解人格的内涵。在精神分析学派创始人、人格心理学开拓者弗洛伊德看来，人格是“本我”“自我”“超我”之和。“本我”包含原始的冲动和本能欲望，是一切心理能量之源，它遵循“快乐原则”。“超我”是人格结构中代表理想的部分，通过内化道德规范、社会要求而形成的，它包括两个部分：自我理想和良心，其特点是追求完美。“自我”则遵循现实原则，在“本我”和“超我”之间起调节作用。人格被等

---

① 宋剑祥、何亚芸：《国外人格理论研究的主要流派述评》，载《昆明冶金高等专科学校学报》2013年第29期。

同于无意识欲望的冲动。弗洛伊德将人类的心理控制力比喻为流过管子的水，以此来表述自己对人格的看法。他通过分析人的梦境和童年期经历来研究人的潜意识和人格。而在以华生和斯金纳为代表的“行为主义”学派眼里，人格则是复杂的“刺激—反应”联结，是强化基础上形成的“行为习惯系统”。他们注重研究外在可以客观测量的行为，并且认为通过加强刺激就可以激发或压制任何特定的行为。此外，兴起于20世纪30年代中期的奥尔波特的特质理论也曾一度深入人心。奥尔波特从语言的角度来探索人格之谜。他认为，人格的基本单元是特质，普通百姓用以描述人格特质的语言和词汇为揭示人格的本质和多样性提供了最佳线索。无数的特质按其重要程度及其等级顺序构成了人格整体。人本主义心理学家马斯洛则从人有自我实现需要的角度出发探索人格的本质，主张人类固有善良的本质，关注人的价值和尊严，认为决定人格的关键不在于基因或童年期经历，也不在于外部环境如何，而在于人自身自我实现的需要，并据此提出了“需要层次”理论和健康人格观。他在其著作《动机与人格》中指出：“每一个人都有一种成长和自我完成的趋向。就动机状态看，健康人在安全、爱、尊重等基本需要得到满足之后，就被自我实现的趋向所激发，如果缺乏这些基本需要就可能导致精神病。”可以说，西方学者对人格的内涵与本质的探索和争论一直没有停歇。20世纪90年代以后，以美国L.A.珀文和杰里·伯格为代表的两位心理学家分别针对人格给出了自己的阐释。L.A.珀文在其著作《人格科学》一书中指出，人是复杂的，世界上没有两个相同的人。人格包含结构与过程，是个体认知、情感及行为过程中的复杂组织。它赋予个人生活的倾向性和一致性，并且反映先天性（基因）和教养（经验）的共同作用。他强调说，人格既包含着过去的影响，同时也暗示了对未来的建构。伯格则认为，人格不仅是发生在个体身上的、稳定的行为方式，而且包括个体与他人之间人际交往的过程。从某种意义上讲，个体的人格必定要通过待人接物等日常行动才能表现出来。

我们不难发现，西方学者对人格的探索与阐释，多是从心理学的角度进行的。虽然每个学者都对人格进行了自己的阐释，并且提出了各种各样的观点，各个观点之间也存在着分歧，但是不可否认的是，他们在人格领域所进行的深入、广泛又相互补充的研究有力地推动了人格的科学探索，深刻地影响了我们对人格本质的认识。

“人格”这个词在中国古代汉语中本来是没有的，与之类似的词语有“品格”“人品”“人性”等，如明代学者洪应明所著的《菜根谭》一书中就有“欲做精金美玉的人品，定从烈火中煅来”，又有“上品祖师”与“下品俗士”之分，也即人格高尚与低劣之别。这里的“人品”一词，就包含有今日“人格”概念上的意味。中文“人格”一词引进于日文，是日文对英文 personality 的意译。梁启超在《新民说》中写道：“忠孝二德，人格之要件也。”其意思是说，忠孝这种品德，就是人格的重要构成。在对“人格”一词的引进中，我们不难看出汉语中的人格和西方心理学意义上的人格并不一样，它更多的是从伦理学角度、道德意义上的价值评判进行解释。以伦理道德作为人格概念的核心内容，反映了中国传统文化这一价值尺度的影响。及至 20 世纪 80 年代，我国学者才逐渐接受西方心理学中的“人格”概念，并对人格概念及相关问题进行了积极的探索和研究。我国学者陈仲庚教授就曾指出：“人格是个体内在的行为上的倾向性，是个体所异于他人的气质、习惯、动机、态度、价值、情操、趋向、定型、观念等行为倾向的有机统一体。它表现为一个人在不断变化中的全体和综合，是具有动力一致性和连续性的持久的自我，是人在社会化过程中形成的、给予人一定特色的身心组织。”[①] 黄希庭教授在其著作《探究人格奥秘》里提出：人格是一个人心理特征的整合，这些特征决定着该人的外部行为，并使其与别人的行为具有稳定的区别。同时，他认为“自我”在内在人格上起重要作用。我国台湾学者张春兴教授在系统研究中西方各学者的人格理论后提出：“人格是指个体在其生活历程中对人、对事、对己以及对整个环境适应时所显示的独特个性，此一独特个性系由个体在其遗传、环境、成就、学习等因素交互作用下，表现于需求、动机、兴趣、能力、性向、态度、气质、价值观念、生活习惯以及行动等身心多方面的特质所组成，由多种特质形成的人格组织具有相当的统整性、持久性、复杂性与独特性。”

可以说，人格的内涵和定义多元而又丰富，反映了人的多种本质特征。中西方学者有关人格理论的研究与应用也各有侧重和其特色。西方学者多从心理学的角度进行研究，并且对人格的界定多是分解式的；而我国学者则更多是从伦理学的层面、义理的角度对人格进行阐释与界定，并且将人格视为一个有机整体，充分考虑内因与外因、基因与环境等共同作用。

综合中西方各学者对“人格”的定义与阐述，我们可以将人格作如下定义和理解：

人格，是指人在一定社会制度与传统文化中所形成的，能够与他人相区别的独特而稳定的思维方式、情感偏好和行为风格，是具有一定倾向性的和比较稳定的性格、气质、能力、道德品质等特征的总和。它是人类所特有的，个体持久的、内在的特征系统。它促进了个体行为的一致性，体现为个体的自我意识和自我控制能力。人格的形

① 陈忠庚：《人格心理学》，辽宁人民出版社 1986 年版，第 50 页。

成既有先天遗传基因的作用、自我内驱力的指导，也受到后天环境的影响。具体地说，包括以下几个方面的特征：

1. 持久性。或者也可以称作人格的稳定性。人格形成之后，在一定时期内会比较稳定，具有持续性，具体表现为个体比较稳定的思维方式和行事风格。

2. 独特性。正如世界上没有完全相同的两片树叶一样，人与人之间也没有完全相同的人格特点。人格的形成与发展受到遗传、教育、环境、经历等多种因素的影响，这就决定了每个人的人格都具有其独特的个人色彩。但是，人格的独特性并不意味着人与人之间的个性毫无相同之处。各个民族、阶级、社会群体因为共同的社会环境和传统文化，必然会形成相同的基本人格特征和共同的心理特点。

3. 整体性。人格的整体性体现在人格反映一个人的整体精神面貌。构成人格的各要素、各成分之间并不是孤立存在的，而是一个相互作用的有机整体，它们共同促使个体行为的一致性。

4. 社会性。人格虽是人类所独有的，但并非与生俱来的。它是个体在一定社会制度和传统文化环境下，通过学习、交往等各种社会化过程而逐渐形成的。

5. 功能性。人格的功能性不仅体现在个人认知和选择层面，也体现为对社会的不同作用。具有不同人格特征的个体，其选择的行为准则与生活方式必然不尽相同，这不仅对个体自身的成长与发展具有不同的影响，而且在这些选择过程中所具体展现出来的不同品格与风貌，以及实际行为所产生的不同结果，必然会对社会产生不同的影响。一个具有健康人格、高尚品格的人更能为社会带来正向作用。

（二）理想人格

人格的社会性特征，意味着任何人格都有其深深的不可剥离的社会烙印。因而任何一个特定的社会制度和文化体系，都熔铸着与之相当的基本人格，即人格范型。相对于个体人格而言，每个时代，每个民族、阶级、社会群体总会因各自不同的社会环境和传统文化而形成各自不同的人格特征、群体意识和社会心理特点。人格范型形成和固化之后，通过理想人格的范导作用，使个体自觉按照理想人格的标准在生活实践中规范自己、调整自己，从而对该社会的制度和文化产生能动的反作用，成为推动社会进步的精神力量。

那么，何为理想人格？简而言之，理想人格即理想化的人格，是“一个社会、一个民族文化中人们最为推崇的人格范型，它典型地体现了该社会及其文化的基本特征和价值观念”[①]。它是一定社会制度和文化环境下，人们所倡导的道德上应有的人格完美典型，是一定时期内的人们为了社会发展的现实需要和远景目标，对社会人格范型的理想设计和美好要求。而且，为了更好地发挥理想人格的引导作用，一定社会或阶级，往往会将人们的利益诉求、生活期望等集中于某一个或某几个道德楷模身上。为了更深入地理解理想人格的内涵，我们从以下几个方面对其作进一步阐释：

1. 理想人格是一个历史范畴，是社会和时代的产物，带有时代的烙印。在阶级社会中，理想具有阶级性。不同的社会和时代会树立不同的理想人格。同一社会，不同的阶级所推崇的理想人格也不尽相同。比如西方社会比较推崇的理想人格是节制、勇敢、自由、自主、理性等，而我国古代儒家则孜孜以求“君子”人格，乃至“圣人”人格。我国封建社会提倡“三纲五常”“忠孝节义”，而社会主义社会则以培养全面发展的、具有高尚道德品质的共产主义新人为理想人格目标。

---

① 朱义禄：《儒家理想人格与中国文化》，复旦大学出版社 2006 年版，第 8 页。

2. 理想人格是真善美的统一。理想人格作为在一定时代条件下，一定社会所倡导的完美人格范型，是人们对人格在可能性上的最高期望，凝聚着社会成员对该社会道德要求和道德理想的共同认知，体现着该社会塑造人格的范导方向和人格标准。因此，理想人格的形态往往美轮美奂，体现着真善美的统一。理想人格的“真”，从过程上来看，它体现在理想人格的提出和塑造过程，不是盲目的、臆想出来的，而是人们从符合客观规律的真理性认识角度出发，在对社会现实及发展趋势进行客观认识的基础上，出于社会远景和时代现实的需要所进行的积极追求；从结果上来看，它还体现在人们一定的人生理想与社会理想的统一上。理想人格的“善”主要体现在理想人格的价值导向上，它要求理想人格的确立应该符合人类进步的利益，个人自我价值与社会价值有机统一。理想人格的“美”主要体现在塑造理想人格过程中所带来的美的享受，以及理想人格的目标本身就体现着一种崇高和优美。理想人格作为真善美的统一，要求在塑造过程中注意整体协调，不能片面强调其中的某一方面。只有如此，才能避免出现人格的畸形，阻碍个人的完善和社会的发展。

3. 理想人格是一个动态的概念，具有超前性的特征。理想人格作为人们所努力追求的完美人格目标，超越于现实一定距离之上，但又不是遥不可及的空中楼阁，而是人们可以在实践中逐步趋近的理想境界。它的形成、塑造都不是一成不变的，而是一个动态的过程。人们在塑造理想人格的过程中，不仅会因为自身人格与理想人格的差距不断调整自己的脚步和方法，而且会因为社会的发展和时代的进步，不断调整、丰富和发展理想人格。理想人格作为一定社会关系的产物，体现着时代精神，具有超前性特征，是人们普遍向往和追求的目标。

4. 理想人格的范导功能。理想人格的范导功能指一定社会的理想人格在形成与发展过程中，对该社会的成员所产生的巨大精神感召力。理想人格有助于引导社会成员对自身修养保持高标准和严要求，在丰富多彩的社会实践活动中，在追求实践目标的实现中，使个体人格不断趋近理想人格，从而对社会意识的良性发展产生直接作用，进而对社会存在产生积极影响，真正成为不断推动社会前进的精神力量。理想人格激励着人们向着既定的目标奋发前进。作为人的精神生活的核心内容，它不仅能使人的精神生活的各个方面统一起来，使人的内心世界成为一个健康有序的系统，而且引导着人们不断地追求更高的人生目标，提升精神境界，塑造高尚品格，从而推动着社会的发展进步。

5. 造就理想人格需通过教育和实践等途径进行。理想人格的造就是一个全方位的进程，需要通过教育和实践等多种途径进行，其核心便是"化理性为德性"。王国维先生非常重视教育在塑造理想人格上所起的作用。他曾在《论教育之宗旨》一文中写道："然人心之知情意三者，非各自独立，而互相交错者……三者并行而得渐达真善美之理想，又加身体之训练，斯得为完全之人物，而教育之能事毕矣。"蔡元培先生也持与此相近的主张，他说："所谓健全的人格，内分四育，即：（一）体育，（二）智育，（三）德育，（四）美育。"[①] 视教育为造就人全面发展的理想人格的根本途径是二人的共同见解。当然，马克思主义告诉我们，对人的发展起决定性作用的是人类的劳动实践。马克思认为："在劳动生活中，不仅客观条件变化着，而且生产者也改变着，炼出新的品质，通过生产劳动而发展和改造自身，造成新的力量和新的观念，造成新的交往方式，新的需要和新的语言。"

① 朱义禄：《儒家理想人格与中国文化》，复旦大学出版社 2006 年版，第 10 页。

此外，在造就理想人格的过程中，不管是教育方式，还是实践途径，都应该注意的是要“化理性为德性”，注重人的德性培养，在实践中使道德认识升华为道德品性。只有使社会成员对理想人格真正做到“内化于心”和“外化于行”，理想人格的造就方能取得实际意义。

二、儒家的理想人格教育思想

对理想人格的设计与塑造，一直是中国古代各思想流派先哲强烈关注和长期探索的重要命题，与此相关的理想人格教育思想也层出不穷、十分丰富。儒家更是将理想人格的设计、推广、培养、教育作为其道德学说的主要问题。自先秦以来，历代大儒们孜孜不倦地探讨着理想人格等人生问题，翻开他们的著作，“圣贤”“圣人”“贤人”“仁人”“君子”“成人”“大丈夫”“醇儒”“豪杰”等字眼迎面而来。对理想人格的追求，在两千多年的历史长河中，千古如斯地沁入中华儿女的心田之中，成为中华民族文化的一部分，深深地影响着中华民族的人格价值取向和追求。其中的精华部分，至今仍生命洋溢，闪耀着璀璨的光芒。

（一）儒家理想人格的历史溯源及演变

儒家对理想人格的认识和探究可以追溯到先秦孔子，他是中国思想史上第一位系统探究理想人格内涵及其培育和塑造方法的思想家。孔子生活于春秋末期，那是一个社会处于剧烈转型的动荡年代。当时的周王室已经衰微，“周公制礼”流于形式，面对群雄纷争、天下无道、礼坏乐崩、天道失落等社会乱象，孔子苦苦思索着乱象背后的原因。他把这一切乱象的根源归结为人心的堕落和道德的沦丧。为了拯救当时千疮百孔的社会，实现自己匡世济民、安顿天下的人生理想，他从人文视域出发，积极关注人的生存价值和意义，希冀通过对理想人格的设计和引导民众积极追求之，来促使民众德性的觉悟和完善，从而实现自己改造社会现实，推行仁政的政治理念和道德主张，构建和谐、有序、稳定的社会秩序。在此思路下，他提出了“内圣外王”的理想人格体系。所谓“内圣”，就是指个人在内在道德修养方面，要做一个有德性的人；“外王”是指人的道德修养的外化和外在表现，个人为国家所建立的功业以及在社会中所起到的积极作用和贡献。他认为理想人格的最高层面就是要达到内在修养和外在事功的和谐一致。在“内圣”方面，孔子主张“为仁由己”和“克己复礼为仁”(《论语·颜渊》)，他认为个人能否做好事、实行仁德完全在于自己，而要达到“仁”的境界则需要“克己复礼”，也就是要随时注意修身养性，克服自己的不良习性和私心，努力约束自己，以礼来规范自己的言谈举止；在“外王”方面，他提出了“修己以安百姓”(《论语·宪问》)，认为“修己”是“内圣”，是基础，这样“外王”的目的才能实现，才能使百姓安乐。简单地说，就是人们进行心性修养、进行道德自我完善的最终目的是治国安邦、建功立业，实现个人的社会价值，而要想实现个人的社会价值，则又必须先进行心性的修养，拥有崇高的德性。只有这样，内在德性与外在功业才能真正相互统一。可以说，“内圣外王”之说奠基于孔子，对后世儒家思想产生了深远的影响。正如汤一介先生所说：“‘内圣外王之道’所重在‘圣’，即把德性修养放在治国平天下之首位，这自是儒家哲学之特点。基于此，中国尝被称为‘礼仪之邦’。”[①] 在孔子看来，要想达到“内圣外王”这一最高层面的理想人格，必须坚持以“仁”为理想人格的核心和道德生活准则。“仁”作为个体人格道德的至高理想境界，

① 汤一介：《在儒学中寻找智慧》，中国人民大学出版社 2016 年版，第 116 页。

体现了个体对道德的自觉追求，是“统摄诸德完成人格之名”。[①]“仁”的内涵十分广泛，不仅包括爱人、孝悌、忠恕、克己复礼等具体内容，而且还是恭、宽、信、敏、惠等诸多德目的总和。除“仁”之外，孔子还十分强调“礼”的重要作用。他说“不学礼，无以立”（《论语·季氏》），把礼的学习视为做人的必修课程，“仁”与“礼”是一体的，“仁”使“礼”更加合乎个体内在的情感要求，把“礼”从单纯的外在规范提升为人们自觉的道德生活理念；“礼”则规定了道德自我完善的具体内容，将个体内在的情感要求落实于具体的社会关系和伦理道德规范中，使抽象的理想人格具备了现实的可行性。

在理想人格模式上，孔子推崇“君子”和“圣人”两种理想人格。“圣人”人格是孔子设定的最高做人典范，他把尧、舜、禹、汤等古代圣贤作为接近“圣人”人格的楷模。他认为“圣人”首先应当具有高尚的道德品质，符合“内圣”的要求，如他赞赏舜禹的德性高尚，“巍巍乎，舜禹之有天下也而不与焉”（《论语·泰伯》）；而在社会上，圣人“博施于民而能济众”《论语·雍也》，圣人能够周济大众，为其带来好的生活。而且圣人使天下大治的方式很有智慧，即“无为而治者，其舜也与”（《论语·卫灵公》）！这都是孔子对舜在“外王”上的称颂。孔子虽然非常仰慕和推崇“圣人”人格，但是他也十分清楚对于多数人来说这是一种难以企及、难以实现的理想人格。就连他最为推崇的尧、舜等远古圣贤都感到有所不及，“尧、舜其犹病诸！”（《论语·雍也》）他自己也从不敢以“圣”自诩，“若圣与仁，则吾岂敢？”（《论语·述而》），他说圣人、仁人的称号，我哪

① 蔡元培：《中国伦理学史》，载《蔡元培全集》（第二卷），中华书局1984年版，第15页。

里敢当啊，我只是不断地追求这个境界而已。所以孔子又设计并提出了常人可以企及、较为具有实现可能性的“君子”人格。他说：“圣人，吾不得而见之矣，得见君子者，斯可矣。”（《论语·述而》）孔子认为虽然“圣人”的人格是我们普通人很难达到的，但是普通人却可以通过自身的努力实现对“君子”人格的追求。他对于“君子”要达到的人格境界和需要具备的操守也给出了自己的理解与阐述。他说：“君子喻于义，小人喻于利。”（《论语·里仁》），区分君子与小人的价值判断标准是二者的义利观，君子行事把道义放在首位，而小人则更为看重利益。他又提出：“君子义以为质，礼以行之，孙以出之，信以成之。君子哉！”（《论语·卫灵公》）“君子道者三，我无能焉：仁者不忧，知者不惑，勇者不惧。”（《论语·宪问》）他认为，君子行事以遵守道义为基础，以“仁”为主导，以礼来规范自己的日常行为。君子的人格目标就是要追求兼具仁、智、勇这三种品质。显然，孔子所提出的“君子”人格目标不仅对人们的价值取向、做人规范以及理想人格的追求给出了指导与规范，而且相较于“圣人”人格而言更具有现实的可能性和较强的可操作性。可以说，孔子有关理想人格的思想，以及他所提出的“圣人”人格和“君子”人格是儒家理想人格研究的历史起点，为日后儒家对理想人格的深入研究奠定了坚实的理论基础。此后，孟子和荀子理想人格思想在孔子的理想人格思想基础上进一步展开，各有所侧重，并趋于定型。

孟子继承了孔子“内圣外王”的理想人格思想，并更加侧重于“内圣”方面，对“内圣”思想作了更多的发挥。他从“人性本善”的前提出发，主张人之所以为“仁”，是因为“人皆有不忍人之心”（《孟子·公孙丑上》），“不忍人之心”又包括“恻隐之心”“羞恶之心”“辞让之心”“是非之心”这“四心”。“四心”则又是“仁、义、礼、智”这“四德”的发端和源头，他说：“恻隐之心，仁之端也；羞恶之心，义之端也；辞让之心，礼之端也；是非之心，智之端也。人之有是四端也，尤其有四体也。”（《孟子·公孙丑上》）“四心”虽是人所天生固有的，但是在后天的环境中，有的人能保持下来，有的人则不能。“人之所以异于禽兽者几希，庶民去之，君子存之。”（《孟子·离娄下》）于是人便显示出差别来，有的人成为圣人君子，有的人成为豪杰大丈夫，而有的人则沦为小人。如若君王能够保持“仁心”，推行“仁政”，则统一天下、建功立业而无人能够阻挡，也就是说“行仁政而王，莫之能御也”（《孟子·公孙丑上》）。显而易见，“仁政”是孟子“外王”思想的核心。就“内圣”与“外王”的关系而言，孟子显然更看重“内圣”方面。他说：“凡有四端于我者，知皆扩而充之矣，若火之始然，泉之始达。苟能充之，足以保四海；苟不充之，不足以事父母。”（《孟子·公孙丑上》）其意思是：凡是具有这四种发端的人，如果知道都要扩大充实它们，就会像刚刚点燃的火苗，必将熊熊燃烧不可扑灭；又如刚刚流出的泉水，终将汹涌澎湃不可阻挡。如果能够扩充它们，便足以安定天下，如果不能够扩充它们，就连赡养父母都成问题。他又说：“君子之守，修其身而天下平。”（《孟子·尽心下》）君子的操守，是从修养自身开始，进而使天下太平。可见，孟子认为要想实现“外王”，则必须建立在“内圣”之学的基础上。只有从自己的心性修养着手，保持自己的“四心”并不断修炼、扩大、充实它们，完善自己的道德品质，方能够在外在事功上取得成功。在推行“仁政”的思想上，我们也处处可见孟子对于“内圣”之本的侧重。滕文公作为小国君主曾向孟子请教如何与强国为邻的问题，孟子简洁而坚定地答道：“苟为善，则后世子孙必有王者矣。”（《孟子·梁惠王下》）

在理想人格模式上，孟子同孔子一样，将“圣人”人格推崇为理想人格的最高境界。他说：“圣人之于民，亦类也。出于其类，拔乎其萃。”(《孟子·公孙丑上》) 又说：“圣人，人伦之至也。”(《孟子·离娄上》) 所谓“人伦之至”，在孟子看来，就是既“仁”且“义”之人。他说：“仁，人心也；义，人路也。舍其路而弗由，放其心而不知求，哀哉！”(《孟子·告子上》)“仁”是人心最本质的特征，“义”是人应该走的道路，任何时候如若放弃了二者，那就是一件十分悲哀的事情。虽然孟子和孔子一样将“圣人”人格看作做人的最高典范，但是与孔子认为“圣人”人格是常人难以企及的观点不同，孟子认为“人皆可以为尧舜”(《孟子·告子下》)。他认为人可以通过后天的努力，不断进行自我心性修养，不断地自我改造，使自己的言行都符合“仁义”的原则，就可能达到“圣人”的境界。此外，孟子还将“圣人”细分为四种典型，“伯夷，圣之清者也；伊尹，圣之任者也；柳下惠，圣之和者也；孔子，圣之时者也”(《孟子·万章下》)。在对“君子”人格的论述上，孟子基本继承了孔子的思想。“君子所性，仁义礼智根于心。”(《孟子·尽心上》)“君子亦仁而已矣，何必同？”(《孟子·告子下》) 他认为仁、义、礼、智四种高尚品德是君子的本性所在，也是“君子”人格的重要体现，深深植根于君子心中。除以“仁”的品德为“君子”人格的必要准则之外，在对君子人格的规定上，孟子比之于孔子更为强调“重义轻利”。他认为“义”同样是判断君子与否的重要标准，并且在关键的时候君子要有“舍生取义”的觉悟与勇气。他主张：“生，亦我所欲也；义，亦我所欲也；二者不可得兼，舍生而取义者也。”(《孟子·告子上》)

除对“圣人”人格和“君子”人格的推崇外，孟子还提出了“大丈夫”的人格范式。对何谓“大丈夫”，孟子也给出了清晰的标准。

他说："居天下之广居，立天下之正位，行天下之大道。得志，与民由之；不得志，独行其道。富贵不能淫，贫贱不能移，威武不能屈，此之谓大丈夫。"（《孟子·滕文公下》）他认为，大丈夫不仅要有良好的道德品质，而且应保持人格独立、意志坚定，能够面向现实，恪尽职守，勇于担当，知耻不辱，奋然而行，成就一番经天纬地的事业。即使在自己落魄不得志时，大丈夫依然能够洁身自好、心存高远，正所谓"穷则独善其身，达则兼济天下"（《孟子·尽心上》）。可以说，孟子对孔子理想人格教育思想的继承和发挥，大大增强了理想人格的现实性和普及性。

如果说在理想人格思想上，孔子重"仁"，孟子是"仁义并举"，荀子则是"礼法兼施""礼义并重"。他说："夫行也者，行礼之谓也。"（《荀子·大略》）他认为，所谓德行，就是指奉行礼义。他说："人无礼则不生，事无礼则不成，国无礼则不宁。"（《荀子·修身》）他重视对人们的行为进行规范和后天的教育，具有更多的现实主义倾向。他和孟子所持"性善论"观点不同，荀子认为人性本恶，善是后天人为努力的结果，即"人之性恶，其善者伪也"（《荀子·性恶》）。圣人和一般人在先天的本性上是相同的，都是恶的，只不过后天的努力方向与程度不同。圣人通过后天持之以恒地学习，不断积累广博的知识和高尚的品德，克服了自己"恶"的自然属性，即"故圣人者，人之所积而致也"（《荀子·儒效》）。基于这种"性恶论"的主张，荀子认为人人都可以改造成为圣人，"然而涂之人也，皆有可以知仁义法正之质，皆有可以能仁义法正之具；然则其可以为禹明矣"（《荀子·性恶》）。如果普通大众都能够具有认识仁义法正的能力，并据此行事，那么他们也是可以成为禹这样的圣人的。虽然荀子和孟子均认为人通过后天的努力可以成为圣人，但是二者所秉持的实现路径是不同的。孟子认为一个人要成为圣人，更多的是要通过对自己心性的修养和完善，更侧重于“内圣”方面；而荀子则更为强调后天礼法的教化与规范，更注重“化性起伪”的教育过程和作用，“故必将有师法之化，礼义之道，然后出于辞让，合于文理，而归于治”(《荀子·性恶》)，认为只有通过“礼义生而制法度”才能化导和约束人的“恶”的自然本性。

此外，相较于孟子，在“内圣外王”的理想人格体系中，荀子更强调的是圣人的“外王”，即外在事功方面。他批评孟子“略法先王而不知其统”(《荀子·非十二子》)。他认为圣人应该是能实际造福于百姓的人，他说：“平正和民之善，亿万之众而博若一人；如是，则可谓之圣人矣。”(《荀子·儒效》)这就是说，只有能够把亿万人民安定下来，并使他们团结得像一家人一样，做到这些的人才能称为圣人。荀子还使用“圣王”一词来表达他心中的至圣之人。他说：“圣也者，尽伦者也；王也者，尽制者也。两尽者，尽以为天下极矣，故学者以圣王为师。”(《荀子·解蔽》)也就是说圣人是集“内圣”与“外王”一体的人，是尽“人道”与“事功”为一身的人。他不仅具有至高的道德人格水平，而且能够经世安邦、治国平天下。当然，荀子对于“外王”的看重，并不代表他对“内圣”的忽视。事实上，荀子对心性修养等方面也相当关注，在其著作《荀子》一书中专门有一篇《修身》之作，开篇即强调了修身养性的重要性，即“见善，修然必以自存也；见不善，愀然必以自省也。善在身，介然必以自好也；不善在身，菑然必以自恶也”(《荀子·修身》)。

对于何为君子，何为小人，荀子也给出了自己的答案。“今之人，化师法，积文学，道礼义者为君子；纵性情，安恣睢，而违礼义者为小人。”(《荀子·性恶》)他认为接受老师和法度的教化，积累文化知识，行为出于礼义的，就是君子；放纵本性，任意胡作非为，违背礼义的，就是小人。区分君子和小人的标准就是礼义。在这一点上，荀子和孟子一样，秉持的都是“重公义轻私利”的道德标准。除认为“君子”必须在行为上符合“礼”“义”外，荀子还十分看重求知的能力。他说：“君子知夫不全不粹之不足以为美也。”（《荀子·劝学》）他认为每个人应该在求知的道路上永不停歇，并且要知行合一，把理论与实践统一起来，即“不闻不若闻之，闻之不若见之，见之不若知之，知之不若行之，学至于行而止矣。行之，明也，明之为圣人。”（《荀子·儒效》）唯其如此，人们才能真正提升自己的人格境界。

除推崇“圣人”“君子”人格作为社会成员理想人格的范型外，荀子还立足于社会现实，塑造了普通大众更容易实现的“士”的人格。“彼学者，行之，曰士也；敦慕焉，君子也；知之，圣人也。上为圣人，下为士、君子。”（《荀子·儒效》）能遵行所学到的东西，就可叫作士人；能勤奋努力的，就可叫作君子；能精通学到的东西，就是圣人。可见，在荀子的理想人格体系中，“圣人”是理想人格的最高境界，“君子”次之，而“士”是理想人格的最低层次。

循着荀子的理想人格思想轨迹继续前行，“内圣外王”的理想人格思想逐渐具体化、体系化、理论化，《礼记·大学》著作的问世，标志着“内圣外王”理论体系的完备建立。在《大学》一文中，“内圣外王之道”被总结升华为“三纲领”和“八条目”，并为后世儒者所广泛认同。所谓“三纲领”，即“大学之道，在明明德，在亲民，在止于至善”（《礼记·大学》）。这就是要求人们要通过修身养性，弘扬内心光明的品性，通过不断改故向新来积极完善自我，把对至善至好理想人格的追求当作自己毕生的追求。他勉励人们做一个心性光明、行为努力、目标远大的人。所谓“八条目”是指格物、致知、诚意、正心、修身、齐家、治国、平天下。这是《大学》给出的达到“内圣外王”的修身方法，其中，“格物、致知、诚意、正心、修身”是修身的方法，是“内圣”之学的途径；“齐家、治国、平天下”则是“外王”的体现。要想实现“外王”，则必须先以“内圣”修身为本；而“内圣”只有落实在“外王”的事功上，儒家理想人格学说才能获得其深刻的现实意义。《大学》的三纲领与八条目正是对先秦儒家“内圣外王之学”的全面总结，成为后来儒者们开展理想人格研究的基本纲领。

儒家的理想人格思想在孔子、孟子、荀子等先秦大儒们的努力下不断发展，形成了比较完备的理论体系和完整的理想人格结构学说。此后的儒家学者对理想人格的论述，基本上沿袭了先秦时期孔、孟、荀的理想人格模式。在此基础上，对理想人格品质的内涵进行了增补、调整，理想人格的范围也进一步扩大。先秦之后，儒家理想人格思想由于受两汉时期儒学经学化、魏晋时期儒学玄学化等的影响，在此阶段并未取得长足发展。

至宋明时期，随着儒学的再次复兴，以理学与心学这两派为主要代表的儒家，通过融合释、道等新的思想，使儒家理想人格思想得到了显著发展，从而更加系统化。也是在这一时期，儒家理想人格思想基本趋于成熟而定型。宋明理学家们从《大学》的三纲领、八条目出发，对理想人格的内涵和实现路径作了新的诠释与发挥。理学家们十分注重对个体的社会责任感、历史使命感与气节德操等文化性格的培育。如张载说：“为天地立心，为生民立命，为往圣继绝学，为万世开太平。”(《张子语录·中》）他强调个体应该以“天理”来作为自己的行为规范，并通过道德自觉才能达到理想人格的建树；朱熹也曾将义利之说作为理想人格构建的核心内容。他说：“义利之说，乃儒者第一义。”(《朱子大全集·与延平李先生书》)可以说，理学派对社会责任感、伦理道德、气节德操等精神价值的重视对日后中华民族性格的塑造起到了积极的作用，对中国的思想文化及社会生活也产生了深远影响。以南宋陆象山、明代王阳明为代表的心学派提出“心即理”的观点，十分看重“内圣之学”。他们认为，自我修养进而培育理想人格就是对伦理道德的体悟与践行。王阳明说，“古圣贤之学，明伦而已”(《王阳明文集》)；他认为，“良知之外，别无知矣。故‘致良知’是学问大头脑，是圣人教人第一义”(《王阳明全集》)；他还强调通过“致良知”等内心自修、自省的方式来达到良知，并将良知扩充到每一事物中，从而达到知行合一，达到至善的境界。

综观儒家理想人格思想的发展历程，我们可以看出，各大儒对理想人格的概念、范型及侧重点虽然不尽相同，各有说法，但是他们的根本精神和价值追求却是一致的，那就是都聚焦人伦道德，倡导高尚的道德情操、坚贞的民族气节，注重对个体的社会责任感和历史使命感的培育，强调修身养性与经世安邦、建功立业密不可分。

（二）儒家理想人格的设计

儒家理想人格思想自孔子开始就具有明显的伦理道德色彩，其实质上是一种理想的道德人格。它强调道德自律和理性自觉，充满仁爱精神，注重群体利益，是一种追求真、善、美相统一的高尚人格。儒家理想人格思想在漫长的历史演变过程中，虽然出现了许多层面的理想人格范型，称谓也不尽相同，比如“圣人”“君子”“圣王”“成人”“大丈夫”“醇儒”“豪杰”等，但是最主要的具有普遍代表意义的理想人格范型是“圣人”“君子”“豪杰之士”三种。“圣人”人格，在儒家看来是尽善尽美的人格，是最高层次的做人典范，是理想人格的最高境界。“圣人”不论是在“内圣”道德修养层面，还是在“外王”

即外在事功方面都是出众拔萃的，是第一流的。圣人不仅具有极高的道德修养，而且心怀天下苍生，以安乐天下百姓为己任，尽力以自己的才干帮助天下人实现自身价值。“君子”人格是仅次于“圣人”的理想人格范型。较之“圣人”人格，其距离常人更近。君子应崇尚道德，具有优良的道德品质和强烈的社会责任感，而且重视社会实践，能够做到知行合一。“豪杰之士”的理想人格范型作为儒家理想人格的重要组成部分，其影响虽不及前两种人格广泛、持久，但是，其强调独立人格，面向现实而注重经天纬地的实践取向，却独具特色与现实价值。

在儒家看来，理想人格作为人类自我完善的典范，虽然称谓不同，侧重点也不同，但是根本的精神境界和内涵却是相通的。它不仅体现了人们对人的生存发展等自身价值的关注，更体现了其对社会理想的追求和历史使命的担当。概括来说，儒家理想人格具有两个基本内涵，即“内圣”与“外王”。具体来说，其内涵有：

1. 推崇“仁者爱人”“推己及人”的“仁爱”思想。“仁”即“仁爱”，是儒家理想人格的核心思想，首先体现为一种宽容慈爱、爱护同情的情感诉求。仁爱的最基本要求是“爱亲”“孝悌”，也就是要爱自己的亲人，对长辈要孝顺，对手足要爱护，做到兄友弟恭。不仅如此，“仁爱”也是一种伦理原则，儒家要求人们将“仁爱”推己及人，能够“泛爱众”“亲亲而仁民，仁民而爱物”（《孟子·尽心章句上》），也就是要求我们用真心去关爱和帮助身边的人，乃至天下大众和世间万物。要想实现“仁爱”，其根本路径就是奉行“忠恕之道”（《论语·里仁》），“忠”则是“己欲立而立人，己欲达而达人”（《论语·雍也》），“恕”则是“己所不欲，勿施于人”（《论语·颜渊》）。这就是要求人们对待别人要有同理心，要能够将心比心，尊重他人的选择，希望别人怎样对待自己，就应该以同样的方式对待别人。凡是自己不愿意接受的事情，也不要施加给别人。

2. 追求经世安邦、济世安民的价值取向。儒家认为个人克己修身的目的就在于能够实现安邦与济民的丰功伟业，这是“内圣外王”理想人格的最终归宿。历史上的大儒多以天下为己任，他们认为只有将个人的能力、抱负融入奉献社会、造福百姓的社会实践中，个人的理想人格才能得以真正实现和升华。这种价值取向直接造就了中华民族历代志士仁人对国计民生的关心和忧国忧民的社会责任意识。“先天下之忧而忧，后天下之乐而乐”（范仲淹《岳阳楼记》），“夙夜在公”（《诗经》），“国而忘家，公而忘私”（班固《汉书》），“穷则独善其身，达则兼济天下”（《孟子·尽心上》），等等，这些名言警句都是儒家经世济民思想的深刻反映。

3. 倡导重义轻利、以义为质的义利观。“公义胜私欲”“尚义轻利”是儒家道德的主导性观念。儒家认为在“义”和“利”面前，个体要遵循以义导利、以义为质的原则，个体的利益要求应与道德价值取向相一致，从而达到义利兼得的理想境界。当“义”和“利”发生冲突时，则主张“义以为上”“先义后利”“舍利取义”“义然后取”的价值选择，反对“重利轻义”“见利忘义”。

4. 讲求谦敬礼让、恪守诚信的优良品质。在儒家的理想人格中，谦敬礼让、恪守诚信既是个人自身修养需要具备的优良品质，也是为人处世的基本原则。谦即谦虚、自谦，虚以处己；敬即敬人，以礼待人；礼是人立身之本，是人与动物相区别的标志，孔子说：“不学礼，无以立。”（《论语·季氏》）谦敬要通过“礼”之路径实现，与“礼”一起成为修己处世的基本规范。在儒家看来，诚信是一种诚实不欺，表里如一、言行不贰的品格，是道德根本。孔子说：“人而无信，不知其可也。"（《论语·为政》）孟子则提出，"有诸己之谓信"（《孟子·尽心下》），他将诚信提升为个体自我意识的层面，认为诚实是对自我的尊重与肯定，是对个体生命存在内在价值的充分体现。

综观儒家理想人格思想的内涵及其演变，我们看到了儒家对人格尊严和道德价值的追求，对人的品性的注重，追求德性与德行的统一。它具有以下几个特征：

1. 道德至上。儒家理想人格所包含的"讲仁爱、重民本、守诚信、崇正义、尚和合、求大同"等价值理念，浓缩了中华文化的思想精华，充分体现了儒家思想的道德至上或道德本位的价值取向。儒家对道德的推崇还体现在对道德教化和道德人格养成的重视上，认为同物质需要相比，精神需要更为重要，而一切精神需要中最重要的当属道德需要，把道德人格的养成，视为个人最不朽的成就和为学的宗旨所在。古人说："太上有立德，其次有立功，其次有立言，虽久不废，此之谓不朽。"（《左传·襄公二十四年》）其主张人生在世有三种成就，即修养高尚的品德、建立伟大的功业和著书立说传承文明，皆可以使人不朽，但其中最重要的不朽则是立德。这种思想深深影响了一代又一代的中国人。千百年来，中国历史上的英雄豪杰、志士仁人、明君贤臣，往往为了达到理想人格，实现大义，而不惜牺牲个人私利乃至身家性命。

2. 积极入世。儒家理想人格的积极入世的特征有其具体体现。首先，儒家对社会人生充满关怀，他们往往以实际行动躬身践行于社会实践中，言行中饱含着爱国忧民的情怀。其次，儒家强调修身养性的目的是经世致用和建功立业。儒家认为，理想人格的根本目的是实现"外王"，即外在事功。而修身养性、正心诚意等"内圣"之学是实现"外王"的必要步骤。最后，儒家认为普通百姓通过后天努力，重视自我道德修养，同样可以追求并达到理想人格。理想人格并非圣人之“专利”，只要立下志向，勉力践行，人人皆可由凡入圣。此外，儒家理想人格里包含的自强不息、坚毅刚强、自我超越、经世致用等思想都体现为积极进取的入世品格。

3. 群体原则。儒家理想人格的另一重要特征就是坚持群体原则，无论是精忠报国、重义轻利、克己奉公的道德要求，还是推己及人、仁者爱人的仁爱原则，抑或是亲仁善邻、以和为贵的交往理念，都反映了儒家对整体利益、国家利益、民族利益的注重和群体高于个人的传统社会价值观念。

4. 天人合一。儒家认为，人只有通过修身养性、知其本性等直观形而下的方式进而达到哲理上的领悟，才能实现“心”“性”“天”的和谐沟通。只有去除外在欲望的蒙蔽，把“仁”的本性内化于心，并外化于“礼”，使内在的思想道德品质与外在的社会规范形式趋于一致，实现“仁”与“礼”的和谐统一，顺应事物的发展规律，才能真正实现天人合一的和谐境界，而这也正是儒家理想人格所追求的基本境界。

在如何实现理想人格的问题上，儒家也给出了自己的思路，即通过内省和践行这两条路径来达到人格的理想境界。内省是践行的必要步骤，是实现理想人格最基础的环节，也就是通过自我体悟、反求诸己、道德教化、修身养性等内在心性的提升和修炼等塑造过程来实现道德自觉，也就是内化于心的过程。践行则是外化于行的过程，是通往理想人格的行为实施阶段。在此阶段，个体把内化于心的各种道德原则以自己的实际行动落实到社会实践的各个方面。如果说“格物、致知、诚意、正心、修身”属于内省环节，那么“齐家、治国、平天下”就是践行阶段的任务，是外化于行的重要表现。关于如何达到道德自觉的内省环节，儒家从性善说和性恶说两个不同的依据出发，提出了两条路线。持性善说的儒者认为，既然人性本善，那么理想人格的追求过程就是个体不断扩充、发挥内在的德性自觉的心灵升华的过程，是不断完善自己追求仁爱精神的过程，是“仁义礼智信”等先天善端不断展开的过程。个体通过“反求诸已”“尽心知性”“三省吾身”“为仁由已”等道德修养功夫来提升自身对是非善恶的道德认知、培育仁爱友善的道德情感、塑造坚韧不拔的道德意志。与之相反，持性恶说的儒者则更加看重道德教化等后天教育和风俗习惯等社会环境对人格养成的作用。他们认为，理想人格的养成是一个“化性起伪”的过程。要想保障个体人格朝着理想方向发展，不仅需要“约之以礼”“刑之以法”，而且要对其进行不断的道德教化，通过灌输“仁义礼乐”等方面的教化内容，来培养个体的道德自觉，提高个体道德修养水平，从而促使个体弃恶从善，最终达到理想人格。

三、儒家心性论与君子人格培育

梁启超先生说：“‘内圣外王之道’一语，包举中国学术之全体，其旨在内足以修养而外足以经世。”[①] 可以说，历代儒家对“内圣外王”的理想人格的看重与推崇是毋庸置疑的。然则，“内圣外王”的理想人格在现实中毕竟只有少数圣贤才能实现，是可遇而不可求的最高层次的人格理想。于是儒家至圣孔子和亚圣孟子又设计了一种平易可行的、大多数人通过努力能够达到的现实人格范型，即“君子人格”。“君子人格”作为一种众趋人格目标所在，是儒家为社会大众所建构和设计的理想人格模式，是儒家理想人格理论的重要组成部分，凝集

① 朱义禄：《儒家理想人格与中国文化》，复旦大学出版社 2006 年版，第 39 页。

着历代儒家先哲的价值取向和教育理想，成为千百年来志士仁人个人修养的目标所在。

（一）君子人格

对君子人格的研究，首先需要界定“君子”这一重要概念。在古代，君子最早指的是具有较高社会地位的人。在西周与春秋时期只有贵族男性和统治者才能使用“君子”的称谓。《诗经》曰：“君子所履，小人所视。”《春秋左传·襄公九年》曰：“君子劳心，小人劳力，先王之制也。”这里君子的含义均着眼于地位而非道德品质。其后，君子一词开始被赋予德性上的意义，逐渐转化为道德理想的人格称谓。

最早明确赋予“君子”道德品质、道德情操内涵的，当属孔子。“君子之道者三，我无能焉：仁者不忧、知者不惑、勇者不惧。”（《论语·宪问》）“君子怀德，小人怀土。”（《论语·里仁》）“君子喻于义，小人喻于利。”（《论语·里仁》）……这些关于君子的论述，都反映了在孔子心目中，“君子”是理想人格的载体和理想道德的化身，是教育引导人们追求的理想人格境界。这种境界的要求仅次于“圣人”，是需要努力修养才能实现的。即使孔子本人也不敢自许已达到“君子”境界。子曰：“文，莫吾犹人也。躬行君子，则吾未之有得。”（《论语·述而》）

将“君子”作为一种理想人格模式进行研究，也始于孔子。虽然后代儒家对“君子人格”思想及境界各有不同的发挥，但却始终基于孔子所奠定的“君子人格”总体格局和基本结构。从记录孔子道德教育思想的《论语》一书中，我们可以看到孔子对“君子人格”的重视。据杨伯峻先生统计，《论语》中有 107 次提到“君子”，其中就有

95 次是指向道德人格的意思。[①]

孔子认为，“君子”与“小人”之间的界分首先取决于二者对“义”和“利”所持的不同价值取向。“君子”追求“义以为上”“义以为质”，本质在于“行义”，而小人则以利为主导。其次，“君子”注重“为仁”“循礼”。子曰：“君子去仁，恶乎成名？君子无终食之间违仁，造次必于是，颠沛必于是。”（《论语・里仁》）又曰：“君子义以为质，礼以行之，孙以出之，信以成之。君子哉！”（《论语・卫灵公》）他认为，君子为人处世，以“仁”为主导，以“礼”为规范。“仁义”是君子的核心品质，君子视行仁义为己任，并且认为“为仁由己”，是个体的自觉行为。同样，把“仁义”作为衡量君子的本质规定的，还有孟子、荀子等其他大儒。“君子所性，仁义礼智根于心。”（《孟子・尽心上》）“君子养心莫善于诚。致诚则无它事矣，唯仁之为守，唯义之为行。”（《荀子・不苟》）这些论述无不反映出儒家视“仁义”为君子的核心品质和第一要义，并且以此对个体的行为进行是非善恶荣辱等道德评价。正如陆象山所说：“君子以义为质，得义则重，失义则轻；由义为荣，背义为辱。”（《陆九渊集》卷十三《与郭邦逸》）在对“君子”的设定上，如果说孔子重“仁”，孟子是“仁义”并举，那么荀子则是更加“隆礼”，重视礼的作用，他提出了一个以礼为核心的仁、义、礼有机统一的道德规范体系。虽然先秦的各位大儒都十分看重“仁”“义”“礼”，强调“以义为上”“公义胜私欲”“重义轻利”“安贫乐道”，但并不代表他们对个体追求自身正当利益的否定，只是强调人们在追求利益时要符合道义，要通过正当途径来获取。孔子说：“富与贵，是人之所欲也，不以其道得之，不处

① 杨伯峻：《论语译注》，中华书局 1980 年版，第 241 页。

也；贫与贱，是人之所恶也，不以其道得之，不去也。”（《论语·里仁》）其意思就是，富和贵乃人人向往，但是得到它必须经过正道；贫和贱当然是人们所厌恶的，但是用不正当的方法去摆脱，非君子所为。孟子对人的物质需求也表示了肯定与认同，他说：“口之于味也，目之于色也，耳之于声也，鼻之于臭也，四肢之于安佚也，性也，有命焉，君子不谓性也。”（《孟子·尽心下》）喜爱美好的味色声臭和舒适安逸的生活，这是人的天性，但能否实际拥有这些，则非天性必然，因而不可违背道义而强求之。荀子也认为：“故虽为守门，欲不可去，性之具也。”（《荀子·正名》）他强调人的基本物质欲望是不可抹杀的，只是不能过度，而应节制，即所谓“欲虽不可去，求可节也”（《荀子·正名》）。

然则，秦汉以后，后世儒者在禁欲主义的道路上越走越远，甚至完全抹杀人的正当欲求。在理学家看来，“仁义”的实现，须得首先战胜邪恶的贪欲，“天理”才能得以复现，“圣人千言万语只是教人存天理，灭人欲”（《朱子语类》卷十一）。当然，在思想家那里，人欲是指过度的欲望追求；饥食渴饮，冬裘夏葛，这些物质生活只要适度，乃是天理。但在现实教化中，当人们对合理的物质需求没有一个清晰的心理尺度，而念兹在兹的总是“存天理，灭人欲”，“静时去欲存理，动时去欲存理”时，便不可避免地为“物质追求”打上了难以抹去的“原罪”，哪怕这种追求是合理应当的。

通过阅读儒家经典，我们不难发现历代儒家在赋予“君子”一词深刻而丰富的含义背后，其所体现出来的则是对于“君子人格”的热切期望与执着追求。可以说，作为儒家所高度重视的理想人格范式，君子人格具有充分的现实性与可操作性。儒家学者关于君子人格的研究与论述是相当丰富的，君子的特点因各自立论基础的不同而有所不同，但是其根本精神和内涵旨归却是一脉相传、一以贯之的。这种理想人格，以“仁”为道德内核，以“义”为价值准绳，以“礼”为外在规范，以“知、勇、信”等道德品质为内在要求，以及“君子多能”的气质风貌，是这样一种有机统一的复合型人格。具体说来包括：

1. 以“仁”为道德内核。“仁”作为界分“君子”与“小人”的根本标准，是“君子人格”的根本特征和本质定位，其在君子人格道德体系中处于基础与砥柱的地位。在儒家看来，广义上的“仁”即道德，是诸多德目的总和，是一种含义极广的道德范畴，包括仁、爱、孝、悌、礼、义、忠、信、敬、宽、敏、恭、廉、耻等内容。孟子曰：“仁也者，人也。合而言之，道也。”(《孟子·尽心下》)其意思就是说，为人之道，总而言之就是仁而已。宋代理学家陈淳亦说：“仁含百善，能仁则百善在其中矣。”(《北溪字义·仁义礼智信》)狭义的“仁”则指“仁者爱人”。“樊迟问仁。子曰：‘爱人。’”(《论语·颜渊》)具体说来，“仁”就是指人与人、人与社会，乃至人与天地万物之间的相处之道。“仁”要求君子“亲亲而仁民，仁民而爱物”(《孟子·尽心上》)。在这里，“仁”包含三个层次。第一层次即“亲亲”，亲爱自己身边的亲人。这是以血缘关系为纽带的孝悌之道，是“仁”这一伦理思想体系的基础。第二层次是“仁民”。儒家认为君子不仅要爱自己的亲人还要能够推己及人，仁爱百姓，即能够“泛爱众”。由此继续推向“仁”的第三层次，即爱惜万物，珍惜资源，要“取之有时，用之有节”。不仅如此，儒家认为“仁”作为“君子人格”的本质核心，它还体现为个体对道德的自觉追求，正所谓“我欲仁，斯仁至矣”(《论语·述而》)，“为仁由己”(《论语·颜渊》)。儒家对“仁”这种层次规定性和具体内容的阐释，使世人在追求君子人格时，有了较为实际的参照标准。而个体正是因为具备和遵守了

“仁”，才促使自己的德性得以觉悟与完善，胸怀得以博大，从而最终完成自己对君子人格养成的至境追求。

2. 以“义”为价值准绳。“义者，宜也。”(《礼记·中庸》) 所谓“义”，从广义上说，是指事情之公正合宜的道理，是一种应然状态和绝对道德。狭义上则指个体对待利益所秉持的价值准则。儒家认为，一个真正的君子，首先，必然要把义作为根本，坚持义以为上的价值取向，并以此来指导和规范自己的行为选择。孔子说：“君子之于天下也，无适也，无莫也，义之与比。”(《论语·里仁》) 孔子本人就视道义、正义为行为准则和自己应该履行的道德义务，并强调它们是君子之所以能够立足于天下的必备人格与素质。在这里，君子人格并非要我们否定或排斥对正当利益的追求，而是引导我们重义轻利、见利思义，必要时甚至能够舍生取义。换句话说，这种人格要求我们要有集体观念，以集体利益和大局利益为重。对于正当“利”的追求，要坚持以正当合法的手段去获取，即“取之有道”，不能像小人一样“唯利所在、无所不倾”(《荀子·不苟》)。其次，适宜是“义”的灵魂所在。南宋大儒朱熹就曾指出：“义者，心之制、事之宜也。”儒家认为君子行“义”不能走极端，非此即彼、非黑即白，不是机械地将道德标准一成不变地加诸个体身上，而是通过把握道德现象背后的规律，在具体事情的运用上予以具体分析、灵活掌握，将道德原则和实践行为进行有机结合。

3. 以“礼”为外在规范。简单来说，“礼”指人们日常生活的行为规范，其实质是用其正确处理人与人之间的关系，通过对人的欲望和行为给予相应的规范和约束，促进个人品格修养的形成和社会的稳定和谐。儒家认为，“礼”是君子人格的重要组成部分。孔子说：“不学礼，无以立。”(《论语·季氏》) 他把“礼”视为做人的基本规范，并且强调要想达到“仁”的境界，应采取“克己复礼”的修养方法。他呼吁道：“非礼勿视，非礼勿听，非礼勿言，非礼勿动。”（《论语·颜渊》）只有不断克制私欲和摒弃不良习性，不做任何失礼的事情，时刻以“礼”来规范和约束自己的言行，一个人才能真正实现道德的自我完善。“礼”之重要性不仅体现在其对个体内在德性的唤醒，还体现在其是君子人格的内在品质转化为外在社会实践的重要途径。总之，通过“礼”的教化，有助于促进个体之君子人格的培育。

4. 以“知”“勇”“信”等道德品质为内在要求。儒家认为，君子人格作为一种兼容并蓄的复合型人格，它的要求绝非单一或片面的。除要具备“仁”“义”“礼”这三个核心要求和本质规定外，它还应该具有“知”“勇”“信”等其他道德品质，子曰：“君子道者三，我无能焉：仁者不忧，知者不惑，勇者不惧。”（《论语·宪问》）又曰：“君子义以为质，礼以行之，孙以出之，信以成之。”（《论语·卫灵公》）意思就是，君子不仅是一个仁者，而且是一名智者，他的智慧不仅体现在其“多见而识之”的渊博学识上，更重要地表现在其明辨是非善恶，善于透过现象看本质的智慧上，而这也正是个体追求君子人格所必不可少的认知手段和思想基础。“勇”即指“勇敢”，它表现为一种不惧困难、勇于实践、奋勇进取的道德意志和勇而不惧、舍生取义的大无畏的道德精神。当然，“君子人格”所内含的“勇”，是以“仁、义”为前提的，而非一时冲动所逞的匹夫之勇，即“君子义以为上，君子有勇而无义为乱，小人有勇而无义为盗”（《论语·阳货》）。事实上，儒家对“匹夫之勇”是持批判态度的。孔子说：“暴虎冯河，死而无悔者，吾不与也。”（《论语·述而》）荀子说：“轻死而暴，是小人之勇也。”（《荀子·荣辱》）“信”即言而有信，诚实守信。在儒家看来，这种说话做事能够坚守信用、表里如一、诚实无欺的道德操守，是君子必不可少的品格。这就要求我们说话要“言忠信”，做事要“行笃敬”，与人交往要“言而有信”，并且能够“久要不忘平生之言”，则“亦可以为成人矣”。换句话说，个体要追求君子人格，则必须要始终把“信”这一品质作为自己应该遵守的伦理道德规范，说话诚实可靠，做事严肃认真，与人交往信守承诺，对待朋友真诚恻怛。

5.“君子多能”的气质风貌。儒家认为，具有君子人格的人，不仅要有良好的道德修养，而且要德才兼备、内外兼修，是德性和才能的集大成者。这就是说，君子理想人格不仅是一种内在超越的人格理想，而且体现为兼具众美、淳厚丰满、文雅端庄的气质风貌和外在仪态。儒家对于“君子”的气质风貌有很多精彩描述。孔子说：“君子不器。”（《论语·为政》）这是赞扬君子的多才多艺，认为君子非器具，不能只具有某一方面的功能，局限于某一个方面，而是博学多识，允文允武。“质胜文则野，文胜质则史。文质彬彬，然后君子”（《论语·雍也》），这体现了君子崇尚文质并重、洒脱得体、全面协调发展的精神风貌。“君子坦荡荡”（《论语·述而》），“君子不忧不惧”（《论语·颜渊》），此则显示了君子心胸宽广、包容大气、豁达纯粹、磊落光明的态度和品格。而君子“周而不比”“和而不同”“矜而不争”“群而不党”等，则是说明君子应能够坚持正确的道义立场，具备独立的思考能力，既不盲从附和，又能争取团结，以道义驾驭冲突，使一切都恰到好处，展现了君子极高明而道中庸的生活智慧。而“君子惠而不费，劳而不怨，欲而不贪，泰而不骄，威而不猛”（《论语·尧曰》），此君子“五美”则是君子风貌的展现。君子“三愆”“三戒”“三畏”“九思”等标准，更是反映了君子对修身克己、严格自律的重视。“富贵不能淫，贫贱不能移，威武不能屈，此之谓大丈夫。”（《孟子·滕文公》）这种自强不息、志不可夺的浩然之气则更为直观地反映了非凡的君子风貌。总之，儒家所推崇的君子人格，不仅具有德性的自我完善，道德的内在超越，心性的磨砺养成，更是人文情怀、人格美学和才能才智的高度统一。

综观儒家的理想君子人格观，我们可以发现，其对仁义道德高度重视，以道德伦理的维度审视评判个体的言行，将人的价值同社会的发展联系起来，主张人的自我完善和社会责任相结合，倡导积极的道德实践。儒家认为，“君子”只有“志于道”“据于德”“依于仁”“游于艺”，并且通过“好学”“力行”“知耻”的路径不断修养、提升，最终才能真正达到君子人格之境界。

（二）儒家心性论与君子人格的关系

儒家心性论作为儒家思想的核心学说，是一门广泛涉及本体论、认识论，而以人性论与修养论为基本内容的重要儒学理论，其主要研究内容是探讨人性及其根源，以及相关的道德教化和道德修养方法等问题。它把人性提高到与天道相通的高度，通过对道德修养过程中的“知”“情”“意”以及人的本质与自我价值实现等问题的关注与分析，为人的德性修养和道德实践寻求终极的依据，从而达到促进德性修养和理想人格培育的目的。作为一种内在超越的“为己之学”和“内圣之学”，儒家心性论注重对内在心性的探索和外在的教化来最终实现道德的自我完善和崇高的人格境界。可以说，儒家心性论把个人的人生观和社会理想进行有机结合，并最终指向理想人格的形成。儒家理想人格包括内圣和外王两个方面，外王的实践以内圣为基础，儒家心性论则侧重于内圣方面的构建。

君子人格作为儒家最为看重也最具有现实可行性和可操作性的理想人格，就必然与儒家心性论之间有着密不可分的辩证关系。儒家心性论作为君子人格的理论基础和重要实现路径，挖掘其中的精华资源，有助于君子人格的培育与发展；而君子人格的培育作为道德实践活动的目标和归宿，则又是儒家作心性之思的目的所在，体现了心性之学的终极价值。具体论之如下：

1. 心性论是君子人格理想的理论基础。子曰："道之以政，齐之以刑，民免而无耻；道之以德，齐之以礼，有耻且格。"（《论语·为政》）其意思是，用政令和刑罚去治理百姓，只能使人们因为害怕受到处罚而暂时避免犯罪，却并不能使人们从内心深处生出廉耻之心；只有用道德去教化人们，用礼教去开化百姓，才能使人们的行为合乎规矩，而且能够使人们口服心服、自觉主动地践行这些道德准则。儒家认为，君子人格理想的实现需通过"内省""力行""知耻"等路径来实现。换句话说，个体对君子人格的追求是通过道德修养和道德实践来达到的。而个体道德修养和道德实践的前提则是对于自己心性的把握。儒家心性论作为集儒家本体论、伦理学、人性论和修养论于一体的道德形而上学，主张在天人合一的终极文化理想背景下，从"心"出发来探寻人的道德本性和天理所在，从而实现"尽心""知性""知天"的贯通。在对人的本质、存在、价值及其实现等问题的思考中，儒家视天理、天道为个体生命存在的根源，并据此形成各自的本性、情志和欲望。而这里的天理、天道指的就是一种哲学本体或者说是道德之根据。儒家心性论，就是要解决人在道德生活上的各种问题，通过唤醒人们内在自觉的德性，来提升个体道德水平，培育个体理想人格，从而促进社会进步。儒家心性论，以心、性为主要范畴，以"知情意行心"相统一为品德心理结构，不仅为君子人格的培育提供了本体论依据，而且其包含的修心育德、情育美德、践履育德，以及源于人性的道德修养功夫等思想、方法，也为君子人格理想的实现提供了心理学和伦理学基石，是君子人格理想的理论基础所在。

2. 心性论是君子人格的重要实现路径。儒家心性论不仅是君子人格理想的理论基础，更是君子人格的重要实现路径，有助于君子人格的培养。儒家认为，君子人格应该是内圣与外王的有机统一。君子人格的实践与追求过程，应当是个体通过自身修养，并与社会规范良性互动，不断自我完善的过程。在这个过程中，理想人格的塑造与成就，需以内在精神诉求为根本和出发点，建功立业、济世救民、乐群利他的“外王”实践应该是内圣之学的自然迸发；而缺少内在之仁与德性追求，礼乐规范亦只能流于形式。儒家心性论注重道德行为的情感驱动、关注个体情感发展、强调道德主体意识、重视道德自律和内化自觉，其所提出的“立志”“为学”“内省”“克己”“改过”等心性修养方法，都是君子人格培育的重要路径。此外，儒家心性论对人文化成、礼乐教化以及对个体心性修养、人格塑造方面也给予了积极的肯定，对君子人格理想的追求起到了积极的推动作用。

3. 君子人格是儒家作心性之思的目的，是道德实践活动的目标和归宿。德性与人格作为一个统一的整体，往往以人格形式体现人的整体精神的存在。如果说，心性论是本体论和修养论的问题，那么君子人格则是功夫论和境界论的问题。儒家认为，“自天子以至于庶人，一是皆以修身为本”(《礼记·大学》)，而修身的最终目的无非是培养个体高尚的道德人格。道德人格境界的高低之分不过是人的道德本性的显现与遮蔽的程度不同而已。儒家心性论在理论上具有明确的“为己之学”的特征，推崇“为仁由己”，认为个体为学的目的是通过对自身德性的培植和扩充、精神境界的提高来达到人格完善与自我实现。在这个过程中，个体高度重视内在精神价值的追求，修养成为主体自身的内在需求，所进行的道德实践活动也上升为主体理性自觉的活动，人格的追求也因此变得更加丰厚盈溢、和谐生动。

（三）君子人格的当代德育价值

儒家设计的君子人格理想在漫长的历史衍变过程中，经过历代儒者的不断演绎阐发和劳动人民的具体实践，充分表现出来的人格基本价值取向和优良道德精神，不仅影响着中华民族的性格形成与发展，对中国思想文化乃至社会生活的各个领域也都产生了深远的影响，其所揭示的人格范式对于加强道德修养、培育健全人格、完善人格操守、提升人的价值、化解道德冲突等至今仍具有现实的指导意义。此外，君子人格理想学说中包含着丰富的道德教育内容，对于其理论精华和合理内核的正确运用，并充分发挥其道德规范、培育和教化功能，对于新时代的社会主义精神文明建设也具有不可忽略的重要意义。

1. 主张重义轻利的道德传统，培育正确的义利观。儒家认为，君子人格以重义轻利为基础，主张“义以为上”“先义后利”“以义制利”“义然后取”“舍生取义”，反对“重利轻义”“见利忘义”“唯利是图”。千百年来，儒家始终把坚持正确的义利观作为君子立身处世的基本道德准则，以个体对“义”与“利”的取舍作为判断君子与小人的分水岭。这一文化精神及修身理念传承至今。党的十八大以后，习近平总书记提出“要坚持正确义利观，做到义利兼顾，要讲信义、重情义、扬正义、树道义”，这是对儒家优秀伦理价值观的充分肯定与借鉴。

当前，我国依然处于社会主义初级阶段，各项改革进入攻坚区和深水区。随着市场经济的转型发展和改革的进一步深入，人们的传统价值观念也受到了拜金主义、享乐主义、个人主义等观点的冲击，道德观念更加多元，人们的生活志趣更加趋向物质与现实。在这样的背景下，认真研究儒家的君子人格理论，全面总结和扬弃儒家理想人格的义利思想，重视道义与责任，培育“义利统一”的正确义利观，对于全民族的个体人格完善和社会主义精神文明建设将起着积极的促进作用。坚持和培育正确的义利观，要能够辩证地把握义利关系。首先，要求我们对道德和物质利益的关系有正确认知。正确的义利观并非空谈道德，不讲实际的虚伪道德说教。它肯定人们的正当合法利益，鼓励人们通过合法的手段争取自身利益即“义然后取”，强调君子要“义以为上”，在追求自身利益的过程中始终坚持道德理想、道义精神的引导和规约。当道义和利益产生冲突时，要能够“先义后利”“以义制利”，甚至说“舍利取义”。其次，公私之辨是处理好义利关系的一个重要层面。“公义胜私欲”一直以来被儒家视为君子的道德根本要求。正确的义利观坚持公共利益和个人利益的有机统一，在充分尊重个人合法利益的基础上坚持把国家和社会利益放在首位。最后，正确的义利观要坚持动机与效果相统一。自古以来，人们往往从动机与效果这两个基本角度来对个体行为进行道德价值评价，而这也正是义利之辨的又一重要内容。正确的义利观要求在人生价值的评价中，要坚持动机和效果的辩证统一。既要联系志向动机看其功利效果，又要透过功利效果考察其实际动机。此外，正确的义利观还要抵制功利主义的价值趋向，正确对待人们的物质需要和精神需要，坚持物质需要和精神需要相统一的原则，并且更加重视精神需要对个人发展的特殊意义。

2. 强调崇德尚仁的价值原则，追求崇高的道德境界。儒家认为，崇德尚仁是君子人格不可或缺的特质，也是个体塑造完美人格和成才的内在动力。君子讲仁爱、崇德性，注重良好品性的养成，追求人格的完善。“崇德”，简而言之，就是追求和推崇道德。儒家认为，人和动物的区别就在于人有道德，因而人除物质需要外，最为重要的是满足道德需要。道德人格的养成，乃是为人为学的根本宗旨。孔子认为，“君子怀德，小人怀土”（《论语·里仁》），警示人们不要被物欲所奴役，对道德的追寻、道义的关切、生命价值的萦怀应当成为人们的永恒追求。“崇德”的关键又在于“尚仁”。“仁”作为儒家理想人格最核心的构成要素，是诸德之科目的总和，首先，体现为“爱人”的道德情感。它以血缘关系的亲亲之爱为出发点，推己及人，由近及远，最终达到天地万物一体之仁的境界，从而实现仁的道德情感与社会情感的统一。其次，体现为忠恕之道。主张“己所不欲、勿施于人”“己欲立而立人，己欲达而达人”（《论语·颜渊》），要求人们在人际交往过程中要能够推己及人、换位思考。此外，“仁”不是空洞的说教，它体现为“恭、宽、信、敏、惠”等诸多具体品行。在外在表现和实施路径上又归于“礼”，即“克己复礼为仁”。儒家君子理想人格中崇德尚仁的要求，在道德教育建设面临诸多困境的今天，对于改善人际冲突、协调社会矛盾、抵制物欲异化，具有积极的劝谕和教化功能。在思想政治教育过程中，我们应充分利用这一传统道德资源，唤醒人们内心深处的“崇德尚仁”之情，追求崇高的道德境界。通过弘扬“崇德”思想和“仁爱”精神，来鼓励人们树立博爱大众的情怀、感恩宽容的品质、孝顺善良的情感、互助团结的精神、诚实守信的品格，并不断追求自身道德修养水平的提高和道德境界的升华，从而实现身心和谐、人际和谐、天人和谐。

3. 倡导经世济民的外王之道，强调个体的社会责任意识。儒家文化的一个显著特征，即倡导经世济民的外王之道，认为个人修身的最终目的就在于实现济世安民、造福社会的家国抱负，主张个人要积极投身社会、勇于担当。具备强烈的社会责任感和达则兼善天下的情怀是个体追求君子人格的必要条件。“天下之本在国，国之本在家，家之本在身。”（《孟子·离娄上》）“身修而后家齐，家齐而后国治，国治而后天下平。”（《礼记·大学》）这些都体现了儒家所倡导的“家国情怀”和“匡时济世”的责任感、使命感。在此思想的长期引导和熏陶下，我国涌现出了一批又一批具有强烈社会责任感的志士仁人。今天，我们处在决胜全面建成小康社会、实现中华民族伟大复兴的关键时期，人们社会责任感的养成教育至关重要，正所谓“天下兴亡，匹夫有责”，只有调动每个人的社会责任意识，社会主义现代化建设才能真正取得成功。培养个体的社会责任意识，首先，要大力弘扬爱国精神。千百年来，儒家文化所内含的爱国主义优良传统和以兼济天下为己任的社会责任意识超越了岁月的流逝和空间的变迁，在今天依然闪耀着璀璨的光芒。爱国精神还要求我们正确处理好国家与个人、历史与时代的关系，明确爱国主义与爱社会主义的一致性、爱国主义与拥护祖国统一的一致性、爱国主义与弘扬民族精神和时代精神的一致性。其次，理论的引导、认知的形成固然重要，但实践的养成则更为关键。“穷则独善其身，达则兼济天下”（《孟子·尽心上》）是对每个处于不同人生境遇的个人的具体要求。格物致知、诚意正心、修身齐家、治国平天下则是为外王之道的实现提供了具体路径。这条路径是实践的路径，要求人们从自我做起，从具体的事情做起，从增长知识、探究本心、明辨事物、修身养性开始，而这些终归是要在实践中去养成、去实现。通过实践了解社会、了解国家，通过实践来增长才干、锻炼能力，也通过实践来夯实责任、实现抱负。

4. 推崇自强不息的民族精神，培养积极、独立的人格特质。“天行健，君子以自强不息；地势坤，君子以厚德载物”（《周易·象传》），这种自强不息、乐观进取、刚健有为、厚德载物的道德品格，包含着深刻的人生哲理，体现了儒家自强不息的价值取向和思想特质，也铸就了中华民族的民族精神和精神风貌。自强不息作为理想人格的基本品质之一，首先体现为一种坚韧不拔、积极进取、独立自信的品格。个人要想成就一番功业，不仅要树立远大的志向，更要有一以贯之的精神。无论是顺境还是逆境，都能坚持自己、独立自信、遵道而行、勤勉不怠。依靠这种精神，人们才能不断发挥自己的主观能动性。一个人不管从事何种职业，只有遵从自己的职业之道，积极从业，方可有成。其次要不断学习、进德修业、积善不止。君子人格的养成，非一朝一夕之功。它是一个不断学习、循序渐进、积善不息的过程，也是德行日趋完美的过程。宋代大儒周敦颐就认为，君子与小人的区别就在于对“德”与“业”的态度上，他说：“实胜，善也；名胜，耻也。故君子进德修业，孳孳不息，务实胜也；德业有未著，则恐恐然畏人知，远耻也。小人则伪而已。故君子日休，小人日忧。”（《通书·务实》）君子以迁善改过、进德修业为快乐，小人则正好相反。自强不息的品格也体现为一种主体性、独立性人格。这种主体性人格是个体对天地万物的积极呼应，是对自身存在的自信肯定，是不被物欲俘虏的独立精神意志。它使个体能动自主地调动自身的潜能，充分展示自身力量，从而激发个体的创造力和生命力，最终使整个社会得以生机勃勃、欣欣向荣，个体的人生价值也得以实现。这种精神和品质是中华民族得以生生不息、能够自立于世界民族之林的灵魂所在，并激励着当代中华儿女为中国梦的实现继续奋勇前进。

5. 重视以身体道的修养践履，倡导内省力行。儒家认为，要想成就君子人格，不仅要树立崇高的道德理想和信念，更要积极实践、躬行践履、以身体道，强调在个体道德修养过程中实践的重要作用。在道德理想人格养成的过程中，内省和力行是其不可或缺的必要途径。

子曰："见贤思齐焉，见不贤而内自省也。"（《论语·里仁》）孔子的学生曾参也曾要求自己"吾日三省吾身"（《论语·学而》），强调在道德进步上内省的重要性。通过对心性的体悟和扩充，对日常生活的关注与感受，遵循反求诸已的要求，时时体察自己思想上的懈怠与错误，从而达到提升自己道德水平和人生境界的目的。内省的最高境界是慎独，即在没有外在监督的情况下，仍能坚持自己的道德信念，规范自己的行为。内省的内在要求是反求诸己，它强调修养的高度自觉性，要求人们在遇到事情或者矛盾时，多从自己身上寻找原因，改正错误，努力使自己做到更好，而非一味地怨天尤人。如果说内省是成就道德理想人格的第一环节，力行则是完成理想人格塑造的不二之途和落脚点，是更高层次的要求。一切道德理想、道德认知、情感意志只有付诸力行，化身为行动，才能有所归宿，最终成功。君子人格更是这种"知行合一"的具体存在形态。只有力行，人们才能接近、达到并保持这种理想的存在状态。总之，力行，是这种理想存在状态的关键。不仅如此，力行检验并完善道德认知，培育道德情感，塑造道德意志，有利于正确道德观念与良好道德品质的最终养成。只有在实践中形成的道德品质，才是优良道德，才能真正内化于个体心中。在当今社会物质生活日益丰裕富足，而浮躁之风、攀比之气、急功近利思想却有所滋长的社会现状面前，倡导内省力行、重视以身体道的修养践履，就成为一种十分值得鼓励的道德精神，对当今社会有着切实的重要参考价值。

第四章

儒家心性论与修心育德

儒家从心性出发，建构了一整套个体道德修养方法和独特的德育思想，这些方法以人性和人心为核心，包含着对人的主动性和能动性的肯定，其中的尊德性、道问学、变化气质、涵养心性等修养内容和修养方法，对今天的德育仍有十分重要的借鉴意义。立志为圣，虚己去伪，存心诚意，儒者这些尊德性的功夫，有助于我们培育道德自我，夯实修心育德之基，以期“有源者由己”。儒家重视道问学，主张为己之学，追求孔颜乐处，讲究守约博涉，有助于我们提升道德认识，“矫思以为矢”，致真知，自觉由仁义而行。儒学作为行动哲学，倡导果行育德、变化气质、事上磨炼、内省慎独，这些都是我们要充分借鉴的道德践履方法。在理想性上，儒家树立圣人境界，主张追求仰望星空的“高明”之境。在现实性上，儒家树立“求己”的功夫，主张积极的问学、反省、克己、实践等路径，去明德至善。建立了本体与功夫的完美结合，即体即用，下学上达，既肯定了美德的本体根基，又指出了通向美德的现实路径。

一、尊德性，培育道德自我

（一）立志

儒家倡导人生于世应当积极作为，而立志正是人们做好各种世事的起点，是人的主体精神的具体展现。

1. 志向是一个人的精神根基

独立的意志与自主的志向是人之为人的必要的内在规定性，否则便会沦为“物”，即所谓“被物化”了。因此，孔子警示人们：“三军可夺帅也，匹夫不可夺志也。”（《论语·子罕》）礼记曰：“身可危也，而志不可夺也。”[①]志向对于一个人来说为什么这么重要呢？孟子说：“夫志，气之帅也；气，体之充也。”（《孟子·公孙丑上》）俗话说，人活一口气，人的“志”统摄着“气”，没有“志”，人的精神世界就会坍塌，就如泄了气的气球一样。这种人萎靡不振，日子久了，便心灰意懒，心无所求，从相反方向做到了告子的不动心。告子是想将“心”保护起来，不为外物所触动，即“勿求于心”和“勿求于气”。但这不是孟子的不动心，孟子倡导人们在积极行动中保持心体的静与定，因为“集义”的行动与“善”的本心完全一致。要做到动中静，我们离不开作为个人精神的根基——“志”，正如荀子所说：“志意定乎内”[②]。二程曰：“持其志，便气不能乱，此大可验。”（《二程遗书》卷二）一个具有远大志向的人，在他奋发前进的道路上经历的种种关涉个人的境遇，都只是小插曲或小风景，因此，他虽然会在行动上作出一定的自然的回应，但内心的湖面却保持着平静。

2. 立志应是远大志向与道德人格的统一

孔子说：“吾十有五而志于学，三十而立，四十而不惑，五十而知天命，六十而耳顺，七十而从心所欲，不逾矩。”（《论语·为政》）孔子“志于学”在很大程度上就是“学道”，目的在于使自己的道德境界不断提升，最终达到“从心所欲，不逾矩”的自由状态。孔子的人生志向就在于求道。他说：“志于道，据于德，依于仁，游于艺。”（《论语·述而》）这便是远大志向，一个人一旦确立了这样的志向，他的人生境界就会大大提高，他不会为个人的利害得失所羁绊。所

① 陈才俊主编：《礼记精粹》，海潮出版社 2012 年版，第 350 页。
② 方勇、李波译注：《荀子》，中华书局 2011 年版，第 94 页。

以，“士志于道，而耻恶衣恶食者，未足与议也”(《论语·里仁》)。

孟子在回答齐王子垫的提问时说，士人应志存高远，要如此，就必须行仁义。他说：“尚志……仁义而已矣。”(《孟子·尽心上》) 孟子强调君子求道的志向要与扎实行动结合起来。君子对于道，就如流水在没注满洼地之前不会向前流动一样，必须一个台阶一个台阶、一个阶段一个阶段地由浅入深地去体认。他说：“流水之为物也，不盈科不行；君子之志于道也，不成章不达。”(《孟子·尽心上》) 荀子说：“志安公，行安修，知通统类，如是则可谓大儒矣。”① 意志上选择公还是私，是大儒与小儒或常人的分界线。一个人在思想意志上能自然地选择公正，是其成为大儒的关键；而那种在思想意志上偏向私心或需勉力才能克服私心的人只能是一般民众或小儒。

朱熹强调：“学者大要立志。所谓志者，不道将这些意气去盖他人，只是直截要学尧舜。”“学者大要立志，才学，便要做圣人是也。”② 一个人的才能与学问，都聚焦于学尧舜，学做圣人，这才是大志。否则，一个人如果是为了胜过他人，为了自家光宗耀祖、自己荣华富贵，那么他即便立志当丞相，这个志向也不属于大志，而只是俗志、小志。王阳明说：“只念念要存天理，即是立志。”③ 他所主张的“立志学圣贤”，既严肃又严格，要求高度纯粹，不得夹带丝毫杂念。他曾对门人李侯璧说：“良知上留得些子别念挂带，便非为圣人之志矣。”④ 他又在给门人邹守益的书信中说：“缘人未有真为圣人之志，未

① 方勇、李波译注：《荀子》，中华书局 2011 年版，第 11 页。

② 黎清德编，王星贤点校：《朱子语类》(全八册)，中华书局 1988 年版，第 133—134 页。

③《王阳明全集》(全五册)(壹)，线装书局 2012 年版，第 85 页。

④《王阳明全集》(全五册)(壹)，线装书局 2012 年版，第 184 页。

免挟有见小欲速之私，则此种学问极足支吾眼前得过。”[①]

3. 立志在人的道德发展中具有关键作用

立志不是一朝一夕之功，从志向的初始萌发到最终稳固确立需要一个持续摸索的过程。孔子“十有五而志于学，三十而立”，这个“立”就是“志”的稳固确立。王阳明十一岁时说要学圣贤，但之后也曾五溺于任侠、骑射、辞章、神仙与佛氏之习，直到三十四岁时（正德丙寅）始归于圣贤之学。[②] 君子求道之恒志一旦形成，其学圣贤之路便步入了正轨。张载说：“志久则气久，德性久。”王阳明强调：“学本于立志，志立而学问之功已过半矣。”[③] 王阳明认为，立志对一个人的成长至关重要，如舟之舵、马之衔、树之根，所以，“志不立，如无舵之舟，无衔之马，飘荡奔逸，终亦何所底乎？”[④] 无根树苗再怎么浇灌也长不出大树来，最多收获一堆杂草。“夫志，犹木之根也；讲学者，犹栽培灌溉之也。根之未植，而徒以栽培灌溉，其所滋者，皆萧艾也。”[⑤]

（二）虚己

君子志于道，必谦逊敬畏。一个人孜孜以求天地大道，学做圣贤，他就永远不可能高傲自满。在孔子看来，对于真正成为“博施于民而能济众”“修己以安百姓”的圣人，即使尧舜也没有完全做到。同样，在孟子看来，周文王“望道而未之见”（《孟子·离娄下》），他追求真知，但从不自以为已完全获得；孟子还以孔子都不敢自居为

---

①《王阳明全集》（全五册）（伍），线装书局 2012 年版，第 9 页。

② 陈来：《有无之境：王阳明哲学的精神》，生活·读书·新知三联书店 2009 年版，第 36 页。

③《王阳明全集》（全五册）（肆），线装书局 2012 年版，第 85 页。

④《王阳明全集》（全五册）（肆），线装书局 2012 年版，第 76 页。

⑤《王阳明全集》（全五册）（肆），线装书局 2012 年版，第 123 页。

圣的例子，批评公孙丑称赞自己（孟子）为圣人的提法。他说："夫圣，孔子不居——是何言也？"（《孟子·公孙丑上》）

儒家思想家历来对于那些小有所获便自鸣得意而夸夸其谈的人采取批评态度。孔子以"巧言、令色、足恭"（《论语·公冶长》）为耻，因为这都是以伪装的表象向外讨好于他人。因此，孔子认为，"巧言乱德"（《论语·卫灵公》），"巧言令色，鲜矣仁"（《论语·述而》）。相反，"刚、毅、木、讷近仁"（《论语·子路》）。大道需要人们以全身心去体认，君子不敢随意张口阐述，常担心有所误添或遗漏。正如王阳明所说："心之精微，口莫能述。"[①] 王龙溪就曾记述："先师（王阳明）讲学山中，一人资性警敏，先生漫然视之，屡问而不答。"[②] 此人虽资性警敏，但不舍世情机心，没有适宜的学道心境。王阳明认为让其愈多闻便会愈机巧，因而故意冷落他，希望他败露而悔改。王阳明对待此学生可谓用心良苦。他曾对学生提出要求说："从吾游者，不以聪慧警捷为高，而以勤确谦抑为上。"[③] 真有志于学圣之道的人除自然而然地保持谦逊态度之外，还必然会对之存有敬畏之心。《儒行》说："敬慎者，仁之地也。"[④] 仰望大道，心存敬畏，是仁者本色。圣人之道既不是我们要掌控的对象，也不是我们要运用来御人驭物的工具，而是要全身心地沉浸其中而自觉践行的天地之道，从而做到"戒慎乎其所不睹，恐惧乎其所不闻"[⑤]。所以孔子说："君子有三畏：畏天命，畏大人，畏圣人之言。"（《论语·季氏》）孟子也说：

---

①《王阳明全集》（全五册）（壹），线装书局2012年版，第267页。
② 黄宗羲：《明儒学案》（上册），沈芝盈点校，中华书局1985年版，第24页。
③《王阳明全集》（全五册）（肆），线装书局2012年版，第76页。
④ 王文锦译注：《大学中庸译注》，中华书局2013年版，第5期。
⑤ 王文锦译注：《大学中庸译注》，中华书局2013年版，第19页。

"由仁义行，非行仁义也。"(《孟子·离娄下》）要求把"居仁由义"当作人生的目的，遵从内心的道德判断和道德选择，而不是获取利益的工具和手段。

君子行于道，必洒落无滞。孔子说："君子谋道不谋食……君子忧道不忧贫。"(《论语·卫灵公》）这句话恰好诠释了君子人格中敬畏与洒落的高度统一。君子为追寻天地大道而谦逊敬畏，又不偏执于外在的生死利害而洒落无滞。陆象山说："羮鸡终日营营，无超然之意。"[①] 又说："常人汩没于声色富贵间，良心善性都蒙蔽了。"[②] 王阳明说："古之仕者，将以行其道；今之仕者，将以利其身。将以行其道，故能不以险夷得丧动其心，而惟道之行否为休戚。"[③] 没有基本的物质财富，人无法生存，君子的生活也同样离不开油盐酱醋，但这些对于君子来说是生活的条件，而非生活的目的。常人把名利作为生活目的来追求，而"道"反而成为手段或工具，保不准什么时候会因为名利而被更改或放弃。当然，这些讨论需要一个基本前提：一个有道的社会需要保证社会成员基本的生活条件和生活需求。

王阳明曾批评学生孟源自是好名之病，它好比一棵大树，枝繁叶茂遮盖了一方丈地，想在此地内播种嘉谷断无可能。"须用伐去此树，纤根勿留，方可种嘉种。"[④] 孟源的自是好名，主要表现就是他喜欢在同学面前展示自己的博学多识，他满足于自己的见识比他人多一些，而不在意这些见识在天地大道那里只是沧海一粟。这种好胜心是学者的大病根，如果不彻底拔去，就将一无所获。好名，好利，好胜，都

① 吕思勉：《理学纲要》，译林出版社 2016 年版，第 84 页。
②《梁启超修身三书》，上海古籍出版社 2016 年版，第 23 页。
③《王阳明全集》(全五册)(肆)，线装书局 2012 年版，第 142 页。
④《王阳明全集》(全五册)(壹)，线装书局 2012 年版，第 86 页。

是人心为末节所羁绊的表现，人人“相矜以知，相轧以势，相争以利，相高以技能，相取以声誉”，“功利之毒沦浃于人之心髓”。[①] 这也正是海德格尔所说的人的“沉沦”。[②] 人心只有摆脱这种功利之毒的浸侵，才能找到个体的本真状态。在儒家看来，这就是君子洒落无滞的生存状态。当然，我们应注意的是，这里王阳明所批评的“功利”是那种从个人立场出发的功利心，而非那种追求最大多数人最大幸福的功利原则。

君子入于道，必湛然虚明。君子之心，不受一切外求的物欲所遮蔽、所羁绊，向外呈现出一派洒落气象，向内则心体湛然虚明。朱熹说：“人心如一个镜，先未有一个影像，有事物来方照见妍丑。若先有一个影像在里，如何照得！人心本是湛然虚明，事物之来，随感而应，自然见得高下轻重，事过便当依前恁地虚，方得。”[③] 王阳明说：“圣人之心如明镜，只是一个明，则随感而应，无物不照。未有已往之形尚在，未照之形先具者……只怕镜不明，不怕物来不能照。讲求事变，亦是照时事，然学者却须先有个明的功夫。学者惟患此心之未能明，不患事变之不能尽。”[④] 私欲会蒙蔽人的心镜，未照物时，它便使镜子不透亮，灰蒙蒙的；虽物来照过而去，仍留下或深或浅的余痕，如所谓“心有余悸”“阴影难除”。只有不计个人得失、心存大道之君子，才能做到心如明镜，随感而应。正如孔子所说：“君子坦荡荡，小人长戚戚。”（《论语·述而》）

---

①《王阳明全集》（全五册）（壹），线装书局 2012 年版，第 134 页。

②［德］马丁·海德格尔：《存在与时间》，陈嘉映、王庆节合译，生活·读书·新知三联书店 2006 年版，第 204 页。

③《梁启超修身三书》，上海古籍出版社 2016 年版，第 23 页。

④《王阳明全集》（全五册）（壹），线装书局 2012 年版，第 86 页。

心如明镜，湛然虚明，但并非空无，这是儒家与佛教之间的一个重要区别。王阳明批评佛氏："欲善恶不思，而心之良知清静自在，此便有自私自利、将迎意必之心。"[①]真正的儒者既要超越于天下熙熙攘攘皆为利来利往的日常世界之上，又不沦落于万物皆空心体寂寥的枯槁世界之中。喜怒哀乐皆人所有，随公义正道而得其正，"然有不得其正者，只是应物之时不可夹带私心"[②]。君子心体虚明，应天地之理而动，积极进取，奋发作为。

（三）存心

心如明镜，应天理动，由仁义行。对于"道"，心"应"抑或"不应"，"由"抑或"不由"，"顺"抑或"逆"，尽管结果大不相同，但心有其自主性。明镜不是被动的，而是主动的。朱熹说："气虽是理之所生，然既生出，则理管他不得。"[③]理气在人，则分为天地之性与气质之性。前者好比一个明珠，后者犹如一汪池水，池水清澈，则水中明珠透亮；池水混浊，则明珠灰暗，甚至被完全遮盖了。存心，就是要保持池水清澈，使心中的明珠璀璨明亮。

存本心，就如"火之始然，泉之始达"。在孟子看来，失掉本心的人心中像长满了茅草一样，堵塞住了。这种人如果丢失了鸡犬，他会着急去寻找，而自己的心丢了，却表现得很麻木，一点不知道着急，这就很悲哀了，君子是绝不能这样的。孟子说："君子所以异于人者，以其存心也。君子以仁存心，以礼存心。"(《孟子·离娄下》)君子要保有仁的本质，遵照礼的形式去行动，做到不忘初心。因此他

① 《王阳明全集》(全五册)(壹)，线装书局2012年版，第144页。
② 黎清德编，王星贤点校:《朱子语类》(全八册)，中华书局1988年版，第345—346页。
③ 黎清德编，王星贤点校:《朱子语类》(全八册)，中华书局1988年版，第71页。

原先坚持原则即使牺牲性命都不会做的事，现在也不会为了“宫室之美”“妻妾之奉”“所识穷乏者得我”（《孟子·告子上》）而违心去做。保持本心，就是保持恻隐之心、羞恶之心、辞让之心与是非之心。这样，人的四个善端——仁义礼智便充分发挥作用，像熊熊火苗、汩汩泉水那样充满生机，正所谓“若火之始然，泉之始达”（《孟子·公孙丑上》）。

立诚，洪炉点雪，化私欲。《大学》说：“所谓诚其意者，毋自欺也，如恶恶臭，如好好色。”王阳明对此解释说：“《大学》之训，当是借流俗好恶之常情，以喻圣贤好善恶恶之诚耳。”“《大学》是就人人好恶真切易见处，指示人以好善恶恶之诚当如是耳，亦只是形容一诚字。”[①] 诚是一种生命状态，即好德如好色。爱美之心人皆有之，而圣贤之爱德有如爱美一般自然生动。周敦颐把“诚”列为与“太极”在体用上完全一致的概念，[②] 他说：“诚者，圣人之本。”“圣，诚而已矣。诚，五常之本，百行之原也。”[③] 所谓诚，就是做符合太极这一生生之道的事情，也就是本分之事。比如，人肚子饿了要吃饭，这是本分之事；但如果顿顿要山珍海味，那就是非分的欲求了。所以王阳明说：“仆近时与朋友论学，惟说立诚二字。杀人须就咽喉上着刀，吾人为学，当从心髓入微处用力，自然笃实光辉。虽私欲之萌，真是洪炉点雪，天下之大本立矣。”[④]

致良知，点铁成金，消邪枉。孟子说：“（人之）所不虑而知者，其良知也。”（《孟子·尽心上》）良知是来自人本性根底的善端——

---

①《王阳明全集》（全五册）（壹），线装书局 2012 年版，第 294 页。

② 杨立华：《宋明理学十五讲》，北京大学出版社 2015 年版，第 44 页。

③ 周敦颐撰：《周子通书·徐洪兴导读》，上海古籍出版社 2000 年版，第 31—32 页。

④《王阳明全集》（全五册）（壹），线装书局 2012 年版，第 256 页。

仁义礼智，其“非由外铄我也，我固有之也，弗思耳矣”(《孟子·告子上》)。由良知触发的行动是自然而然的，无须犹豫与推敲。出于价值观深处的行动总比出于功利考量的行动来得更自然而坚定。所以，王阳明说：“良知……譬犹舟之得舵，虽惊风巨浪颠沛不无，尚犹得免于倾覆者也。”[①]又说：“人若知这良知诀窍，随他多少邪思枉念，这里一觉，都自消融。真个是灵丹一粒，点铁成金。”[②]良知是人的精神世界里的中流砥柱，它虽不能排除人生的风浪，却能抵挡之而不倒；它是心灵中的灵丹一粒，能去腐朽，激发神奇。

（四）培育道德自我：修心育德之基

立志为圣，虚己去伪，存心诚意，古人这些修心方法，对于习惯于向外求索的现代人来说更显弥足珍贵。“良心”“良知”这些传统道德概念对应着今天的德育心理学术语——道德自我。借鉴和发扬中华传统文化中优秀的自我道德修养方法，培育道德自我，是现代人修心育德的基础。不忘向内精神，涵养道德自我意识。明儒刘蕺山说：“学者既有志于道，且将从来一切向外精神，尽与之反复身来，此后方有下手功夫可说。”[③]现代科学重证据、重数量、重有形的东西，培养了现代人自信的外向式思维，这是我们要继续保持的，并不需要如先贤所说的，尽将其倒转过来，只是我们要不忘向内精神，要把向内与向外思维协调起来。人的向外目光，其视角，其视野，其灵敏度，终究建基于内在的心灵世界，因为向外探索的是“为了人”，而向内思索的是“何为人”，前者使我们“能够”做到什么，后者让我们“应该”去做什么。孔子说：“君子不器。”(《论语·为政》)人的

---

①《王阳明全集》(全五册)(壹)，线装书局2012年版，第303—304页。

②《王阳明全集》(全五册)(壹)，线装书局2012年版，第171页。

③《梁启超修身三书》，上海古籍出版社2016年版，第1页。

主体性是人的本质性内涵，人不是机器、工具，其主体性不仅体现在其能力的大小上，更体现在其所选择价值的光辉中。当然，一个社会的主流价值观有其深刻的社会物质根源（并非来自宇宙深处某个神秘的地方或者人与生俱来恒定不变的先验性的东西），同时它又全面地渗透进了社会物质运动之中。

在今天的道德教育中，我们曾“忽视了自我与良知的‘对话’在育德中的重要作用，也就是使在德育中要张扬主体性的思想未落到实处……此种道德教育是一种‘无我’‘无头’或‘无心’的道德教育”。[①] 道德自我意识，是一种自我发展自我完善的意识，它体现为每个个体在道德生活中的自主性与主动性，这是人的自由而全面发展的生动展现。

保持向善精神，滋养个体浩然之气。孟子说：“我善养吾浩然之气。”（《孟子·公孙丑上》）现代社会倡导个体个性张扬，自立自主，这就是“浩然之气”的一种现代诠释。但如果个体个性所牵系维度出现偏差，就会出现戾气肆虐。奉物欲为人生圭臬的人，即使真的“成功”了，最终也难免走向为富不仁、为官不正的结局。这样的人，在其落败之前，也只能是哲学家罗素所说的“快乐的悲观主义者”。表面的灯红酒绿、纸醉金迷，掩盖不住内里深重的悲观主义。王阳明说：“使在我果无功利之心，虽钱谷兵甲，搬柴运水，何往而非实学？何事而非天理？”这里的“功利之心”并非指做事之前心中作必要的成败利害预估，而是指将“功利”立为心灵的依归。善，是心的本质，必须由它来指导我们的生活。这是王阳明要告诉我们的生活智

① 汪凤炎：《中国传统德育心理学思想及其现代意义》（修订版），上海教育出版社 2007 年版，第 332 页。

慧。这一点，与马克思批判异化劳动的思想有相通之处。生活本身与生活手段，二者位置不可颠倒，而“异化劳动把自主活动、自由活动贬低为手段，也就把人的类生活变成维持人的肉体生存的手段”[①]。快乐的悲观主义者深重的悲观之处就在于他们将自己的生活沦落到了动物的境界。

在物质财富不断增长的现代社会里，如何避免人的精神世界无所依赖无所追求的“空心病”现象，如一些学生没有了考试就不知为何而学，某些社会青年为逃避精神空虚而寻求精神药物的刺激等，这应该是一个值得高度重视的时代课题。古人主张“虚己者进德之基”[②]，今人倡导“个体自我超越”，二者在根本上是一致的，是同一精神的两个方面，前者是消极方面，即“有所不为”，后者是积极方面，即“有所为”。人要真正实现自我发展与自我超越，就要做一个心中有“源”的人，不为私欲所束缚，而能志存高远，忘我求索。正所谓：“有源者由己，无源者从物。”[③]

二、道问学，提升道德认识

（一）学习目标：为己之学

学者要真正学习，就要进行“为己之学”。孔子说：“古之学者为己，今之学者为人。”（《论语·宪问》）朱熹说：“今学者要紧且要分别个路头，要紧是为己为人之际。”[④]这里的“为己”是指学者学习道德义理，是为了完善自己人格，提升自身境界；而非出于“私己

① 马克思：《1844年经济学哲学手稿》，人民出版社1985年版，第54页。

② 黄宗羲：《明儒学案》（上册），沈芝盈点校，中华书局1985年版，第1051页。

③《王阳明全集》（全五册）（壹），线装书局2012年版，第257页。

④ 黎清德编，王星贤点校：《朱子语类》（全八册），中华书局1988年版，第139页。

之欲”或“功利之心”。也就是说，“君子学以致其道”(《论语·子张》)，学以求尽其心而已，而不是为了获得别人的赞誉，进而谋得好名声或高地位。

“为己”，才能“克己”，才能“济众”。只有追寻圣人之心，才能克制自己的私欲，举大义立公心。佛道之学追求内心的空寂，这却是一种私心。王阳明曾批评一位好仙释的学生说：“汝今所学，乃其土苴，辄自信自好若此，真鸱鸮窃腐鼠耳。”[①] 圣人之学才是学者要倾注心力的真正学问。王阳明曾这样劝诫晚辈要有正确的学习目标，他说：“吾非徒望尔辈但取青紫荣身肥家，如世俗所尚，以夸市井小儿，尔辈须以仁礼存心，以孝弟为本，以圣贤自期，务在光前裕后，斯可矣。”[②] 学者走在学圣之路上，努力成仁成圣，这样他就能做到“穷则独善其身，达则兼善天下”(《孟子·尽心上》)。“为己”与“济众”，二者是体用合一的关系。内里具有“仁心”本质的人，践行着“博施于民而能济众”的行为，这种行为是自觉的、稳定的、可持续的，因为它如有源头的活水一般，具有深厚的内在道德根基。

研读经典只是学习的第二义。经典是人内在里所固有的常道的名状或记录，其作用在于提醒我们不要忘记自身所拥有的宝藏，激励我们能做得更好，可以向圣人看齐，但并不能为我们增添些什么额外的东西。朱熹说：“学问，就自家身己上切要处理会方是，那读书底已是第二义。自家身上道理都具，不曾外面添得来。然圣人教人，须要读这书时，尽为自家虽有这道理，须是经历过，方得。圣人说底，是他曾经历过来。”[③] 王阳明说：“《六经》者非他，吾心之常道也……

①《王阳明全集》(全五册)(壹)，线装书局2012年版，第114页。
②《王阳明全集》(全五册)(肆)，线装书局2012年版，第88—89页。
③ 黎清德编，王星贤点校：《朱子语类》(全八册)，中华书局1988年版，第161页。

故《六经》者，吾心之记籍也，而《六经》之实则具于吾心；犹之产业库藏之实积，种种色色，具存于其家。其记籍者，特名状书目而已。”[①] 所以，每个人在生活中全身心去体认、感悟大道义理，将自己入到“道”中去，才是学问的第一义。所以，王阳明说：“道之全体，圣人亦难以语人，须是学者自修自悟。”[②] 这一点与海德格尔所说的领会与解释的关系有相通之处。他说：“在生存论上，解释植根于领会，而不是领会生自解释。”[③] 道理，人领会到了，便了然于胸，进而自然地外化为行动，而解释是要将道理转化为概念，并按一定逻辑表述出来。

（二）学习境界：孔颜乐处

孔子崇尚学习，提倡乐学境界。他说：“学而时习之，不亦说乎？”（《论语·学而》）他把学习境界分为三等，即“知之者不如好之者，好之者不如乐之者”（《论语·雍也》）。他自己也能好学乐学，真正做到“饭疏食饮水，曲肱而枕之，乐亦在其中矣”（《论语·述而》），“发愤忘食，乐以忘忧，不知老之将至”（《论语·述而》）。孔子信奉且喜好古代文化，他为“礼崩乐坏”的春秋时代回归治世提出的方案就是“恢复周礼”。他说自己“述而不作，信而好古”（《论语·述而》）。孔子对自己的学习状态很自信，认为当时很少有人达到自己的学习境界。他说：“十室之邑，必有忠信如丘者焉，不如丘之好学也。”（《论语·公冶长》）但颜回是个例外，孔子也很欣赏这个学生的好学劲头。他称赞颜回在艰苦简陋的生活条件下仍能乐于学

---

① 《王阳明全集》（全五册）（壹），线装书局2012年版，第349页。

② 《王阳明全集》（全五册）（壹），线装书局2012年版，第99页。

③ [德] 马丁·海德格尔：《存在与时间》，陈嘉映、王庆节合译，生活·读书·新知三联书店2006年版，第173页。

习的精神，他说："一箪食，一瓢饮，在陋巷，人不堪其忧，回也不改其乐。"（《论语·雍也》）乃至于颜回死后，孔子都感慨再没遇到像他这么好学的人了。他惋惜地说："有颜回者好学，不迁怒，不贰过。不幸短命死矣，今也则亡，未闻好学者也。"（《论语·雍也》）

孔子与颜回好学乐学的态度与行动，被概括为"孔颜乐处"，代表了儒家崇尚学习的精神，对后世学者产生了深远影响。王阳明针对童子的教育方法提出了自己的意见，其中最核心之处就是要保持童子的喜悦之心。他说："今教童子必使其趋向鼓舞，中心喜悦，则其进自不能已。"又说："常使精神力量有余，则无厌苦之患，而有自得之美。""凡习礼歌诗之数，皆所以常存童子之心，使其乐习不倦，而无暇及于邪僻。"[①]王阳明在百死千难中悟得"良知"之说，他这样描述自己当时的欣喜之情："今幸见出此意，一语之下，洞见全体，真是痛快，不觉手舞足蹈。"[②]内心的喜悦抑制不住，自然地手舞足蹈起来，这可以说是学习的至乐境界。

乐学的本质是乐道，它是内在的、精神层面上的喜乐，高于外在的、物质层面上的喜乐。西汉思想家扬雄说："纡朱怀金者之乐，不如颜氏子之乐。颜氏子之乐也，内；纡朱怀金者之乐也，外。"[③]一方面，乐是内在深沉的，非指外在的嬉戏与趣味，因此真正的学习并不意味着不需要付出艰辛的努力。另一方面，安贫乐道是儒家基本精神，其积极意涵在于鼓励人们坚守人间大道，不因贫困穷苦而改变或放弃。但当"贫"成了"乐道"的必要伴随标志时，事情就走向了极端。这种极端的安贫乐道思想走到了积极进取精神的对立面，在封建

---

①《王阳明全集》（全五册）（壹），线装书局 2012 年版，第 165—166 页。
②《王阳明全集》（全五册）（壹），线装书局 2012 年版，第 241 页。
③ 李守奎、洪玉琴译注：《扬子法言译注》，黑龙江人民出版社 2003 年版，第 14 页。

社会后期产生了巨大的消极影响。今天，安贫乐道的正确理解应该是：即使“贫”，也不应影响我“乐道”，而“乐道”却不阻碍我“脱贫”，甚至应助力我“致富”。在新时代里，我们“乐新道”，也追求“美好生活”，二者是一致的。

（三）学习方法：守约博涉

儒家“理一分殊”的世界观是守约博涉学习方法的根本原因。守约是对义理的坚持与遵守，博涉是对具体事务具体方法的涉猎与探求，在学圣之路上，二者相辅相成，缺一不可。“理一分殊”是指“太极是宇宙的普遍规律、万物的存在根据。一切万物都禀受此理以为性，以为体”。[①]“理一分殊”作为概念，是由宋代理学家提出的，但作为理念，却可追溯到儒家发轫之始。孔子说：“参乎！吾道一以贯之。”（《论语·里仁》）孟子说：“先立乎其大者，则其小者不能夺也。此为大人而已矣。”（《论语·告子上》）这里的“一”与“大者”就是“道”，是“理”。人只要心中有一杆秤，就自然会在不同境遇中面对不同事务作出最适合的应对方式，而不需要谋求一种穷尽各种可能性而设计出来的外在标尺，如功利主义学派提出的功利原则，以便人们持之以待人接物。外在原则建立于对人之本性的确定性的界定上。在儒家看来，人是“活”的，人是可以不断完善的，因此，“做什么人”是根本，而“如何做事”由此派生出来。

认识路径决定“守约”与“博涉”的先后。当然，我们需要注意，先后并不决定主次。《大学》说：“致知在格物。物格而后知至。”朱熹说：“格物，是逐物格将去；致知，则是推得渐广。”[②]事事物物都

---

① 陈来：《朱子哲学研究》，生活·读书·新知三联书店 2010 年版，第 1 页。
② 黎清德编，王星贤点校：《朱子语类》（全八册），中华书局 1988 年版，第 291 页。

有各自的道理，人们一个一个地格将去，到了极致之处，便通晓了其理，把这些理融会贯通，形成整体，也就是致知。在教育问题上，朱熹主张要先教会孩童做事，随其年龄增长，再教予其事情之理。他说："古者初年入小学，只是教之以事，如礼乐射御书数及孝弟忠信之事。自十六七入大学，然后教之以理，如致知、格物及所以为忠信孝弟者。"又说："小学者，学其事；大学者，学其小学所学之事之所以。"[①] 依格物致知论，人需要一事一物地探究，直至理明。因而人学习要先"博涉"，后才能达至"守约"。正如朱熹所说："大凡学者，无有径截一路可以教他了得，须是博洽，历涉多，方通。"[②] 扬雄也曾说过："多闻则守之以约。"[③] 孟子提出的尽心知性知天论开辟了儒家另一认识路向。他说："尽其心者，知其性也。知其性，则知天矣。"（《孟子·尽心上》）依据人的善良本心，充分运用思维能力，就能知道人的本性，进而就能推知天的本性。人性本善，天道为仁。孟子说："人性之善，犹水之就下也。"（《孟子·告子上》）沿着这一路向，王阳明提出了致良知论。他说："盖良知之在人心，亘万古、塞宇宙而无不同。"[④] 良知是人与生俱来的，先验的，不需要人在日常见闻中去习得，但良知也离不开日常见闻，它必须在见闻酬酢中才能运行发挥出来。"良知不由见闻而有，而见闻莫非良知之用。故良知不滞于见闻，而亦不离于见闻。"[⑤]

对于孔子"博文约礼"（《论语·雍也》）之说，王阳明以内外的

---

① 黎清德编，王星贤点校：《朱子语类》（全八册），中华书局 1988 年版，第 124 页。
② 黎清德编，王星贤点校：《朱子语类》（全八册），中华书局 1988 年版，第 144 页。
③ 李守奎、洪玉琴译注：《扬子法言译注》，黑龙江人民出版社 2003 年版，第 26 页。
④《王阳明全集》（全五册）（壹），线装书局 2012 年版，第 151 页。
⑤《王阳明全集》（全五册）（壹），线装书局 2012 年版，第 148 页。

视角予以解释。他说："是文也者，礼之见于外者也；礼也者，文之存于中者也……文散于事而万殊者也，故曰博；礼根于心而一本者也，故曰约。"这一视角有着悠远的思想源头。《周易·坤》说："君子敬以直内，义以方外，敬义立而德不孤。"①孟子说："仁，人之安宅也；义，人之正路也。"（《孟子·离娄上》）对于高扬认识活动中人的内在主体性的思想家来说，"守约"先于"博涉"。这样，学习便可做到有章可循、事半功倍，而不流于支离破碎。程明道说："所守不约，泛滥无功。"②陆象山说："学问不得其纲，则是二君一民等是。恭敬若不得其纲，则恭敬是君，此心是民。"③

无论是格物致知论，还是致良知论，无论是"性即理"，还是"心即理"，儒家心性论都以"守约"为体，以"博涉"为用，二者为体用关系。"守约"与"博涉"的先后分歧，只是关于穷理方式的不同主张，相同的是："理"的存在，且皆以"明理"为追求目标。如果与西方近代认识论进行比较，则程朱理学与陆王心学都与理性主义相近，而与经验主义相远。这是我们在传承中华优秀传统文化中，在方法论上需要予以注意的地方。

（四）提升道德认识：矫思以为矢

人只有具有充分的道德认识，才能有自觉的道德行动，而不轻易为外物所迷惑，正如孔子所说："知者不惑。"（《论语·子罕》）一个人只有通过自觉而稳定的道德行为才能形成高尚的道德品质。稳定的道德行为除道德认识之外，还受道德情感与道德意志等因素的影响。

---

① 杨天才、张善文译注：《周易》，中华书局 2011 年版，第 40 页。

②《梁启超修身三书》，彭树欣整理，上海古籍出版社 2016 年版，第 29 页。

③ 黄宗羲原著，全祖望修补：《宋元学案》（第三册），中华书局 1982 年版，第 1893 页。

因而，虽然我们不能简单地说，一个人的道德认识水平越高，其道德品质就越高，但是，道德认识是道德品质提高的必要条件。扬雄说："修身以为弓，矫思以为矢，立义以为的，奠而后发，发必中矣。"[①]儒家重视"道问学"，目的在于提高思想认识，矫正错误思想，然后如射出的箭一般，转化为正义的行动。

知是行之始，应提纲挈领。宋明理学所提出的"天理"概念具有世界普遍法则与基本根据之意。道德认识就是要理解、领悟这一"天理"，在方法上说便是"守约"。但这种"天经地义"被看作与"天"俱来的、先验的、恒定不变的。今人"守约"当然守的不是这样的"理"。新的社会与时代，会有新的"理"，它决定于人类社会中演进着的"物质生产关系"。这是马克思为我们揭开的"理"的来源之谜。正如俞吾金教授所说："马克思实际上已为我们解开了康德自在之物概念的谜底，即自在之物并不是叔本华所说的意志，而是在冥冥之中决定着意志的'物质生产关系'或'社会生产关系'。"[②]我们今天所提倡的社会主义核心价值观既传承了中华民族优秀传统文化的精髓，又深刻体现了新的时代要求，是我们所要"守约"之"理"，是引领我们道德生活的总纲要。

真知亦不易，应循序渐进。王安石在《伤仲永》中记载了一个父亲窃喜于儿子过人天赋而炫耀甚至取利于乡里，最后却因忽视孩子后天教育而泯然众人的故事。他总结说："彼其受之天也，如此其贤也；不受之人，且为众人。"[③]王阳明也曾提到其妹婿徐仲仁的叔叔，

① 李守奎、洪玉琴译注：《扬子法言译注》，黑龙江人民出版社2003年版，第30页。

② 俞吾金：《康德是通向马克思的桥梁》，载《复旦学报（社会科学版）》2009年第4期。

③ 牛宝彤选注：《唐宋八大家文选》，甘肃人民出版社1984年版，第431页。

年轻时曾“聪明盖一时，然而竟无所成者，荡心害之也”[1]。孟子以宋人“揠苗助长”(《孟子・公孙丑上》)的故事说明培养心中浩然之气不能以急功近利、违背规律的方式进行。朱熹在教育方法上主张对孩童教之以事，及其长成才晓之以理。这些观点对于我们开展道德教育很有启发意义。根据现代教育心理学，人从儿童到少年，再到成年，其思维能力遵循着从形象思维为主逐渐转到抽象思维为主的发展规律。因此，我们应合理规划公民道德教育的具体步骤。譬如，在幼儿园与小学阶段，重点应放在培养孩子纯真的爱心和日常生活一般待人接物的礼仪礼节上。到了中学阶段，中学生应接受系统化的道德规范教育，并初步养成良好的公民意识。到了大学阶段，对大学生的公民道德教育应深化到价值观与道德理想的教育，特别要引导大学生从理论层面进行深入思考与探索。

行是知之成，应致知而行。儒家思想中“知”的概念从来不仅仅指经事实掌握或逻辑推理而“知道”的结果，而是一种融入身心的“理解”与“领悟”。这样的“知”，会自然地转化为人的行动。《二程遗书》卷十五说：“知之深，则行之必至，无有知之而不能行者。知而不能行，只是知得浅。……人为不善，只为不知。”[2]古希腊哲学家苏格拉底也曾说：“没有人有意作恶或无意为善。”[3]人为不善或作恶，并不是说他不知道他的行为会受到他人或社会的否定性评价，而是说他自己的价值观不能否定并拒绝这样的行为。这里的“知”是“深知”，是“真知”，是价值观上的“知”。朱熹说：“若讲得道理明时，

① 《王阳明全集》(全五册)(肆)，线装书局 2012 年版，第 86 页。

② 程颢、程颐撰:《二程遗书》，上海古籍出版社 2000 年版，第 211 页。

③ [美] 梯利著，伍德增补:《西方哲学史》，葛力译，商务印书馆 1995 年版，第 58 页。

自是事亲不得不孝，事兄不得不弟，交朋友不得不信。”[①] 王阳明说：“（尧、舜、禹三王之圣）行而民莫不说者，致其良知而行之也。”[②] 修心育德本质上是人在一定社会条件与环境中追求自我人格发展与完善的内在需要，是一个入心入脑的人的升华过程，这是我们在德育工作上应从优秀传统文化中汲取的一个基本思想。

三、变化气质，付诸道德实践

（一）果行育德

从某种意义上讲，儒学是一门行动哲学，儒者讲究修养自身，达济天下，从来不是为了书斋或象牙塔中的纯粹思辨。《礼记 · 中庸》说：“博学之，审问之，慎思之，明辨之，笃行之。”[③] 人的修身养性必须通过“笃行”才能实现，前四者是讲学求知的过程，最后者是依“知”践行。朱熹说：“博学、审问、慎思、明辨是讲学，笃行是修德。”[④] 儒家主流思想主张知行合一，又以力行为重，强调“行”在修身育德中的重要性。《周易 · 蒙》说：“君子以果行育德。”《周易 · 系辞下传》说：“是故《履》，德之基也。”荀子说，“不闻不若闻之，闻之不若见之，见之不若知之，知之不若行之，学至于行之而止矣。”[⑤]

美德是一种智慧，并不是单纯的“陈述性知识”。[⑥] 因而不是用

---

① 黎清德编，王星贤点校：《朱子语类》（全八册），中华书局 1988 年版，第 152—153 页。

②《王阳明全集》（全五册）（壹），线装书局 2012 年版，第 157 页。

③ 陈才俊主编：《礼记精粹》，海潮出版社 2012 年版，第 300 页。

④ 黎清德编，王星贤点校：《朱子语类》（全八册），中华书局 1988 年版，第 858 页。

⑤ 方勇、李波译注：《荀子》，中华书局 2011 年版，第 109 页。

⑥［美］R.M. 加涅：《学习的条件和教学论》，皮连生等译，华东师范大学出版社 1999 年版，第 48 页。

言语信息就能进行完全传授的。一方面，人的道德认识只有通过践行才能转化为其道德品质。朱熹说："若不用躬行，只是说得便了，则七十子之从孔子，只用两日说便尽，何用许多年随着孔子不去。"[①]对于《论语》一书的字面意思，只要集中时间，也许几天我们就能学完，但要真正领会其意涵，融入自身血脉，却需要长期的生活实践，甚至用一辈子的时间去践行。故《二程遗书》说："行所知而至其极，圣之事也。"[②]另一方面，人只有躬行才能体认道德智慧，这其中既包含道德认识，又有道德情感和道德意志，后二者更多属于"前观念化"或未概念化的意会知识。孔子说："君子欲讷于言而敏于行。"（《论语·里仁》）又说："君子耻其言而过其行。"（《论语·宪问》）"文，莫吾犹人也。躬行君子，则吾未之有得。"（《论语·述而》）学到深处必然转化为一个人的内在意识而外化为行动；而行动从来都是人的全身心的投入，有助于人对"道"的体悟。在现实中，知与行无法决然分开。正如王阳明所说："知之真切笃实处即是行；行之明觉精察处即是知。……真知即所以为行，不行不足谓之知。"[③]总之，一个人是什么样的，是由他长期的实际行动所构成的。朱熹说："善在那里，自家却去行他。行之久，则与自家为一；为一，则得之在我。未能行，善自善，我自我。"[④]这与古希腊哲学家亚里士多德的有关论述有相通之处，他说："我们通过造房子而成为建筑师，通过弹奏竖琴而成为竖琴手。同样，由于通过做公正的事成为公正的人，通过节

① 黎清德编，王星贤点校：《朱子语类》（全八册），中华书局1988年版，第222页。
② 程颢、程颐撰：《二程遗书》，上海古籍出版社2000年版，第262页。
③《王阳明全集》（全五册）（壹），线装书局2012年版，第120页。
④ 黎清德编，王星贤点校：《朱子语类》（全八册），中华书局1988年版，第222页。

制成为节制的人，通过做事勇敢成为勇敢的人。”①

（二）变化气质

孔子认为人无欲则刚，这是极为深刻的道理，因为如果一个人处在为欲望所牵制或左右的生存境界中，那他为人做事便不可能刚毅正直，而只会看风使舵。这又印证了孔子的另一说法：“君子之德风，小人之得草。”（《论语·颜渊》）君子心中有道而能主导方向，而小人为欲所制，只能随风而动。故朱熹感叹说：“世衰道微，人欲横流，不是刚劲有脚跟底人，定立不住。”②孟子认为人性本善，程朱理学认为性即理，陆王心学认为心即理。理是至真至善，那么恶又从何而来？《二程遗书》说：“性即是理，理则自尧、舜至于涂人，一也。才禀于气，气有清浊。禀其清者为贤，禀其浊者为愚。”③心之本体禀受“理”而成，也称天命之性；人的身体禀受“气”而成，也称气质之性。王阳明说：“至善者，心之本体。本体才过当些子，便是恶了。”④心体未发时“明莹无滞”的自在境界，心体“不滞不留，不有不障”。⑤从存在论上说是“无善无恶”，而从伦理意义上说是“至善”。王阳明说：“无善无恶者理之静，有善有恶者气之动。不动于气，即无善无恶，是至善。”⑥故“本体过当”源于“气之动”，是心体已发后，

① [古希腊] 亚里士多德：《尼各马可伦理学》，廖申白译注，商务印书馆 2003 年版，第 36 页。

② 黎清德编，王星贤点校：《朱子语类》（全八册），中华书局 1988 年版，第 2353 页。

③ 程颢、程颐撰：《二程遗书》，上海古籍出版社 2000 年版，第 254 页。

④《王阳明全集》（全五册）（壹），线装书局 2012 年版，第 175 页。

⑤ 陈来：《有无之境：王阳明哲学的精神》，生活·读书·新知三联书店 2009 年版，第 232 页。

⑥《王阳明全集》（全五册）（壹），线装书局 2012 年版，第 105 页。

人不以“理”反以感性躯体为中心，以“私欲”偏执于“外物”的留滞状态，这就是“恶”的产生。

气有清浊，气质有善有恶。人在学圣上能够积极作为的事就是变化气质，但人要做到这一点并不容易，需要长期努力，不断磨炼才能实现。朱熹说：“人之为学，却是要变化气禀，然极难变化。”①变化气质，总的说就是去恶存善，就是去欲存理。人的奉养之需属于人心，但追求过分了便是人欲。因此，人不应执拗于声色货利，而应超然于其上，这就是变化气质的具体努力方向。朱熹说：“人之所以戚戚于贫贱，汲汲于富贵，只缘不见这个道理。若见得这个道理，贫贱不能损得，富贵不曾添得，只要知这道理。”②王阳明说：“汝若于货、色、名、利等心，一切皆如不做劫盗之心一般，都消灭了，光光只是心之本体，看有甚闲思虑？此便是‘寂然不动’，便是‘未发之中’，便是‘廓然大公’。自然‘感而遂通’，自然‘发而中节’，自然‘物来顺应’。”③儒家圣人之学在道德人格理想上要求极高，其思想内涵极为深刻。从现代人的眼光来看，如若它能建立于一个以提高人民生活为根本目标的社会上，那便能更好地发挥其巨大的理论价值。今天我们对理想社会的描述——“物质财富极大丰富，人们精神境界极大提高”，从这个维度上看，其科学性与深刻性更充分地显现了出来。

变化气质之论也表现在儒家的生死观上。孔子主张当求生会害仁时，则宁可“杀身成仁”(《论语·卫灵公》)。孟子主张当生与义二者不可得兼时，便应“舍生取义”(《孟子·告子上》)。从孔孟关于人在极端境地下在道义与生命之间如何抉择的论断中，显然我们可以

① 黎清德编，王星贤点校:《朱子语类》(全八册)，中华书局1988年版，第69页。

② 黎清德编，王星贤点校:《朱子语类》(全八册)，中华书局1988年版，第241页。

③《王阳明全集》(全五册)(壹)，线装书局2012年版，第97页。

看到：道义在儒家思想中的至上地位。这一点同样贯穿于真正儒者的一般的生存状态之中。王阳明说："学问功夫，于一切声利嗜好，俱能脱落殆尽，尚有一种生死念头毫发挂带，便于全体有未融释处。人于生死念头，本从生命根上带来，故不易去，若于此处见得破，透得过，此心全体方是流行无碍，方是尽性至命之学。"[①] 人理当热爱生命，但即使不在生死抉择时刻，在日常生活中把生命的意义仅仅牵系于生命的保全与延续上，那仍是对生的执着，是通透圣学的最后障碍。孔子说："朝闻道，夕死可矣。"（《论语·里仁》）孟子说："夭寿不贰，修身以俟之。"（《孟子·尽心上》）王阳明临终前门人周积询问其遗言，他微哂说："此心光明，亦复何言？"[②] 在生命观上，儒家之道可谓一以贯之。如何理解生命，把生命置于什么位置上，甚至成为不同哲学流派的重要分歧。生虽极可宝贵，但人又总难免一死。因而执着于生命意志的叔本华最终必然沦陷于极端悲观主义之中；渴望长生不老、期待羽化成仙的道教也难逃消极遁世。

（三）事上磨炼

良好的道德品性必须在事上磨炼才能真正养成。王阳明的学生陆澄曾问他说："静时亦觉意思好，才遇事便不同，如何？"王阳明回答说："是徒知静养，而不用克己功夫也。如此，临事便要倾倒。人须在事上磨，方立得住，方能'静亦定，动亦静'。"[③] 逃避世事，将心灵悬空以求平静，从来不是儒家的做法。动中静，定中进，犹如静谧而又湍湍的流水，才是儒者的生存形态。因此，王阳明认为一个人遇到事，正是磨炼自己的好契机。他曾批评一个因患眼疾而"戚戚甚忧"

① 《王阳明全集》（全五册）（壹），线装书局 2012 年版，第 188 页。
② 《王阳明全集》（全五册）（伍），线装书局 2012 年版，第 98 页。
③ 《王阳明全集》（全五册）（壹），线装书局 2012 年版，第 87 页。

的学者说："尔乃贵目贱心。"[①] 陆澄因家书上说儿子病危而"甚忧闷，不能堪"，王阳明教导他说："此时正宜用功，若此时放过，闲时讲学何用？人正要在此等时磨炼。父之爱子，自是至情，然天理亦自有个中和处，过即是私意。"[②] 王阳明曾劝导一名属下讼狱官吏，即使簿书讼狱繁难，也不应影响学习。他说："尔既有官司之事，便从官司的事上为学，才是真格物……簿书讼狱之间，无非实学。若离了事物为学，却是着空。"[③] 对此，王阳明总结说："吾儒养心，未尝离却事物，只顺其天则自然就是功夫。"[④]

以上"病目""儿疾""讼狱"三个事例，在今人看来应不属于伦理道德领域的事情。人因自己或亲人病了而极为忧虑，或因事务繁忙而无暇学习，在我们看来只是人的生存状态，其中没有是非对错，但王阳明认为这仍然是修心育德的问题。陆澄也有类似疑问，他问老师说："好色、好利、好名等心，固是私欲，如闲思杂虑，如何亦谓之私欲？"王阳明说："毕竟从好色、好利、好名等根上起，自寻其根便见。"[⑤] 一个人遇事不沉着、不淡定，现代人更习惯将其归为心理素质的问题，但在王阳明看来，归根结底这还是因为他没有断掉名利虚荣之心，故这种人遇事会顾虑重重，患得患失，这正应了孔子的"小人长戚戚"的说法。在此其中，有君子与小人之分，有是非的道德判断。

什么"事"能够起到磨炼心性品德的作用呢？陆澄尝问陆象山在

① 《王阳明全集》（全五册）（壹），线装书局 2012 年版，第 114 页。
② 《王阳明全集》（全五册）（壹），线装书局 2012 年版，第 92 页。
③ 《王阳明全集》（全五册）（壹），线装书局 2012 年版，第 173 页。
④ 《王阳明全集》（全五册）（壹），线装书局 2012 年版，第 186 页。
⑤ 《王阳明全集》（全五册）（壹），线装书局 2012 年版，第 97 页。

人情事变上做功夫之说，王阳明说："除了人情事变，则无事矣。喜怒哀乐，非人情乎？自视、听、言、动以至富贵、贫贱、患难、死生，皆事变也。"[①]一方面，"心外无物"，不是说心灵之外无物存在，而是说一切显现之物都是由此心而显现；另一方面，也不存在空荡荡一物皆无的心，一切心与物之间的感应都是"事"，都是可以磨炼心性之"事"，这"事"当然包括突发或特别的事，但更多的就是人伦日用之中的常事。所以，儒者不必隐遁于江湖，退避于山林，在人伦日用之间皆可修身养性，这就是中华优秀传统文化传递给我们的"生活即德育"的思想。

（四）内省慎独

道德即得"道"，君子由道而行，自觉自律。一个人只是为获得他人夸耀而行，或为避免他人恶评而不行，他就远未达到儒家的道德理想，这都并非"德行"。道德行为应具有内在原动力，源发于行为者心中的善念。《周易》说："山上有水，蹇。君子以反身修德。"又说："洊雷，震。君子以恐惧修省。"孔子说："君子求诸己，小人求诸人。"(《论语·卫灵公》) 曾子说："吾日三省吾身：为人谋而不忠乎？与朋友交而不信乎？传不习乎？"(《论语·学而》) 孟子说："仁者如射；射者正己而后发；发而不中，不怨胜己者，反求诸己而已矣。"(《孟子·公孙丑上》)

道德原动力需要终身培养，由正反两个向度合力而成。正向是存养善心，反向是克治恶念。朱熹说："敬只是养底功夫，克己是去病。"又说："敬如治田而灌溉之功，克己，则是去恶草也。"[②]王阳明

---

① 《王阳明全集》(全五册)(壹)，线装书局2012年版，第90页。

② 黎清德编，王星贤点校：《朱子语类》(全八册)，中华书局1988年版，第214页。

说："省察是有事时存养，存养是无事时省察。"[①] 梁启超说："存养者，积极的学问也；克治者，消极的学问也……既能存养以立其大，其枝节则随时点检而改善之，则缉熙光明矣。"[②] 内省、慎独、省察、克治等，是朱熹所说"去恶草"功夫，是梁启超所说"消极的学问"，是儒家修身学圣的基本方法，从其创立之初就已重点地提了出来。《中庸》说："故君子内省不疚，无恶于志。"又说："君子戒慎乎其所不睹，恐惧乎其所不闻。莫见乎隐，莫显乎微，故君子慎其独也。"内省，就是反省内心，不留恶念；慎独，就是一人独处时仍保持戒慎恐惧，不为恶行。学者通过内省克治之功，努力做到时刻警醒，言行一致，表里如一。

在人际上，应见贤思齐。孔子说："见贤思齐焉，见不贤而内省也。"(《论语·里仁》) 又说："三人行，必有我师焉。择其善者而从之，其不善者而改之。"(《论语·述而》) 在人际上，还应反躬自省。《尚书》说："与人不求备，检身若不及。"孟子说："爱人不亲，反其仁；治人不治，反其智；礼人不答，反其敬——行有不得者皆反求诸己，其身正而天下归之。"(《孟子·离娄上》) 儒家主张积极参与社会生活，并在其中作出自己的努力。孔子曾批评隐者长沮、桀溺说："鸟兽不可与同群，吾非斯人之徒与而谁与？"(《论语·微子》) 的确，人不能与鸟兽积极互动与合作，那么不与人交流合作，我们还能做什么呢？当然，在人际上，人必然会与他人作比较，但比较的内容不是贫富与尊卑，而是贤愚与善恶；比较的目的不是分出人我的高低与贵贱，而是促进自己和他人共同向善。正如孔子所说："己欲立而

①《王阳明全集》(全五册)(壹)，线装书局 2012 年版，第 90 页。
②《梁启超修身三书》，上海古籍出版社 2016 年版，第 84 页。

立人，己欲达而达人。”（《论语·雍也》）

在意念上，要扬善去恶。《周易》说：“风雷，益。君子以见善则迁，有过则改。”孔子说：“见善如不及，见不善如探汤。”（《论语·季氏》）荀子说：“见善，修然必以自存也；见不善，愀然必以自省也。善在身，介然必以自好也；不善在身，菑然必以自恶也。”对于内心私欲或恶念的萌发，儒者态度坚决，疾恶如仇，要如驱逐盗贼、捕捉害鼠一样，做到除恶务尽。朱熹说：“人未说为善，先须疾恶。能疾恶，然后能为善。”①王阳明说：“须教他省察克治，省察克治之功则无时而可间，如去盗贼，须有个扫除廓清之意……常如猫之捕鼠，一眼看着，一耳听着。才有一念萌动，即与克去，斩钉截铁，不可姑容与他方便。”②

内省慎独以求须臾不离道。一方面，道不可须臾离。《中庸》说：“道也者，不可须臾离也，可离非道也。”朱熹注释说：“道者，日用事物当行之理，皆性之德而具于心……虽不见闻，亦不敢忽，所以存天理之本然，而不使离于须臾之顷也。”③宋明理学主张“存天理灭人欲”，其目的也就是不离道。否则，离道则无道，没有中间地带。朱熹说：“所以遏人欲于将萌，而不使其滋长于隐蔽之中，以至离道之远也。”④又说：“凡人之心，不存则亡，而无不存不亡之时。故一息之顷不加提省之力，则沦于亡而不自觉。”⑤另一方面，“不离道”有具体表现。人要问心无愧，光明磊落。孔子说：“内省不疚，夫何忧何

---

① 黎清德编，王星贤点校：《朱子语类》（全八册），中华书局1988年版，第230页。
②《王阳明全集》（全五册）（壹），线装书局2012年版，第90—91页。
③ 朱熹撰：《四书章句集注》，中华书局1983年版，第17页。
④ 朱熹撰：《四书章句集注》，中华书局1983年版，第18页。
⑤ 黎清德编，王星贤点校：《朱子语类》（全八册），中华书局1988年版，第2810页。

惧?"(《论语·颜渊》)孟子说:"仰不愧于天,俯不怍于人。"(《孟子·尽心上》)人要真诚乐道,道非苦旅。《大学》说:"所谓诚其意者,毋自欺也。如恶恶臭,如好好色。此之谓自谦。故君子必慎其独也。"孟子曰:"反身而诚,乐莫大焉。"(《孟子·尽心上》)君子应当慎独,更应自然地、欣然地慎独。

(五)强调道德践履:以理御欲,积极进取

今天,我们处在一个倡导"真抓实干,奋发有为",追求美好生活的新时代。我们应成为一个什么样的现代人?我们应积极进取,但非贪得无厌;我们应放飞心情,但非知足常乐;我们应不断发展,但非单向度的。儒家强调道德践履的圣人之学,通过与时代结合,进行创造性转化与创新性发展,将对现代人的自我完善、自我发展发挥越来越大的促进作用。

儒家倡导公义胜私欲,从孔子"君子喻于义,小人喻于利",到董仲舒"正其宜不谋其利,明其道不计其功",再到宋明理学"去欲存理",一以贯之。"欲"的概念在儒家哲学中是一个带有伦理意义的贬义词。程颐说:"天下之害,无不由末之胜也。峻宇雕墙,本于宫室;酒池肉林,本于饮食;淫酷残忍,本于刑法;穷兵黩武,本于征讨。凡人欲之过者,皆本于奉养;其流之远,则为害矣。先王制其本者,天理也;后人流于末者,人欲也。"[①]朱熹说:"饮食者天理也;要求美味,人欲也。"[②]人们满足基本的物质需要,属于天理;但过于讲究奢华享乐,就是人欲了。天理是本,人欲是末。人若流于人欲,便是本末倒置,既"愚"又"恶"。

① 张岱年:《中国哲学大纲》,江苏教育出版社2005年版,第414页。

② 黎清德编,王星贤点校:《朱子语类》(全八册),中华书局1988年版,第224页。

在宋明理学中，在天理与人欲这一善恶对立之间还有“人心”的概念。程颐说：“人心惟危，道心惟微。”[1]朱熹认为实现“存理灭欲”的过程也是人心中本有的“天理”实现的过程。在朱熹看来“理”或者“天理”是宇宙万物的本源，它下降到“气”中，倚“气”的凝聚、流行发育，产生了形形色色、包罗万象的世间之物。当“气”派生万物时，“理”随“气”进入物中（此物包括普通的事物和人）。朱熹说：“只是这一个心，知觉从耳目之欲上去，便是人心；知觉从义理上去，便是道心。”[2]又说：“人心是知觉，口之于味，目之于色，耳之于声底，未是不好，只是危。若便说作人欲，则属恶了，何用说危？”[3]可以说，宋明理学的“人心”一词对应今天的“欲望”，是中性词；而“人欲”对应着我们所说的“贪欲”，是贬义词。所以，“存天理灭人欲”并非说要消灭人的欲望，而是要摒除“贪欲”。由于禀气不同，人物之间，人与人之间产生了差异，天理在有的地方不能尽显，这就需要实行一些方法，消除物与理之间的障碍，重显天理，使它自己和自己相结合，复归到本体“理”中，如果具体到人类的话，就特指回复人心中的天理纲常。同样朱熹认为人心虽本具众理而虚灵不昧，“但为气禀所拘，人欲所蔽，则有时而昏，然其本性之明则有未尝息者。故学者当其所发而遂明之，以复其初也”。“存理灭欲”过程的实现，就是朱熹所讲的“复其初”的过程，即由“人欲”到“天理”的过程。

---

① 程颢、程颐撰：《二程遗书》，上海古籍出版社 2000 年版，第 331 页。

② 黎清德编，王星贤点校：《朱子语类》（全八册），中华书局 1988 年版，第 2009 页。

③ 黎清德编，王星贤点校：《朱子语类》（全八册），中华书局 1988 年版，第 2013 页。

虽然我们不必重拾这一道德口号，但其基本内在合理性是存在的。那么为何这样一个命题在后来历史发展中却成了扼杀生民生养之道的工具呢?

一方面，儒者注重防备“人心”之过，而忽略了对“人心”之不及的批判。孔子说：“过犹不及。”(《论语·先进》）过与不及都是离道的状态，都不好。但后世儒者在批评“峻宇雕墙”“酒池肉林”等为“人欲”的同时，却又缺乏批判地认可或倡导“君子固穷”“安贫乐道”，甚至“饿死事极小，失节事极大”[①]等观念。似乎只要社会不沦落到饿死人冻死人的地步，它便始终保持在“道”上了。另一方面，儒者没能明确社会伦理与个体道德的界限，存在个体道德扩大化的倾向。立志成圣的人不能利欲熏心，要淡泊名利，以追求高层次的自我实现。但这又不能推广于社会生活，使人们特别是掌权者们满足于那种“不患寡而患不均”的低水平的社会物质生活。

明朝万历年间的社会状况很能说明这个问题。“这个帝国有一个特点：一项政策能否付诸实施，实施后或成或败，全靠看它与所有文官的共同习惯是否相安无扰，否则理论上的完美，仍不过是空中楼阁。这一帝国既无崇尚武功的趋向，也没有改造社会、提高生活程度的宏愿，它的宗旨，只是在于使大批人民不为饥荒所窘迫，即在‘四书’所谓‘黎民不饥不寒’的低标准下以维持长治久安。”[②]农业时代的中国处于自然经济时代，基本靠天吃饭，财源有限。当统治者遇到财政困难时，往往生财无道。例如清朝道光皇帝就特别注重在节俭上下功夫，以至节俭过分，成了吝啬，却在解决实际财政问题上无济于

① 程颢、程颐撰:《二程遗书》，上海古籍出版社 2000 年版，第 356 页。
② [美] 黄仁宇:《万历十五年》(增订本)，中华书局 2007 年版，第 47 页。

事，最终在史上落了个“抠门皇帝”[①]的揶揄性评价。

在个体自我修养上，儒家思想极高明而深邃。现代心理学家马斯洛说：“高级需要（自我实现的需要）的满足能引起更合意的主观效果，即更深刻的幸福感，宁静感，以及内心生活的丰富感。”[②]这与孟子“反身而诚，乐莫大焉”的思想有着异曲同工之妙。理学家主张“人心”要以“道心”为主宰，这比“存天理灭人欲”来得更符合现代人的道德需要。我们可以将其概括为“以理御欲”，这里的“欲”对应着宋明理学中的“人心”，又对应着今天的中性概念——“欲望”，它不是要被完全去除的，而是要在合理范围内得以满足。朱熹理欲观主张合理地节制欲望的重要目的之一就是处理好人与自身的关系，尤其是中国传统伦理思想特别重视精神领域的自我修养是一种最高层次的需要。朱熹特别强调个体道德修养的能动性，他认为人只要认识到人的最高需要是道德需要，最大价值是道德价值，那么，人们就可以不需要借助外力而自觉、自主、自动地进入一种最愉快的境地，从而使人健康和谐地发展，这也是构建社会主义和谐社会的一个重要方面。

一方面，我们循“理”而动，积极进取，努力将自己的生命潜能转化为现实，这个现实既可以是物质形式的，也可以是精神层面的。我们行动的目标直指这个现实本身，而不是在它之外的某种可以维持我们肉体需要的物质激励（这是随“欲”而动）。即使是从事纯粹的物质生产的人，如一个农民，这一原则同样适用于他。他在一日三餐上可以满足于粗茶淡饭，但却不能因此而懒于耕作。他要努力发挥自

---

① 喻大华：《道光皇帝》，长江文艺出版社 2009 年版，第 83 页。

②［美］A.H. 马斯洛：《动机与人格》，许金声、程朝翔译，华夏出版社 1987 年版，第 115 页。

己的聪明才智，尽可能经营好农田，从而获得丰收的喜悦，让家人过上更好的日子，让孩子获得更好的成长条件。在市场经济逐步推进、利益格局不断变动、竞争不断加剧的现实情况下，寻找上述层面的平衡与和谐有极其可贵的意义。当我们在物质环境较差时，能高扬道德理性，保有拼搏与进取的信念、目标与动力，忘其忧，有其乐，持续我们的奋斗历程，不可不说是一种对人生幸福的真切体验，一种对人生意义与人生价值的追求与确证。当我们的物质需求得以满足时，我们在崇高的道德精神的指导下，确立正确的、新的追求目标，而不堕入物欲无限盲目膨胀的误区，也是一种无价的人生财富。当每个人都能努力寻找欲与理之间的这种和谐，那么，我们周围便会鲜少出现损公肥私、以权谋私、贪欲横流。

另一方面，我们努力超越物质的束缚，不役于物，不贪得无厌，否则我们将被局限于生命的最低层次上。一个被“欲望”支配的人，无法摆脱痛苦的深渊。所以在个人修养上，我们不追名逐利，而追求自我实现。个体理想的生存状态应该是：其物质财富虽不是其行动的直接目标，但在量上却随着自我实现的过程而自然不断增长（一个良好的社会机制应该追求的效果），与此同时，其物质财富在其心灵中所占据的比重却在不断下降。在社会层面上，在社会物质财富追求上，人们不能安于现状，不思进取。我们要在可持续的前提下，追求社会不断地向前发展，而不停滞苟安。朱熹的“存天理，灭人欲”可以延伸到当今人与自然的和谐、平衡关系上。朱熹认为“天理”是根源、是自然界运行的规律。“未有天地之先，毕竟也只是理。有此理，便有此天地。若无此理，便亦无此天地，无人无物，都无该载了。”“天理”在此可理解为大自然自身的发展运行规律。没有大自然的自身的运行规律，也就没有人类与世间万物的存在。“人欲”在这里就是朱熹所讲的为“嗜欲所迷”。他说：“不为物欲所昏，则浑然天理矣。”为“物欲所昏”就是“人欲”。因此说：“只为嗜欲所迷，利害所逐，一齐昏了。”“人欲”就是被物质的欲望所蒙蔽或迷惑而产生的恶念。朱熹的“存天理，灭人欲”对于我们今天重新审视人与自然的关系、牢固树立和认真落实可持续发展观具有重要意义。

在人类与自然之间，追求理与欲的和谐，促进人与自然的和谐发展是现代社会发展的大势所趋。欲望是一种动力，它推动着人们不断地探索，寻找各种各样的途径与方法来实现、满足自身的各种欲望。人类的欲望不断扩张及其现实转换，则是以人与自然的日益分离、对立为表现形态的。人向自然宣言，向自然索取，将神秘莫测的自然驯为一只看似温柔的羔羊，这在起初，无疑是人类的胜利，是人欲的满足，也是人欲得以进一步膨胀的动力以及人欲得以进一步满足的基石。但是，却不得不承认，人类无节制的欲望运动，已经使自己处于自身设置的困境中。生态失衡，环境污染，再也不是陌生的字眼，而已成为一种客观的现实。生态失衡、环境污染，是人欲盲目膨胀的产物，反过来，它也无情地成为残害人类自身的一种力量，不仅损害着人体生理器官的正常运行及心灵的健康和谐，而且对人类的衍延直接构成损害。不少国际组织与国家政府，提出可持续发展战略，以之作为基本的发展思路。而可持续发展，正包含着节制盲目的、非理性的欲望追求的内容。

四、去遮蔽，追求崇高境界

（一）拾阶而上，追寻圣人

赤子心，中和之至。儒家亚圣孟子讲人性本善。他说：“大人者，不失其赤子之心者也。”（《孟子·离娄下》）赤子心至真至纯，是人之至宝，其具有不虑而知、不学而能的良知良能，故“孩提之童，无不知爱其亲者；及其长也，无不知敬其兄也”(《孟子·尽心上》)。人人心中都具有仁义礼智四个善端，如果这四个方面在一个人身上没能表现出来，那一定是他自己弄丢了。他说：“有是四端而自谓不能者，自贼者也。……凡有四端于我者，知皆扩而充之矣。”(《孟子·公孙丑上》) 赤子心是仁善的芽苗，如从初泉到大河或从火苗到烈焰一般，需要一个不断成长的过程。

孟子的性本善，程朱的性即理，陆王的心即理，可谓一脉相承。但与孟子认为人之善性“作为一个始端须不断增益”有所不同，程朱陆王认为，“理”至真至大，是人从初始便完全具备的，只因其气禀或人心偏向了物欲而被遮蔽了。所以，人要努力做的是去除遮蔽，“学以求复其初”。[①]《二程遗书》说：“圣贤论天德，盖自家元是天然完全自足之物，若无所污坏，即当直而行之；若少有污坏，即敬以治之，使复其旧。”[②] 陆九渊说：“人要有大志，常人汩没于声色富贵间，良心善性，都蒙蔽了。”[③] 赤子心天然完全自足，却会因后天习气而污坏或蒙蔽，但人仍可以做积极努力，以复其初。朱熹说：“明德者，人之所得乎天，而虚灵不昧，以具众理而应万世者也。但为气禀所拘，人欲所蔽，则有时而昏；然其本体之明，则有未尝息者。故学者当因其所发而遂明之，以复其初也。”[④] 王阳明说：“良知即是未发之中，即是廓然大公，寂然不动之本体，人人之所同具者也，但不能不昏蔽于物欲，故须学以去其昏蔽，然于良知之本体，初不能有加损于

① 张岱年：《中国哲学大纲》，江苏教育出版社 2005 年版，第 395 页。
② 程颢、程颐撰：《二程遗书》，上海古籍出版社 2000 年版，第 51 页。
③ 吕思勉：《从宋明理学到阳明心学》，新世界出版社 2017 年版，第 148 页。
④ 朱熹撰：《四书章句集注》，中华书局 1983 年版，第 3 页。

毫末也。知无不良，而中、寂、大公未能全者，是昏蔽之未尽去，而存之未纯耳。”[①]

从呱呱坠地开始，人便具有完备的天地之性，对之我们不能有丝毫的加损，只是去蒙揭蔽。那么，儒者孜孜以求的圣人之学难道就是要回到孩童般的生存状态吗？按照宋明理学的思想，赤子与圣人都具有完全一样的天地之性，且气质之性也发而中节，毫无遮蔽，如日中天，碧空万里。如王阳明所说：“孺子终日啼而不嗌，和之至也。”[②]但二者的根本区别在哪里呢？用法国哲学家萨特的概念来说，赤子是自在的存在，即“是其所是”；圣人是自为的存在，即“是其所不是且不是其所是”。[③]萨特对“自为的存在”的定义与《中庸》的说法极似。《中庸》说：“天下国家可均也，爵禄可辞也，白刃可蹈也，中庸不可能也。”[④]中庸极高明，即使是圣人也只能在动态中近“道”而行，只求以尽可能小的振幅绕“道”波动，却不可能永驻于其上。简言之，赤子心是自然的，是未发之中或初发时之至和，但其自身完全未进入其反思之域；而圣人心是自觉的，是已发之和，且其自身已完全进入其反思之域。冯友兰认为，圣人是“有最高程度底觉解底人”[⑤]。这是人的主体性全面绽放的状态，其身心融释贯通，反身而诚，廓然大公。

恶乡愿，除盗却贼。在日常生活中，八面玲珑，圆滑世故，精明老练，往往是对一个人“混得不错”的常见的个性描述。这种人如鱼

---

①《王阳明全集》（全五册）（壹），线装书局2012年版，第140页。

②《王阳明全集》（全五册）（肆），线装书局2012年版，第111页。

③［法］萨特：《存在与虚无》（修订译本），陈宣良等译，生活·读书·新知三联书店2014年版，第25页。

④ 王文锦译注：《大学中庸译注》，中华书局2013年版，第22页。

⑤ 冯友兰：《新原人》，北京大学出版社2014年版，第89页。

得水般地生活着，周围的人也常投之以敬慕的眼光。孔子称这种人为“乡愿”，我们今天叫作“好好先生”。不觉中沦为乡愿，是一个人在自我完善自我实现之路上的一个大挫折，如坠深渊。孔子说：“乡愿，德之贼也。”(《论语·阳货》) 孟子解释说：“恶乡原，恐其乱德也。”孔子直截了当地批评乡愿为德性的盗贼，他们是德性消失或混乱的罪魁祸首。其根本原因就是他们无原则地讨好世人，如孟子所说：“阉然媚于世也者，是乡原也。”他们遇到什么人就说什么话做什么事。在君子面前，他们以“义”示人，道貌岸然；而在小人面前，他们便以“利”悦人，同流合污。因为伪装得好，他们往往广获赞许。不知情的人一般挑不出他们的毛病，似乎很完美，但实际上是“两面人”。所以，孟子说：“非之无举也，刺之无刺也，同乎流俗，合乎污世，居之似忠信，行之似廉絜，众皆悦之，自以为是，而不可与入尧舜之道，故曰‘德之贼’也。”(《孟子·尽心下》) 王阳明说：“乡愿以忠信廉洁见取于君子，以同流合污无忤于小人，故非之无举，刺之无刺。然究其心力，乃知忠信廉洁所以媚君子也，同流合污所以媚小人也，其心已破坏矣，故不可与入尧舜之道。”①

乡愿，就是心之本体受严重污坏的人，他们远离了圣人之道。他们已被外在的名利锁住了心灵。他们这种生存方式在儒者看来实际上是完全蒙蔽的生活形态。正如海德格尔所说：“这种在其日常存在方式中的存在建构其本身就是那个在最初错失自身和遮蔽自身的东西。”② 把乡愿或常人作为起点，人的一生从一开始就进入了遮蔽状态。

---

① 陈来：《有无之境：王阳明哲学的精神》，生活·读书·新知三联书店 2009 年版，第 289 页。

② [德] 马丁·海德格尔：《存在与时间》，陈嘉映、王庆节合译，生活·读书·新知三联书店 2006 年版，第 151 页。

如果说，如何在“庸庸碌碌，平均状态，平整作用”[①]的常人存在方式中寻找到本真的自己，是海德格尔哲学的重要主题，那么，怀着人皆固有的“赤子心”的人在成长过程中，如何避免遭受蒙蔽，误入“乡愿”这个陷阱，就是儒家圣人之学的第一关。

任狂狷，各展华彩。不拘于功名利禄，激扬飞越者狂，悠然自得者狷。孔子说：“不得中行而与之，必也狂狷乎！狂者进取，狷者有所不为也。”（《论语・子路》）孔子认为遇不到“言行符合中庸之道”的人，并与之交往，那就退而求其次，选择与狂放进取或有坚守而有所不为的人往来。为什么说这些人是狂狷呢？孟子说：“其志嘐嘐然，曰：‘古之人，古之人。’夷考其行，而不掩焉者也。狂者又不可得，欲得不屑不絜之士而与之，是獧也，是又其次也。”（《孟子・尽心下》）狂者常豪言壮志，张口闭口以“古人”言志，但细考察其行动，却不能达到其言语的标准；狷者洁身自好，有自己的道德信念，不随波逐流去做坏事。因而朱熹概括说：“不得中行而与之章：狂者，知之过；狷者，行之过。”[②]王阳明很赞赏怀有狂者胸次的人，他由衷地说：“狂者志存古人，一切声利纷华之染，无所累其衷，真有凤皇翔依千仞气象。”[③]他还曾明确表明自己达到了这种精神境界，他说：“我在南郡以前，尚有些子乡愿的意思在。我今信得这良知真是真非，信手行去，更不着些覆藏。我今才做得个狂者的胸次，使天下之人都说我行不掩言也罢。”[④]圣贤是个体发展的最高理想，因而难以轻易实

①［德］马丁・海德格尔：《存在与时间》，陈嘉映、王庆节合译，生活・读书・新知三联书店 2006 年版，第 148 页。

② 黎清德编，王星贤点校：《朱子语类》（全八册），中华书局 1988 年版，第 1109 页。

③《王阳明全集》（全五册）（壹），线装书局 2012 年版，第 242 页。

④《王阳明全集》（全五册）（壹），线装书局 2012 年版，第 196 页。

现。在现实中，狂狷之士已经难能可贵，他们是人间正道的坚守者，虽有不足，但瑕不掩瑜。开明社会必宽待狂狷之士，为其创造自由氛围，任其各尽其才，各展其华。故王阳明说："只如狂者便从狂处成就他，狷者便从狷处成就他，人之才气如何同得？"[①]

立君子，力行近仁。狂狷追求一种洒落的生存境界，而君子则以敬畏的方式求仁学圣。而"仁"的实现在于力行。孔子说："好学近乎知，力行近乎仁，知耻近乎勇。"[②]君子行事有必须坚持的基本道德原则。孔子说："君子喻于义，小人喻于利。"（《论语·里仁》）"君子上达，小人下达。"（《论语·宪问》）又说："君子怀德，小人怀土；君子怀刑，小人怀惠。"（《论语·里仁》）所以，君子在面临人生大抉择的关头便能立场坚定，毫不含糊。他们能做到"临大节而不可夺"（《论语·泰伯》），做到"不可货取"（《孟子·公孙丑下》），"富贵不能淫，贫贱不能移，威武不能屈"（《孟子·滕文公下》）；在日常生活中，他们能自然地做到"文质彬彬"（《论语·雍也》），"泰而不骄"（《论语·子路》），"和而不同"（《论语·子路》）等。国家权力应该尽可能多地掌握在真正的君子们手中，因为这将是人民之大幸。孔子说："有君子之道四焉：其行己也恭，其事上也敬，其养民也惠，其使民也义。"（《论语·公冶长》）君子不仅追求自己近仁为善，其最高的德行莫过于带动他人一起行善。孟子说："取诸人以为善，是与人为善者也。故君子莫大乎与人为善。"（《孟子·公孙丑上》）

君子力行近仁，但在结果上也难以做到时时刻刻符合仁道的要

---

①《王阳明全集》（全五册）（壹），线装书局2012年版，第183页。

② 王文锦译注：《大学中庸译注》，中华书局2013年版，第32页。

求。孔子说："君子而不仁者有矣夫，未有小人而仁者也。"(《论语·宪问》）君子依善念，尽最大努力作出仁义之事，但也可能会因能力所限而出现一些失误与偏差；但小人以私欲为主导，不可能作出仁义之事。圣人之道没有尽头，而是永无止境的。在现实中，每个人的修心育德，没有完成时，只有进行时，生命不息，求索不止。

追圣人，与物同体。现实中存在的具体的圆形之物，永远也不可能与抽象的圆形理念完美吻合。君子与圣人的关系也是这样。孔子说："圣人，吾不得而见之矣；得见君子者，斯可矣。"(《论语·述而》）圣人是个体追求的崇高理想，是人们自我完善自我发展的方向，应是人们一生的追求与践行。没有人能自称已经成圣，有的只是后人因仰慕而追认，从而成为理想的化身，如尧舜孔孟。孔子说："修己以安百姓，尧舜其犹病诸。"(《论语·宪问》）在现实中，通过修养自己以使百姓安居乐业，即使尧舜也不能做到十全十美。

圣人是完美的理想，难以抵达，但并不远离现实，人人皆可在人伦日用中去追求。孔子说："仁远乎哉？我欲仁，斯仁至矣。"(《论语·述而》）孟子说："圣人，与我同类者。"(《孟子·告子上》）荀子说："涂之人可以为禹。"王阳明说："故虽凡人，而肯为学，使此心纯乎天理，则亦可为圣人。"[①] 儒家圣人之学博大精深，在理想性上，让人仰望星空；在现实性上，又让人脚踏实地。

圣人至诚至乐。孟子名言"反身而诚，乐莫大焉"是对圣人境界的精彩概括：高度自觉的诚挚，活泼洒落的和乐。《中庸》说："诚者，不勉而中不思而得：从容中道，圣人也。"[②] 圣人由"道"而行，

---

①《王阳明全集》(全五册)(壹)，线装书局2012年版，第103页。

② 王文锦译注：《大学中庸译注》，中华书局2013年版，第35页。

犹如音乐家引吭高歌，书法家挥毫泼墨，洒落自如，融释自然。圣人之学，学到深处，本应内心愉悦畅快。王阳明就曾对侍坐一旁不敢用扇的门人说："圣人之学不是这等捆缚苦楚的。不是装做道学的模样。"①

圣人与物同体。宋明理学家主张"仁者，以天地万物为一体"②。一方面，天地万物共受一理支配；另一方面，仁者之心宽宏广大包含万物。《二程遗书》说："今人有斗筲之量，有釜斛之量，有钟鼎之量，有江河之量。……故圣人者，天地之量也。圣人之量，道也。"③圣人心怀万物，与万物同理，与万物一体；那么，圣人心系天下，视人如己，便更不在话下了。王阳明说："夫圣人之心，以天地万物为一体，其视天下之人，无外内远近。凡有血气，皆其昆弟赤子之亲，莫不欲安全而教养之，以遂其万物一体之念。"④又说："夫人者，天地之心；天地万物，本吾一体也。生民之困苦荼毒，孰非疾痛之切于吾身者乎？不知吾身之疾痛，无是非之心者也。"⑤所以，圣人与物同体的思想最终落实到了儒家所倡导的"亲民""达济天下""博施济众"的家国天下之情怀上，并为之提供了牢固的本体论基础。

（二）"为己"立人，崇尚美德

修心育德，旨在"为己"立人。"为己"沿用了古意，孔子说："古之学者为己，今之学者为人。"我们采用此中"为己"之意，其意思就是：无论是为学还是践行，最根本的就在于提升自身的内在德

①《王阳明全集》（全五册）（壹），线装书局2012年版，第183页。
② 程颢、程颐撰：《二程遗书》，上海古籍出版社2000年版，第65页。
③ 程颢、程颐撰：《二程遗书》，上海古籍出版社2000年版，第240页。
④《王阳明全集》（全五册）（壹），线装书局2012年版，第132页。
⑤《王阳明全集》（全五册）（伍），线装书局2012年版，第76页。

性，而不是博取他人的赞许。立人，今意即助人为乐。孔子说：“夫仁者，己欲立而立人，己欲达而达人。”（《论语·雍也》）当他人遇到困难时，我们伸出援手给予帮助；在我们追求实现人生理想过程中，也力所能及地帮助他人实现其理想。

“为己”立人，体用合一。“为己”为体，“立人”为“用”。“为己”在于使自己成为光源，“立人”在于用自己的光去温暖他人。尼采说：“我生活在自己的光明中，我饮回从我身上爆发出来的火焰。”[①]尼采肯定了个体是发光体，这是在“上帝死了”之后人的自我担当。但儒家不会赞同后半句话，整句话应该改为：“我生活在天地的光明中，我努力爆发出暖人的火焰。”没有“为己”作为基础，也就没有了光源，“立人”就会成为无体之用，因为一个个内在虚无的人之间无法形成有效的生命意义上的依靠。

“为己”是“儒家精神性”[②]的一种表达，它使人行仁义成为自然而然之事。正如冯友兰所说：“对儒家来说，人为什么要行仁义，是不需要提出的问题，因为这是人的本性。”[③]但儒家这不必言说而潜藏着的内容正是其精髓所在。后人若弃之而只言“立人”或“利人”，便不得儒家之要义。墨子在《耕柱》篇中借儒者巫马子之口说出这段话：“我爱邹人于越人，爱鲁人于邹人，爱我乡人于鲁人，爱我家人于乡人，爱我亲于我家人，爱我身于吾亲，以为近我也。”[④]墨子以此

① [德] 尼采：《查拉图斯特拉如是说》，孙周兴译，商务印书馆 2010 年版，第 163 页。

② 陈来：《有无之境：王阳明哲学的精神》，生活·读书·新知三联书店 2009 年版，第 292 页。

③ 冯友兰：《中国哲学简史》，赵复三译，生活·读书·新知三联书店 2009 年版，第 80 页。

④ 墨翟：《墨子译注》，张永祥、肖霞译注，上海古籍出版社 2016 年版，第 421 页。

暗讽儒家有差等的爱人本质上是爱己。墨子是从爱的方式上批评儒家，但对儒家爱的内涵予以忽略。实际上，如果人们把儒家的“为己”理解为“爱己”，那么从某个角度上说，也是没有错的。只是儒家从来不以功名利禄来爱自己，而是以“仁”或“道”来温润自己，使自己进入至诚至乐的精神境界。在此基础上儒者偕同其他人近仁得道，就是儒家最根本的爱人，因为“道”从来不是“功利”可以等量齐观的人间至宝。这便是人们追求美德的内在精神性根基。

美德的普遍形成还需要外在的物质性根基。这是儒家忽略或缺少的一个重要内容。如果我们从现代心理学的视角来看，那么儒家实际上是在帮助人们追求人的高级需要，即自尊的需要与自我实现的需要。修心养性，提升德性，就是人的最高级的需要，它相对于低等级的需要，比如生理、安全等的需要，虽常人会觉得它相对不那么迫切，但它却能带来后者无法比拟的幸福感与宁静感。最高级的需要只能交由每个人的自我道德修养来实现，任何外力都无法代替，因为这是个体主体性关键所在。但社会应承担起应有职责，就是以良好的机制来确保人们的低等级需要的满足。良好的社会机制让社会中依理而行的人得到好的回报，让公共权力掌握在公正而有能力的人手里。一句话，在这个社会里，好人平安，好人好报，多奉献者多收获。这便是人们追求美德的外在物质性根基。马克思与恩格斯在《德意志意识形态》中说：“共产主义者既不拿利己主义来反对自我牺牲，也不拿自我牺牲来反对利己主义，理论上既不是从那情感的形式，也不是从那夸张的思想形式去领会这个对立，而是在于揭示这个对立的物质根源，随着物质根源的消失，这种对立自然而然也就消失。”[1] 在这里，

---

①《马克思恩格斯全集》(第三卷)，人民出版社 1960 年版，第 275 页。

我们更能理解马克思和恩格斯这段话的深刻意涵。总之，美德的内在精神性根基与外在物质性根基二者密切结合，不可或缺，这样，新时代的美德之花必将绽放得越加绚烂多彩。

儒家在个体道德修养过程中始终高扬人的主体性，发挥主体的自觉性和能动性，通过自我努力来提升道德境界。主体自觉是自我教育的起点。现代教育提倡教育和自我教育相结合，只有教育与自我教育相结合，教育的效果才能真正显现，并且，个体自觉地进行自我教育也是教育的目的。要进行自我教育，首先必须确立主体意识，受教育者只有认识了做人的尊严与价值，才能自觉地实施自我教育。而对于人主体价值的认识和激励，我们可以在儒家心性修养论中找到丰富的内容。儒家的主体性是基于其对人性的认识的。儒家对人的主体性给予了积极的肯定，认为人人都有成为圣贤的可能，人人都有可造之资，这种对人性的认识极大地鼓舞了受教育者对自我的肯定，激发了个体的主体性。儒家以对人主体性的肯定为起点，在进行自我教育的过程中，又充分发挥人的主体性、自觉性，儒家这种自我教育方法非常值得我们借鉴、发扬。

儒家把立志作为修身的起点，鼓励个体要坚定不移地追求道德完善。道德意志是实践道德原则和实现道德理想的决心和毅力，是从事具有道德意义的活动所不可缺少的因素。道德意志产生于道德认知与道德情感，只有当个体相信某一行为符合道德原则和道德理想并能给自己带来积极的情感体验时，他才会产生去实践的欲望。因此，道德意志与道德信念是紧密联系在一起的，可以说，道德信念是道德认知与道德情感升华的结晶，是道德意志的核心。儒家心性修养论正是德与心紧密结合的理论，它以心性论为基础，非常注意受教育者的心理特点和需要，注重培养受教育者良好的心理状态，从而推动道德教育的内在基础，增强德育的实效。

儒家的道德修养注重个体道德发展的人性依据以及达到理想人格的培养途径，在道德教育中，注重从受教育者自身最本质的地方入手，抓住“心”这一环节，从心出发，开启心灵。中国古代儒家形成了一种尊重人、关心人的人文主义传统，在道德教育中始终高扬人的主体性，从肯定人性方面肯定教育对象的尊严，使受教育者获得自我修养、自我道德完善的自信，从而充分调动受教育者的能动性和自觉性。儒家理想人格注重高层次的精神追求，是以心忘身，“忧道不忧贫”的道德境界，这对于提升人性、陶冶培育和丰富人的心灵境界有积极的意义。

第五章

儒家心性论与当代德育实践

2018年8月，第二十四届世界哲学大会在中国举办，大会以“学以成人”(Learning to Be Human)作为主题，这是世界哲学大会首次以中国哲学思想传统作为核心议题。依据陈来教授的解释，中国古代的教育理念是“做人”，学做君子，学至圣人。儒家以君子的榜样作为学习的楷模，以德行优于知识，强调“成人”或“全人”的人格理念，所谓“学而时习之”的过程和意义，就是对这种理想人格的参悟和接近。以“学以成人”作为世界哲学大会的主题，不仅凸显了儒家伦理思想和教育理念的恒久价值，也说明了人类在今天这个技术时代、信息时代乃至数字时代所面临的某种伦理道德困境以及对自身前途命运的忧思。也就是说，技术发展到今天的成就，人还是要认真去对待和思考“人”本身的一些基本问题。历史长河中闪耀的智慧星光，总是不时对人发出警醒，提醒人类向后看，关注本来意义的那个“我”和“我们”。无论是西方哲人的“认识你自己”“未经反思的人生是不值得过的”的感叹，还是儒家的“吾日三省吾身”“仁也者人也”的感悟，都是针对人类生存和人的价值问题所开展的理性沉思和理论构建。

人类应该怎样自处和相处？这似乎仍然是一个，也许永远都是一个需要面对并不断去解答的大问题。苍茫宇宙中的一叶扁舟，偏偏又是一个能够以脆弱之躯抗拒无穷之自然的“类存在”，并且以这种存在方式维护着自身的理性尊严和人性的温暖。因为是“类存在”，所以有相处，而“类存在”又是以每个个体饱满而又有灵性的存在为前提，因此又有同样重要的自处。中国古代哲人在这种沉思中找到的是自救的路子，在自身的禀赋中发明了一条通向无限的那束光，这自身的禀赋便是这无限光明的“吾心”。通向无限的路，是在对“与道为一”的追求中达到主客间的圆融之境。西方人建立的是他救的路子，以一种赎罪式的执着去追求精神的慰藉和灵魂的安好。这两条路，既是各自在自然驱使下的适应，也是各自作为“类存在”而形成的主体选择和创造。条条大路通罗马，只要这些路径能够满足各自“类主体”对无限的渴求、对不朽的期盼、对灵魂的安顿，就是他们最好的状态。而当人类在各自的路子上相互碰撞时，依然可以发现来自对方的镜鉴，就像镜子一样帮助彼此看到各自不同的样貌和短长。这就提出了一个怎样相处的问题。

文明之间怎样相处，我们发现，恰恰是中国传统文化在自身与异质文明交往中创造了交流互鉴、综合创新的文明交流、文明发展的模式，即所谓“各美其美，美人之美，美美与共，天下大同”。在世界经济日趋全球化的今天，不管是个体的自处和相处，还是文明的自处和相处，“美美与共”都是最理想的状态。儒家关于“学以成人”的理想设计也是中国传统文明成果中最有民族特色、最有现代价值的成果之一。

“学以成人”，在儒家的话语体系中就是通过学习与他人相处、与自然相处、与自我相处，并努力地去追求君子、圣人的境界，也就是“希贤、希圣、希天”的境界。儒家不仅肯定人人通过学习而成圣成贤的可能性，把我固有之的“恻隐之心、羞恶之心、辞让之心和是非之心”认定为人能自我教育和自我完善的内在根据，还立足于人性所具“四端”的先天禀赋，铺设了通向“圣”“贤”“天”的路子，这是立足于世俗伦理的此岸之路，在孟子那里表述为“尽心、知性、知天”三个阶段的递进之路。关键在于，这条此岸之路也是可以通向无限与永恒的，这就是此岸之路的超越特性，又称为内在超越性，这应该就是传统伦理最根本的特征了，也是传统伦理建构的终极关怀。世俗中见不朽，平凡中见伟大，并最终沉淀为“百姓日用而不知”的民族文化心理和生活方式，经久而无息，并在马克思主义中国化的进程中发挥着本土文化思维方式和价值理念方面的推力作用。

“伦理学作为一门特殊的人学，不但要找到人们行为的正当合理性道德标准，建立起社会普遍适用的道德准则规范系统，而且也要关照每一个人的精神人生和理想人生，给人类提供某种深刻的内在道德关照和终极人生关怀。”[①] 儒家心性论建构了人的内在道德关照和终极人生关怀，其超越性赋予人的活动以高于现实的理想性。儒家伦理之所以能成为中华民族伦理道德生活的基本范式，正是在于这种伦理体系为人们的日常生活和道德实践提供了稳定的心性依据和价值归宿。徐复观说：“人性论不仅是作为一种思想，而居于中国哲学思想史的主干地位；并且也是中华民族精神形成的原理、动力。要通过历史文化以了解中华民族之所以为中华民族，这是一个起点，也是一个终点。文化中其他的现象，尤其是宗教、文学、艺术，乃至一般礼俗、人生态度等，只有与此一问题关联在一起时，才能得到比较深刻而正确的解释。”[②] 不管社会的形态、结构和运行方式怎样变化，人们的政治伦理情怀、社会伦理情操和家庭伦理情感，以及维系社会秩序的日常行为方式和基本价值准则等诸因素，都有着比较明显的传承性和延续性，成为民族文化和伦理生活的深层积淀，长期影响着人们的价值判断和行为准则。

---

① 万俊人：《比照与透析——中西伦理学的现代视野》，广东人民出版社 1998 年版，第 298 页。

② 徐复观：《中国人性论史》（先秦卷），上海三联书店 2001 年版，第 2 页。

这是儒家心性论建立的“心—性—天”或者“君子—圣人”的理想模式在当代仍然具有现实意义的依据，也是我们应该大力发掘的道德资源。现当代社会的道德教育，普遍存在着知识化的趋向，重视道德对人的道德认知和行为能力的训练，重视道德对人的行为的外在规约和限制作用，而对人的自我完善、德性培育、品质塑造、境界提升等则关注不够。这也是西方美德伦理兴起的背景之一。现代社会高度制度化、规范化的特点，强化了人们的规则意识，对建立道德规范的普遍性和有效性有着重要促进作用，这是不容置疑的。但是，强调外在规范而忽视主体内在美德的培养和主体道德智慧的开发，必然影响道德教育效果的持久性和稳定性。“我们不能给道德找一个外在于人的存在的基础，道德的必要性、道德的意义是不能被描述和逻辑地证明的，道德是人的生命存在的自然性也就是社会性所规定的。”[①] 只有真正将外在的规则内化为主体自身的道德品质，重视道德主体精神境界的拓展，重视德育过程中人的道德品质的提升，才能培植主体自身内在良知的成长和发育。因此，注重个体内在修养和美德建设的儒家心性论在现代社会道德教育中依然具有重要的时代价值。

2014 年 2 月 24 日，习近平总书记在中共中央政治局第十三次集体学习时的讲话中进一步指出：“培育和弘扬社会主义核心价值观必须立足中华优秀传统文化。牢固的核心价值观，都有其固有的根本。抛弃传统、丢掉根本，就等于割断了自己的精神命脉。博大精深的中华优秀传统文化是我们在世界文化激荡中站稳脚跟的根基。”他还要求把培育和弘扬社会主义核心价值观作为凝魂聚气、强基固本的基础工程，要不断夯实中国特色社会主义的思想道德基础。优秀传统文化

---

① 金生鈜：《规训与教化》，北京科学教育出版社 2004 年版，第 283 页。

不仅包含影响深远的核心价值理念，而且积淀了丰富的人文教化和个体修养方法。儒家的心性论建立的心与性、性与情、天与人、天命之性与气质之性、理与欲之间的逻辑结构，都是在强调通过人的主体意识的作用建立天道、道德、伦理、心理等综合的育人方式，形成内省、克己、自律等涵养德性的有效途径。这种方法充分调动了主体的内在自觉性，在与社会教化的结合中，可以很好地提高道德教育的实效，最终提高道德实践的能力。也就是习近平总书记指出的："形成善良的道德意愿、道德情感，培育正确的道德判断和道德责任，提高道德实践能力尤其是自觉践行能力。"中华优秀传统文化既是社会主义核心价值观深厚的内涵基础，也是培育和践行它的方法基础。这些方法积淀在民族心理之中，有着最为深厚的情感基础和最为广泛的大众基础。社会主义核心价值观的培育和践行，是当代道德教育和道德建设的重要任务和内涵；儒家心性论建构的境界之维、信仰之维和超越之维，是促进社会主义核心价值观内化为人民群众的意志和信念，是形成崇尚先进、崇尚道德社会风尚的道德资源。

一、当代道德教育的境界之维

冯友兰先生认为："中国哲学的传统，它的功用不在于增加积极的知识，而在于提高心灵的境界……中国传统哲学里有为学、为道的区别，为学的目的是增加积极的知识，为道的目的就是提高心灵的境界。"① 境界是中国哲学的特有内涵，境界观是中国哲学的根本特色，它不同于以知识论—本体论为特征的西方哲学的思维方式和价值取向，境界哲学体现了中国哲学特有的天与人、主与客、情与理、知与

① 冯友兰：《中国哲学简史》，北京大学出版社 1996 年版，第 4 页。

行、物与我及功夫与本体的和合圆融的理想追求，其理想的目标就是“极高明而道中庸”的精神状态，这些思想都是当代道德教育的重要资源。

（一）觉解与意义

境界本是一个地域概念，指疆土、疆界。《诗经·大雅·江汉》言：“于疆于理。”郑玄笺注云：“正其疆界，修其分理。”后来引申为泛指人的精神的某种状态或某种层次，可以理解为一个人的精神状态及主体自我对他的自觉理解和自觉体验。冯友兰在《新原人》中又提出了系统的“人生境界说”：“人对于宇宙人生底觉解的程度，可有不同。因此，宇宙人生，对于人的意义，亦有不同。人对于宇宙人生在某种程度上所有底觉解，因此，宇宙人生对于人所有底某种不同底意义，即构成人所有底某种境界。”[①] 冯友兰对觉解的解释，觉是自觉，解是了解。“人作某事，了解某事是怎么一回事，此是了解，此是解；他于作某事时，自已其是作某事，此是自觉，此是觉。”[②] 而人之所以能有觉解，是因为人有心，“宇宙间有了人，有了人的心，即如于黑暗中有了灯”[③]。人有心，有了“知觉灵明”，便认识了宇宙的意义，或者说宇宙间的一切对人来说才具有了意义。

根据觉解程度的不同，精神境界可分为四种，即自然境界、功利境界、道德境界与天地境界。自然境界的人具有较低的觉解，其行为是顺才或顺习的，觉解把他们和动物区别开来，而他们却没有自觉的主体性，不能觉解其觉解；功利境界中的人亦不能觉解其觉解，其行为是求利的，唯利是图的；道德境界和天地境界中的人则能觉解其觉

① 冯友兰：《三松堂全集》（第四卷），河南人民出版社 1996 年版，第 549 页。

② 冯友兰：《三松堂全集》（第四卷），河南人民出版社 1996 年版，第 522 页。

③ 冯友兰：《三松堂全集》（第四卷），河南人民出版社 1996 年版，第 529 页。

解，但前者是求义的，后者是超义利、超荣辱的。四个境界的觉解由低到高，如果一个人做事时出于本能或社会的风俗习惯，没有或很少有自己的觉解，那么他的人生境界就是处于自然境界；如果一个人做事时出于自己的功利要求，那么他的人生境界就是功利境界；如果一个人做事时出于服务社会，具有严格的道德意义，那么他的人生境界就是道德境界；最后，如果一个人做事符合整个宇宙的法则或人类的利益，那么他就达到了最高的人生境界——天地境界。“这四种境界之中，自然境界、功利境界的人，是人现在就是的人；道德境界、天地境界的人，是人应该成为的人。前两者是自然的产物，后两者是精神的创造。”① 有觉解的生活是人的生活的重要特征。“有觉解是人生的最特出显著底性质。因人生的有觉解，使人在宇宙间，很有特殊的地位。宇宙间有人无人，对于宇宙有很重大底干系。有人的宇宙，与无人底宇宙，是有重要底不同底。从此方面看，有觉解不仅是人生的最特出显著底性质，并且是人生的最重要底性质。”② 人生的本质在于人有觉解，人生的意义在于觉解的高低，人生的意义也就在于心灵境界的高低。处在道德境界和天地境界的人，更能体验到人生的意义和精神的价值；处在自然境界和功利境界的人，更多地关注外在的功利的价值。

（二）存在与生存

对当代社会的道德建设来说，关注人的精神境界问题具有基础性和根本性的意义，是直接关系到当代人精神生活的内涵和生命意义的建构的问题。或者说，人生境界问题是人的存在的根本问题。人的存

① 冯友兰：《中国哲学简史》，北京大学出版社 1996 年版，第 292 页。
② 冯友兰：《三松堂全集》（第四卷），河南人民出版社 1996 年版，第 524 页。

在性问题与人的生存性问题是不同的两个问题，生存问题是就工具和手段的层面而言的，存在问题是就本体和价值层面而言的。人的存在是一种什么样的存在呢？从哲学与本体的意义来说，人的存在包含六个方面的特征，即存在的绝对性、存在的意向性、存在的文化性、存在的时间性、存在的语言性、存在的独特性。存在的绝对性，是指存在是一切价值的基础、依据和目标，人必须存在，才能去思考人如何存在，存在具有绝对的价值；存在的意向性，是指人的存在受意识指引，人是有意志的，人的意志具有一定的自主性；存在的文化性，是把人当作文化的产物，不了解人所处的文化，就不了解人的存在本身；存在的时间性，是指人是存在于时间之中的，是不断呈现和实现的，人的存在又是有限的存在；存在的有限性是人生意义的基础，认识不到存在的有限性，就不能很好地深思存在的意义；存在的语言性，是指语言是人认识自己、理解别人的工具，也是一种精神的依托；存在的独特性，是指每个人的生活世界都具有个性色彩，不同事物在各人的生活世界中往往被理解为不同的意义。①

可见，人的存在具有多维向度，这本身也肯定了人的丰富性和复杂性。对这些问题的理解，与人的道德品质、人生境界、人生态度以及人的自我认同等问题密切相关。因此，这些问题就构成人的精神境界的必要内涵。所以，要提高人的精神境界，就需要理解人作为人的存在性特征。对当代道德教育来说，这个问题更是一个值得关注的根本性问题。“现代的教育归根到底就是生存的教育，而不是存在的教育。这种生存的教育给予了人们以生存的意识和能力，却没有给予人们以生存的理由和根据；给予了人们对于自己和人类文明一种盲目的

① 石中英：《教育哲学导论》，北京师范大学出版社 2004 年版，第 84—86 页。

乐观，却没有给予人们一颗清醒的头脑。其结果是，在现代教育的作用下，现代人拥有了比以往任何时候都更强大的生存能力，但是却越来越对生存的必要性发生怀疑。这种怀疑使得现代人的生活充满了无聊、空虚、寂寞和无意义感，从根本上威胁到人生的幸福与人类文明的进步。”[①] 这种反思对当代道德教育也是非常必要的。由于社会的功利化倾向和道德教育的知识化趋向，人的精神生活质量和精神境界的提升，这样的问题似乎容易被遮蔽，而生存能力和手段的问题更加凸显。技术和手段的快速更新和发展，代替不了人的精神需要和意义诉求。人在这个世界上的意义问题、价值问题和精神问题，是需要人去自觉建构的。人的生活的建构性特征是人之为人的根本特征，新时代人们对美好生活的需要，内在地包含着精神生活质量的提升和道德生活、文化生活的建构。当代道德教育必须走进人的精神生活的建构领域，提升人的道德智慧。

关注人的内在精神价值和精神境界，也是儒家心性论的传统。儒家以君子为理想人格，以成圣为人生的最高境界，孔子在总结自己一生修养递进时说：“吾十有五而志于学，三十而立，四十而不惑，五十而知天命，六十而耳顺，七十而从心所欲，不逾矩。”（《论语·为政》）人生修养是不断上升的过程，最高的人生境界是达到“从心所欲，不逾矩”，这种境界是指主客交融、物我两忘、天人合一的境界，即主体与客体、人的主观意志与客观规律和谐统一的自由境界。这种圣人境界就是《易经·乾卦·文言》所描述的：“夫大人者，与天地合其德，与日月合其明，与四时合其序，与鬼神合其吉凶。先天而天弗违，后天而奉天时。”这里的“大人”所具有的与天地合德、

① 石中英：《教育哲学导论》，北京师范大学出版社 2004 年版，第 91 页。

与日月合明等品德，也就是人与自然、主体与客体的合一，是天人合一的理想境界。儒家追求人与外在、人与自我的普遍和谐，要求“我们能在普通人的生存中认识到生命的最终意义。我们在日常生活中的普遍行动，恰好是人性获得最充分表现的活动”[①]。儒学的精髓是做人的道理，也就是通过对做人的觉解，在日常伦理实践中达到与天地合德、与万物同流的天地境界，这是儒家建立的成圣成贤的理想模式。

二、当代道德教育的信仰之维

杨国荣在《善的历程——儒家价值体系研究》中指出：“本体论与价值论相统一的形上进路，为存在于‘在’的统一提供了内在的根据，它可以提醒我们在存在的终极关切中避免超验的玄思；人格之境所展示的理性精神与意义关怀，则将不断引发我们致力于理性尊严的维护与意义世界的守护。正是在这些方面，儒学展现了其内在的生命力。”[②]这里所说的本体论与价值论相统一的进路，实际上也是儒家伦理所建立的道德信仰的内在机理，正是很好地融合了理性精神和意义关怀，使得儒家的理论建构中既提供了精神层面的终极关切，又避免了西方那种超验的、宗教神学意义上的信仰之域。儒家这种进路的建立立足于经验世界的信仰，是具有民族特点的、有悠久历史传统的道德信仰。

（一）信仰与道德信仰

关于信仰，弗洛姆认为：“信仰是一个人的基本态度，是全部渗

① 杜维明：《儒家思想新论——创造性转换的自我》，江苏人民出版社 1997 年版，第 58 页。

② 杨国荣：《善的历程——儒家价值体系研究》，华东师范大学出版社 2009 年版，第 431 页。

透在他全部体验中的性格特征，信仰能使人毫无选择地面对现实，并依靠信仰而生活。”[①] 信仰的确可以支配人的生活，但关键的问题是，并不是所有的信仰都是宗教意义上的信仰。在马克思主义的诠释下，信仰作为人类特有的一种精神活动和精神寄托，有着现实生活的依据，又有价值生活的指向，是理想与现实共同作用的结果。其目标就是引领人类精神生活不断走向自觉和自律。“信仰作为人类现实生活和价值生活的完整性的表征，对它的认识和反思也只有置于人类生存和发展的广阔背景下，才能揭示其随着人类生存活动日益丰富地展开而不断发生、演化的动态发展历程，揭示人类精神生活由自发走向自觉的规律。”[②] 道德信仰就是这样一种特殊类型的信仰。是人类以道德现实为依据，以道德理想为方向而形成的对自身道德生活的终极追求和对道德行为的忠实奉行。

人们的道德观念和道德信仰，总是离不开其所生活的现实境遇。恩格斯就曾指出：“人们自觉地或不自觉地，归根到底总是从他们阶级地位所依据的实际关系中——从他们进行生产和交换的经济关系中，吸取自己的道德观念。”[③] 因此，道德信仰是建立在道德生活基础之上的，具有现实生活依据。同时，因为道德本身所具有的“未来”指向性，即道德所具有的对“已然”状态的超越性和“应然”的指向性，这就决定了道德信仰具有超越现实的精神性特征。作为信仰对象的道德，必然是主体修养的目标和方向。有了这样的目标和方向，主体才能在具体的道德情境中作出正确的抉择，建立起稳定的价值系

① [美] 弗洛姆:《为自己的人》，孙依依译，生活·读书·新知三联书店 1988 年版，第 184 页。

②《马克思恩格斯全集》(第三卷)，人民出版社 1960 年版，第 156 页。

③《马克思恩格斯选集》(第三卷)，人民出版社 1972 年版，第 133 页。

统，体现出人的价值和尊严，维护人对崇高的向往和对道德的使命。从这个意义上说，道德信仰具有某种情理交融性，是理性化的信仰和信仰化的理性。对转型期中国社会的道德建设来说，道德信仰的建立，使得人们的道德意识不是仅仅停留在道德规范的层面，而是有着牢固的根基和稳定的支撑。

（二）生活世界的价值引领

儒家心性论，重视人的精神价值，以内圣这一最高修养目标作为人的道德信仰的对象。内圣之学，既是儒家的终极关怀即"性与天道"，又是儒家的日用伦常实践。孔子虽不轻易谈论"性与天道"，但也提出"性相近，习相远"的人性依据。孟子的性善论，以仁、义、礼、智"四端"作为人之所以为人的根本，肯定人性与天道内在的贯通性。这一先验道德本性，提供了人性善的依据，也为人的修养提出了不断完善的目标，就是"尽心知性知天"。由"四端"扩而充之，以成就治国平天下的外王事业。内圣外王的设计，成为一种理想模式和激励机制，铺垫了儒家道德信仰的轨迹。宋明理学继承先秦儒家心性修养论设计的内圣模式，高度重视心性的价值，朱熹曾说："心者，人之神明，所以具众理而应万事者也。性则心之所具之理，而天又理之所以出者也。人有是心，莫非全体。然不穷理，则有所蔽，而无以尽乎此心之量。"（《大学章句集注》）通过穷理的功夫而达到"心之全体大用无不明"的境界，这是理学建立的内圣之路，也是理学设立的道德信仰。与孟子尽心知性知天的路径一样，都是主张现实的人在现实生活中，通过生活实践和社会实践的修养，体悟心性与天道的相通，人与天地的合德，把握生命价值和心性本体，从而成贤成圣，内圣而外王，这是儒家的安身立命之所，既是儒家建立的道德信仰，也充满着鲜明的实践理性精神。"道德作为人类在实践中创造出来的文化价值观念和规范，必然源于实践，离不开实践并要指导实践，它是实践精神，这就意味着，它是寓于实践中的精神，精神指导下的实践，精神与实践的密不可分、二位一体，知行统一甚至是知行合一，鲜明的实践性是道德的重要特点……伦理学就更应追求认识与实践相统一，事实与价值相统一，普遍与特殊相统一，能力、德性与人格相统一的道德智慧。”①

儒家实践理性精神，在现实社会的道德实践中重视人的生命价值，尊重人的精神价值，主张人的修养取决于人作为主体的自身努力，而不是把希望寄托在不知可否的来世，主张在世俗社会中追求高远的境界，也就是“极高明而道中庸”。每个人在与别人的交往中践行仁的原则，成己成物，就能够去追求高远之境。“仁道的原则既要求确认主体自身的存在意义，又要求通过主体间存在价值的相互确认而走出自我、关注他者；因此，它总是逻辑地指向群己关系。以肯定人的内在价值为前提，儒家注重成己与成人的统一。成己意味着达到完美的人格，它所追求的，是人的自我实现；成人则蕴含着群体的关怀，它所体现的，是个体对社会的责任意识。”②人的自我实现与人的社会价值是统一的。更进一步，推广到天人关系、理想人格、仁民爱物、与物同体等，都是儒家道德信仰的构成要素，也是提升自身的道德修养和精神境界等的重要内容。现代道德教育在强调回归生活世界的同时，更应该关注人的精神生活内涵和质量，强调理想意义上的道德追求对生活世界的引领。“中国传统重天人合一，重生存、生

① 肖群忠：《智慧、道德与哲学》，载《北京大学学报（哲学社会科学版）》2012年第1期。

② 杨国荣：《善的历程——儒家价值体系研究》，华东师范大学出版社2009年版，第421页。

活，人作为知、情、意之整体生存于天地万物之中，与万物融合为一体，人在这种'体'中所体验到的，不可能是外在于人和外在于物的东西，而只能是内在于人和物之中的东西。因此，人通过体验所寻求到的本根，虽然是超越的，但它仍在具体事物之中。"①

在今天的道德建设中，我们强调道德信仰，是以马克思主义及其中国化理论成果为指导，吸收儒家道德修养体系中的道德理想或者说是道德信仰的合理因素，融合成为有中国特色的、有传统文化底蕴的道德信仰体系。新的历史条件下，我国思想政治教育高度重视理想信念教育、世界观人生观教育，其中就包括道德信仰的内涵，坚定道德信仰是实现道德自律、统摄人生观价值观的必然要求。

三、当代道德教育的超越之维

（一）内在超越的德育智慧

当代道德教育的超越之维，是指教育应该更加关注开发个体对于德性修养的内在需求，把德育看作对人的自然状态和自在状态的超越，使人真正懂得如何在有限的个体生命中去追求无限的人生意义，确立和把握人的主体地位、道德责任和社会担当，在面临道德选择时，主动选择符合社会发展需要，维护人与人、人与社会的和谐状态，同时这种选择又是主体内在心性的需要，满足主体的道德理想和人生理想，在有限的个体生命追求中，获得人生意义和人生价值的体验和满足。而这种体验感和满足感，又会不断为日常伦理生活提供关照和指引，在更高的层面上追求精神世界的完善和丰富，达到促进个

① 张世英：《天人之际——中西哲学的困惑与选择》，人民出版社2005年版，第250页。

体德性人格提升和全面发展的目的。近些年来，创新德育的理论与实践探索不仅成果丰硕，而且在实际地改变着人们的教育理念和教育模式。诸如回归生活世界的道德教育、主体间性道德教育、情感体验式道德教育、生命关怀式道德教育等，都是对当代道德教育做深层的反思反省而获得创新与突破的理论成果。

但是，德育的有效性问题又确实是一个广受关注的问题，也引起了很多质疑。问题自然是复杂的、多方面的，但其中应该引起思考的一点是，道德教育的功利性和工具性，与道德教育的精神性和享用性，这两者之间的关系应该得到正确的认识和实践指导。道德教育的精神性和享用性，就是对道德之建构意义世界、满足人的内在心性需要的关注，就是以对道德境界和天地境界的向往来处理功利境界中的问题，也就是建立日常道德中的超越理念。道德教育的超越之意，是基于传统哲学建构的“内在超越”模式，以天道既具有超越性又具有内在性这一特有理论前提，建立通过内在的心性功夫而上达天道的修养路径，这种内在超越的建构，正是中国传统文化的教化特色和教化前提，中国传统文化以此区别于西方的宗教文化，就在于这种内在的里路。内在而又超越，既反映了中国文化的终极关怀精神，又是立足于传统社会的日用伦常之理。儒家心性道德修养中，不仅具有现实的功利价值，而且超越于功利之上，具有精神层面的享用价值。这是对人的自我完善、安身立命的内在价值的弘扬，是对人之主体精神的肯定。德育的超越意蕴，就在于不断启发个体人生通向天地境界和德性圆满的路径，把人引向追求崇高理想，陶冶高尚情操，提升精神境界，不断发展和完善自身的德性人格的过程中，会得到一种自我肯定和超越现实的满足，获得崇高感、价值感和幸福感，从而感受到人生的美好，得到精神上的愉悦和享受，并最终达到自我成长和发展的目的。正是凭借对人生最高智慧、对德性与幸福的本源性追求、对大全的追求，把人引向对人生周遭的最重要的事情的关切，引向对日常生活的超越，进而去追求人性的优良与卓越。

儒家道德教育哲学所建立的主要范畴，都具有某种超越意蕴，如孔子的“仁”、孟子的“仁义礼智”、董仲舒的“天命”，以及宋代周敦颐的“诚”、张载的“为天地立心”、程朱的“天理”等哲学范畴，既是道德理想主义的象征，也是对日常伦理生活的关切和指导。由这些范畴构成的理论体系，都是以“做人”为核心内容，以人的德性成长和人格健全为目的。正是有了这种超越性和实践性相统一的教化结构，才形成了“志士仁人，无求生以害仁，有杀身以成仁”（《论语・卫灵公》）的高远理想，又有“仁远乎哉，我欲仁，斯仁至矣”（《论语・述而》）的主体特征，使儒家之“仁”成为人人都可以去实践、去完善的内在价值准则和实际生活规范，从而实现自己的人生价值。现代学家学者认为：“中国由孔孟至宋明儒之心性之学，则是人之道德实践的基础，同时是随人之实践生活之深度，而加深此学之深度的……此心性之学中，自包括一形上学。然此形上学，乃近乎康德所谓的形上学，是为道德实践之基础，亦由道德实践而证实的形上学。”①

新儒家学者把心性之学看作儒家的道德形上学，是对心性之学哲学意义的肯定，也是对儒家终极关怀的当代诠释。儒家心性之学的形上追求，强调对生活世界的内在超越，在心性的本体意义上，追求“上下与天地同流”“万物皆备于我”“惟人也得其秀而最灵”的本体境

① 牟宗三、徐复观、张君劢、唐君毅：《为中国文化敬告世界人士宣言——我们对中国学术研究及中国文化与世界文化前途之共同认识》，《新儒家思想史（附）》，中国人民大学出版社 2006 年版，第 569 页。

界。这种对精神生活内在充实的追求，能不断提升个体生命质量，有内圣而外王的理想追求，都可在平常的世俗生活中不断积累，圣人境界和圣人的功业，可以垂范千秋万代，可以下沉至百姓生活中，作为行为的榜样和价值的引领。也就是说，形上境界并不是高不可攀的，百姓的日常生活和修行，既可以体会到一种示范性引导，又有一种身体力行、以己之力承担社会责任以至于承担天下责任的道德意识。而这一切的发生，又是百姓日用而不知的自然自发自律行为，这是终极关怀意识与形下的世界沟通相融的结果。使个体与他人、群体、社会的各种关系得到协调发展，为达成合理的人际关系、和谐的社会状态提供必要的条件，以满足他人、群体和社会发展的需要。

儒家内外合一、成己成物的整体模式，将道德教育的工具价值与本体价值统一起来，将道德教育的超越性与生活世界统一起来，今天的道德教育在强调道德的适应性、生活性与现实性问题时，尤其应该关注对生活世界的引领，提升对生活世界的感悟和觉解，一方面确认主体自身的存在意义，同时通过融入他人与社会的实践行为而走向社会的认同和普遍的责任意识，在现实社会人与人之间的交往中践行仁爱的原则，追求人际关系的和谐。道德德育的现实性功能与超越性本质的统一，是提升道德能力的重要因素，道德能力即道德认知基础上的道德判断、道德选择及道德实践的综合。德育的超越性确保形成稳定的道德判断和选择，现实性则是付诸行动的前提，真正意义上的道德教育同时具有现实性和超越性两方面的属性。儒家心性的内在超越之路、成己成物的人格结构，彰显了个体生命理想与现实的二重性，如成中英所言："我们可以把高明与中庸看成主体性存在的两个层次，也代表了人的心性存在的两个方式，高明指的是创造价值自觉的圆满性而中庸指的是价值意含的可行性与实践性，也因之把'极高明'与

‘道中庸’看成价值应该发展的两个方向。”[①]

麦金太尔认为，德性体现在一个人的生活整体中，生活就是对那种作为生活整体的善的追寻。人们总是在追寻一种确定性的、可以把自身安置于其中的精神家园，以达到终身稳固、安定的生活支点和获得价值关怀。为此，人类才能克服精神上的不安定感，摆脱精神的焦虑，精神生活是以追寻人生意义和价值为取向的一种有为的存在方式，从根本而言，精神生活是追求意义的生活，是为人的存在灌输意义的生活，对人的生存意义的追寻是个体人生乃至整个人类社会发展的一以贯之的永恒不变的命题。精神生活所构成的意义世界是一个理想的精神家园，它充实并安顿着人的存在，赋予人以存在的价值和意义，使人感到自身存在是实在的、踏实的、充实的，人的存在因此获得了可靠的精神支柱与牢固的生命支点，人的生命存在因此而感到生活的价值与生命的可贵。能够在精神领域、心灵的境地，获得来自人生信仰、人生终极关怀一类的形上资源的有力支持，获得生存发展价值和方向性的意义确定性、满足感，从而使人生的境界得以不断提升。

（二）内在超越的实践走向

儒家传统伦理是我们今天道德建设的重要思想资源，其中蕴含的扩充主体的道德自觉意识和自律意识，树立理想的道德人格和道德追求，在现实社会人与人之间的交往中践行仁爱的原则，以内圣之学建构安身立命的伦理关怀，既有一种入世的“道中庸”的现实关切，又有超越现实的天地境界的寄托。这种通过自身努力不断拔高人的价值

① 成中英:《合内外之道——儒家哲学论》，中国社会科学出版社 2001 年版，第406 页。

的心性修养之路，在今天仍是我们增强文化自信和价值观自信的一个重要支撑。

但如何使传统伦理融入当代道德建设，却是一个复杂的理论和现实问题。在我们进行社会主义现代化建设的今天，重视传统的心性之学的意义和道德理性的价值，使之与现代精神相融合，从而服务于社会主义精神文明建设，以提高人的精神境界，重视发掘传统心性之学的价值并探寻其转化的途径，以运用于当代伦理实践，从而强化人的内在精神生活的根据，有着重要的现实诉求。然而，儒家内圣之路怎样获得新的现实的生长点，成贤成圣的为己之道怎样与当代社会普遍的社会伦理规范相结合，理想的超越的道德人格怎样成为大众化的修养方法，这些都是儒家心性伦理在当代道德教育实践中需要思考的问题。

何怀宏指出："今天的伦理学肯定要面向大众，面向所有人，它主要关注的是建立一个普遍化的道德原则和规范体系，建立一种适度有效的社会义务和正义体系，而不是关注个人自我成圣成贤的精神追求。"[①] 建立面向大众的普遍性的道德思想体系和规范体系，确实是现当代社会道德建设乃至文化建设的一个重要方面，这就需要将儒家成圣成贤的追求与现实层面的大众化道德体系相结合。肖群忠教授认为："在当代中国的道德建设中，我们一定要把传统精英道德的崇高性和现代公共伦理的普遍性结合起来，坚持道德建设的先进性与群众性的统一。"[②] 儒家内圣之学的坚固根基和价值引领，无疑是当代道德实践的深厚营养来源。同时，当代社会也需要基于城镇化、信息

① 何怀宏：《良心论》，北京大学出版社 2009 年版，第 44 页。

② 肖群忠：《儒家传统伦理与现代公共伦理的殊异与融合》，载《中国人民大学学报》2013 年第 1 期。

化、法制化的规则意识，强调以公共伦理为基础的理性规范。因此，儒家心性德育必然存在着与转型期的中国社会相结合的问题。习近平总书记强调：“对历史文化特别是先人传承下来的价值理念和道德规范，要坚持古为今用、推陈出新，有鉴别地加以对待，有扬弃地予以继承，努力用中华民族创造的一切精神财富来以文化人、以文育人。”在传统文化“创造性转化”和“创新性发展”的不断推进中，整合传统道德教育资源，充分发挥其在社会主义核心价值观的培育和践行中的作用，发挥其在当代立德树人实践中的作用，形成自觉践行社会主义核心价值观、养成崇德向善的社会风尚，注重道德主体的行为养成和习惯培养，这是传统伦理获得新的生长点的努力方向。

参考文献

1. 杨伯峻：《论语译注》，中华书局 1980 年版。

2. 杨伯峻：《孟子译注》，中华书局 1984 年版。

3. 方勇、李波译注：《荀子》，中华书局 2011 年版。

4. 周敦颐：《周敦颐集》，中华书局 1990 年版。

5. 张载：《张载集》，中华书局 1978 年版。

6. 程颢、程颐：《二程集》，中华书局 1981 年版。

7. 朱熹：《朱熹集》，尹波、郭齐点校，四川教育出版社 1996 年版。

8. 朱熹：《四书章句集注》，中华书局 1983 年版。

9. 黎靖德编：《朱子语类》，中华书局 1986 年版。

10. 陆九渊：《陆九渊集》，中华书局 1980 年版。

11. 杨天才、张善文译注：《周易》，中华书局 2011 年版。

12. 王阳明：《王阳明全集》（全 5 册），线装书局 2012 年版。

13. 张世亮、钟肇鹏、周桂钿译注：《春秋繁露》，中华书局 2012 年版。

14. 冯友兰：《新原人》，北京大学出版社 2014 年版。

15. 冯友兰：《中国哲学简史》，北京大学出版社 1996 年版。

16. 冯友兰：《中国哲学史（上、下）》，华东师范大学出版社

2000 年版。

17. 张岱年：《中国哲学大纲》，江苏教育出版社 2005 年版。

18. 钱穆：《阳明学述要》，九州出版社 2010 年版。

19. 汤一介：《在儒学中寻找智慧》，中国人民大学出版社 2016 年版。

20. 杨国荣：《中国哲学二十讲》，中华书局 2015 年版。

21. 韩强：《儒家心性论》，经济科学出版社 1998 年版。

22. 李景林：《教化的哲学——儒学思想的一种新诠释》，黑龙江人民出版社 2006 年版。

23. 方立天：《中国古代哲学问题发展史》，中华书局 1990 年版。

24. 蒙培元：《中国哲学主体思维》，东方出版社 1993 年版。

25. 蒙培元：《中国心性论》，台湾学生书局 1990 年版。

26. 刘文英：《儒家文明——传统与传统的超越》，南开大学出版社 1999 年版。

27. 刘文英：《中国传统哲学的名象交融》，载《哲学研究》1999 年第 6 期。

28. 牟宗三：《中国哲学十九讲》，上海古籍出版社 1997 年版。

29. 陈来：《朱子哲学研究》，生活·读书·新知三联书店 2010 年版。

30. 陈来：《有无之境：王阳明哲学的精神》，生活·读书·新知三联书店 2009 年版。

31. 陈来：《冯友兰选集》，吉林人民出版社 2005 年版。
32. 杨立华：《宋明理学十五讲》，北京大学出版社 2015 年版。
33. 张祥龙：《现象学导论七讲——从原著阐发原意》，中国人民大学出版社 2011 年版。
34. 梁漱溟：《东西文化及其哲学》，商务印书馆 1999 年版。
35. 万俊人：《比照与透析——中西伦理学的现代视野》，广东人民出版社 1998 年版。
36. 徐复观：《中国人性论史》（先秦卷），上海三联书店 2001 年版。
37. 金生鈜：《规训与教化》，北京科学教育出版社 2004 年版。
38. 鲁洁、朱小蔓：《道德教育论丛》第 2 卷，南京师范大学出版社 2002 年版。
39. 杜维明：《儒家思想新论——创造性转换的自我》，江苏人民出版社 1997 年版。
40. 杨国荣：《善的历程——儒家价值体系研究》，华东师范大学出版社 2009 年版。
41. 吕思勉：《理学纲要》，译林出版社 2016 年版。
42. 亚里士多德：《尼各马可伦理学》，廖申白译注，商务印书馆 2003 年版。
43. 尼采：《查拉图斯特拉如是说》，孙周兴译，商务印书馆 2010 年版。

44. 海德格尔：《存在与时间》，陈嘉映、王庆节合译，生活·读书·新知三联书店 2006 年版。

45. 萨特：《存在与虚无》（修订译本），陈宣良等译，生活·读书·新知三联书店 2014 年版。

46. 罗素：《西方哲学史》，商务印书馆 1963 年版。

47. 马斯洛：《动机与人格》，许金声、程朝翔译，华夏出版社 1987 年版。

48. 汪凤炎：《中国传统德育心理学思想及其现代意义》（修订版），上海教育出版社 2007 年版。

49. 高德胜：《知性德育及其超越》，教育科学出版社 2003 年版。

50. 麦金太尔：《德性之后》，龚群、戴扬毅译，中国社会科学出版社 1997 年版。

51. 唐君毅：《人文精神之重建》，广西师范大学出版社 2005 年版。

52. 张岱年：《张岱年全集》第 2 卷，河北人民出版社 1996 年版。

53. 王坤庆：《精神与教育——一种教育哲学视角的当代反思与建构》，上海教育出版社 2002 年版。

54. 约翰·杜威：《人的问题》，傅统先译，上海人民出版社 1965 年版。

55.《十六大以来重要文献选编》（中），中央文献出版社 2006 年版。

56.《十六大以来重要文献选编》(上)，中央文献出版社 2005 年版。
57.《习近平谈治国理政》，外文出版社 2014 年版。
58.《习近平谈治国理政》(第二卷)，外文出版社 2017 年版。
59. 人民日报评论部编著:《习近平用典》(第二辑)，人民日报出版社 2018 年版。
60. 蒙培元:《理学范畴系统》，人民出版社 1989 年版。
61. 陈才俊:《礼记精粹》，海潮出版社 2012 年版。
62. 杨国荣:《中国哲学二十讲》，中华书局 2015 年版。
63. 陈来:《从思想世界到历史世界》，北京大学出版社 2015 年版。
64. 唐凯麟:《伦理学》，安徽文艺出版社 2017 年版。
65. 石中英:《教育哲学导论》，北京师范大学出版社 2004 年版。
66. 弗洛姆:《为自己的人》，孙依依译，生活·读书·新知三联书店 1988 年版。
67. 杨国荣:《善的历程——儒家价值体系研究》，华东师范大学出版社 2009 年版。
68. 张世英:《天人之际——中西哲学的困惑与选择》，人民出版社 2005 年版。
69. 成中英:《合内外之道——儒家哲学论》，中国社会科学出版社 2001 年版。

70. 何怀宏：《良心论》，北京大学出版社 2009 年版。
71. 朱小蔓：《教育的问题与挑战——思想的回应》，南京师范大学出版社 2002 年版。
72. 肖群忠：《智慧、道德与哲学》，载《北京大学学报（哲学社会科学版）》2012 年第 1 期。
73. 温克勤：《略论儒家心性论》，载《道德与文明》2012 年第 5 期。
74. 鲁洁：《教育的返本归真》，载《华东师范大学学报》2001 年第 12 期。
75. 樊浩：《现代教育的文化矛盾》，载《北京师范大学学报（社会科学版）》2005 年第 4 期。
76. 寇东亮：《“德性伦理”研究评述》，载《哲学动态》2003 年第 6 期。
77. 肖群忠：《儒家传统伦理与现代公共伦理的殊异与融合》，载《中国人民大学学报》2013 年第 1 期。
78. 唐凯麟：《道德思维引论》，载《湖南师范大学社会科学学报》2002 年第 2 期。
79. 高清海：《中国传统哲学的思维特质及其价值》，载《中国社会科学》2002 年第 2 期。
80. 郭齐勇：《中国传统哲学的特质及其创造性转化的新契机》，载《华中科技大学学报（社会科学版）》2003 年第 3 期。

后 记

“仁义礼智根于心”。

这是儒家教育哲学对“人”的发现，对“人”的自觉，对“人之为人”的理性判断、理论建构和理想愿景。从这个意义上来思考教育的根本目的，不仅是必要的，而且是必须的——怎样使“人之作为人而成为人”。在古圣先贤看来，成为人，依托于“心”的发明和扩充。朱熹说：“良心者，本然之善心。即所谓仁义之心也。”因为是本然，所以既需要开启，又需要打磨，以期使之“充实而有光辉”。儒家心性论所搭建的，就是从“本然之心”通向“光辉之心”的扩充之路。此“心”，涵盖是非心、羞耻心、恻隐心、宽恕心、孝敬心、诚信心、感恩心、责任心，儒家是通过对“心”的发明，来教人建立自我确立、自我修炼、自我成长、自我完善的主体，走向成圣成贤的“极高明”之境。

不管社会的发展呈现出怎样的快速、多样和易变的特征，人之为人，总是必然地要在历史长河的流淌中去回望和寻找那种让自己“心安”的家园和情感，去面对那固有的“本然之心”，提醒自己不要忘了出发时的原点和走过的路。在这个过程中不断矫正和调适自己对这个世界的感知和判断，既“仁”且“智”，因“仁”而“刚”，建立更加内在而稳固的道德秩序和道德自觉。这，就是道德的价值。

“德者，得也，内得于己，外得于人。”古人以这种内外之“得”联结起人与人、人与自我、人与社会、人与自然。一个人的“德”或“得”既是主体内心之所获，也是对社会、对他人乃至对民族所应履行的职责和担当，是个体自我价值和社会价值的确认。这种内外一体的道德主体设计和理想人格设计，是中国传统哲学尤其是儒家心性哲学对宇宙人生的独到理解和独特智慧，是我们的文化软实力。在培育和践行社会主义核心价值观的时代课题背景下，尤其需要发挥优秀传统文化的涵养作用。

感谢北京高校中国特色社会主义理论研究协同创新中心（北京大学）对本书出版的大力支持。

本书编委：张艳清，张俊义，杜长林，郑佳琳，陈志宏，王向珍，张旭平，文戈弋。各章编写人员：第一章，陈志宏、杜长林撰写。第二章，张俊义、张艳清撰写。第三章，郑佳琳、张旭平撰写。第四章，张俊义、文戈弋撰写。第五章，张艳清、王向珍撰写。全书由张艳清、张俊义、杜长林统稿。

张艳清

2020 年 8 月